湖北省学术著作出版专项资金资助项目

现代航运与物流:安全·绿色·智能技术研究丛书

# 长江干线水上交通风险评估与预警管理研究

张矢宇　熊　兵　著

武汉理工大学出版社

·武汉·

## 内 容 提 要

本书系统地介绍了长江干线水上交通安全预警管理的理论、方法与实证研究成果。主要内容包括:长江干线水上交通运输发展现状与特点,长江干线水上交通风险分析、评估方法与实证研究,长江干线水上交通安全预警管理模式,长江干线水上交通安全预警管理关键技术,三峡库区雾航安全预警管理研究,基于状态方程的水上交通安全管理评价与控制等。

本书可供交通运输工程、安全管理工程、海事管理等专业的高校师生、研究人员,以及从事水上交通安全管理和工程技术的人员阅读。

**图书在版编目(CIP)数据**

长江干线水上交通风险评估与预警管理研究/张矢宇,熊兵著. —武汉:武汉理工大学出版社,2016.11

ISBN 978-7-5629-5390-6

Ⅰ. ①长… Ⅱ. ①张… ②熊… Ⅲ. ①长江-水上交通-交通运输安全-研究 Ⅳ. ①U698

中国版本图书馆 CIP 数据核字(2016)第 261726 号

项目负责:陈军东　　　　　　　　　　　　责任编辑:杨学忠　陈军东
责任校对:刘　凯　　　　　　　　　　　　封面设计:兴和设计
出版发行:武汉理工大学出版社
地　　址:武汉市洪山区珞狮路 122 号
邮　　编:430070
网　　址:http://www.wutp.com.cn　理工图书网
E-mail:chenjd@whut.edu.cn
经 销 者:各地新华书店
印 刷 者:湖北恒泰印务有限公司
开　　本:787×1092　1/16
印　　张:16.75
字　　数:318 千字
版　　次:2016 年 11 月第 1 版
印　　次:2016 年 11 月第 1 次印刷
定　　价:75.00 元(精装本)

# 现代航运与物流:安全·绿色·智能技术研究丛书

## 编审委员会

# 出 版 说 明

　　航运与物流作为国家交通运输事业的重要组成部分,在国民经济尤其是在沿海及内陆沿河沿江省份的区域经济发展中起着举足轻重的作用。我国是一个航运大国,航运事业在经济社会发展中扮演着重要的角色。然而,我国航运事业的管理水平和技术水平还不高,离建设航运强国的发展目标还有一定的差距。为了研究我国航运交通事业发展中的安全生产、交通运输规划、设备绿色节能设计等技术与管理方面的问题,立足于安全生产这一基础前提,从航运物流与社会经济、航运物流与生态环境、航运物流与信息技术等角度用环境生态学、信息学的知识来解决我国水运交通事业绿色化和智能化发展的问题,促进我国航运事业管理水平与技术水平的提升,加快航运强国的建设。因此,武汉理工大学出版社组织了国内外一批从事现代水运交通与物流研究的专家学者编纂了《现代航运与物流:安全・绿色・智能技术研究丛书》。

　　本丛书第一期拟出版二十多种图书,分为船港设备绿色制造技术、交通智能化与安全技术、航运物流与交通规划技术、内河航运技术等四个系列。本丛书中很多著作的研究对象集中于内河航运物流,尤其是长江水系的内河航运物流。作为我国第一大内河航运水系的长江水系的航运物流,对长江经济带经济发展的促进作用十分明显。2011 年年初,国务院发布《关于加快长江等内河水运发展的意见》,提出了内河水运发展目标,即利用 10 年左右的时间,建成畅通、高效、平安、绿色的现代化内河水运体系,2020 年全国内河水路货运总量将达到 30 亿吨以上,拟建成 1.9 万千米的国家高等级航道。2014 年,国家确定加强长江黄金水道建设和发展,正式提出开发长江经济带的战略构想,这是继"西部大开发""中部崛起"之后的又一个面向中西部地区发展的重要战略。围绕航运与物流开展深层次、全方位的科学研究,加强科研成果的传播与转化,是实现国家中西部发展战略的必然要求。我们也冀望丛书的出版能够提升我国现代航运与物流的技术和管理水平,促进社会经济的发展。

　　组织一套大型的学术著作丛书的出版是一项艰巨复杂的任务,不可能一蹴而就。自 2012 年开始组织策划这套丛书的编写与出版工作,期间多次组织专门的研讨会对选题进行优化,首期确定的四个系列二十余种图书,将于 2017 年年底之前出版发行。本丛书的出版工作得到了湖北省学术著作出版专项资金项目的资助。本丛书涉猎的研究领域广泛,在这方面的研究成果众多,首期出版的项目不能完全包含所有的研究成果,难免挂一漏万。有鉴于此,我们将丛书设计成一个开放的体系,择机推出后续的出版项目,与读者分享更多的我国现代航运与物流业的优秀学术研究成果,以促进我国交通运输行业的专家学者在这个学术平台上的交流。

现代航运与物流:安全·绿色·智能技术研究丛书编委会
2015 年 8 月

# 前　言

　　长江发源于青藏高原的唐古拉山脉各拉丹东峰西南侧,干流流经青海、西藏、云南、四川、重庆、湖北、湖南、江西、安徽、江苏、上海等十一个省、自治区、直辖市,于上海崇明岛以东注入东海,全长 6300 余千米,仅次于非洲的尼罗河和南美洲的亚马孙河,居世界内河第三位,流域面积 180 多万平方千米,约占国土总面积的五分之一,是我国第一大河。长江源远流长,水量充沛,终年不冻,水运条件优越,素有"黄金水道"的称誉,是我国唯一贯穿东、中、西部的水路交通大通道,主要支流沟通了长江南北地区,是我国内河水运最重要、运输规模最大和最为繁忙的通航河系。2014 年,长江流域内河航道里程(含京杭运河)占全国内河航道里程的 71.5%,完成的水路货运量和货物周转量分别占全国水路货物运输量的 65.6% 和 48.1%。长江干线沿线的九省二市也是中国最具战略意义的高密度经济走廊,承担着"横贯东西、辐射南北、通江达海"的功能。沿江发达的工农业为长江水路运输提供了大宗而又稳定的货源,长江航运成为长江流域综合运输体系中的主骨架,有力地促进了沿江经济带的形成和外向型经济的发展。

　　长江已连续十多年成为世界上运量最大、运输最繁忙的通航河流。2011年 1 月,国务院正式颁布《关于加快长江等内河水运发展的意见》(国发〔2011〕2 号),提出利用十年左右时间,建成畅通、高效、平安、绿色的现代化内河水运体系,把加快长江等内河水运发展首次上升为国家战略。2014 年 9 月,国务院发布了《关于依托黄金水道推动长江经济带发展的指导意见》(国发〔2014〕39 号),标志着长江经济带建设正式上升为国家重大战略。依托长江黄金水道建设长江经济带,是我国经济发展的新棋局,长江经济带被定位为中国经济新支撑带,即具有全球影响力的内河经济带、东中西互动合作的协调发展带、沿海沿江沿边全面推动的对内对外开放带以及生态文明建设的先行示范带。这些使命的实现,需要充分发挥长江黄金水道的独特优越性和巨大潜力,需要站在国家经济社会发展全局的高度,深刻认识长江黄金水道在建设长江经济带中的关键作用,深刻认识加快长江黄金水道乃至整个水运发展的重大机遇和历史责任,全面推进通江达海的综合立体交通走廊建设。

　　"十五"以来,随着区域经济发展,长江水上交通运输呈现出:货运量和交通流不断增大;危化品物流运输异军突起,安全管理存在隐患;恶劣气况(重度雾霾、突发性强对流天气等)增多,船舶运输危险性增加;船型杂乱,技术落后,标准化推进滞后;航道条件多变等特点。长江水上交通涉及人员、船舶、航道、气象等多方面复杂因素,水上交通具有高度的不确定性、事故的连锁性、环境的特殊性、救援的艰难性、污染的易扩散性等特点,一旦发生特大、重大安全事故,将会给运输业乃至整个经济的发展造成损害。因此,长江水上交通运输安全管理面临前所未有的压力,进一步研究长江水上交通系统的安全性,进一步提升长江水上交通主管部门安全监管与保障能力,保障黄金水道的健康发展,成为亟待解决的问题。

本书作者多年从事交通运输安全管理工程领域的研究工作,有幸参与了武汉理工大学联合交通运输部长江航务管理局开展的一系列长江水上交通安全管理与保障技术的研究。本书是作者近年来该领域一系列研究成果的归纳和总结。

本书采用安全系统工程、风险管理、预警与危机管理、现代应用数学等理论与方法,以理论研究和实证研究相结合、定性分析与定量研究相结合的原则展开,主要内容有:长江干线水上交通运输发展现状与特点,长江干线水上交通风险分析、评估方法与实证研究,长江干线水上交通安全预警管理模式,长江干线水上交通安全预警管理关键技术,三峡库区雾航安全预警管理研究,基于状态方程的水上交通安全管理评价与控制等。

在研究和撰写工作中,得到了长江航务管理局及长江海事局多位专家的指导和帮助,武汉理工大学柯姜岺博士,硕士研究生田丽娟、孙翌飞、王涛、李昊、王磊、李娜、李卓、闵雪、朱月琴、方周然等也为本书的撰写和出版做了大量的工作和贡献,在此一并致谢。

由于这一领域涉及内容的复杂性和作者研究工作的阶段性,书中难免存在研究不深、论述不清、观点不妥甚至错误之处,恳请同行、读者批评指正。

张矢宇　熊兵

2016 年 7 月

# 目　　录

# 1 绪 论

## 1.1 国内外相关研究综述

风险评估与预警管理一直是水上交通安全工程领域的一个研究热点。国内外科学家和工程技术人员对这一方面已进行了广泛的研究,取得了许多研究成果,其中部分技术已在工程和管理实践中得到应用。总体而言,我国在水上交通风险评估、安全预警与应急反应领域的研究尚处于发展阶段,相关研究成果的实用性和应用范围还落后于先进发达的国家。随着长江水上交通运输的发展,长江水上交通风险评估与安全预警管理仍是人们关注的重点,还有许多新问题需要攻克。以下从水上交通安全风险评估、安全预警管理与应急反应等方面对国内外研究现状做简要概述。

### 1.1.1 水上交通风险评估

水上交通运输系统包括内河水运(航运)和海上水运(航运),由通航环境、人员、船舶等子系统构成,属于高风险的产业,其风险分析和安全管理引起了人们的广泛关注。国内外关于水运安全风险及安全管理的研究较多,主要涉及水上交通安全事故特征分析、水上交通安全评价、风险评估与预测、国际海事组织公约等对航运安全的要求等方面的理论、方法和技术。

1)水上交通安全事故特征分析

水上交通安全事故特征分析是指在事故发生后,根据事故发生时的通航环境条件、船舶信息及事故发生过程数据等,对事故发生特征、规律及事故致因进行分析。水上交通安全事故特征分析是通航安全风险识别、评估及其预警的重要依据。

水上交通安全事故特征分析主要是通过事故统计数据,从不同角度分析事故发生的时间、空间分布特征等。目前,世界上大部分国家已建立起自己的水上交通安全事故数据管理系统,要求相关职能管理部门及时填写并上报水上交通安全事故登记表,并根据上报的水上交通安全事故数据定期发布事故特征的统计数据。例如,英国从 1998 年起每年发布事故统计报表,包括不同吨位与不同国籍船舶发生的事故次数、事故类型、损失情况等,通过对比历年的统计数据,分析事故发生的规律,针对不同类型船舶给出了安全航行建议。美国的 Blnac 等采用聚类分析的方法对 1978—1987 年间密西西比河下游的 936 起事故进行了分类分析,其研究事故样本的信息包括美国海岸警卫队新奥尔良 VTS 参加者、事故发生位置、天气状况、事故发生时间等。荷兰作为世界水运强国之一,1977 年开始建立全国船舶事故数据库,并于 1989 年启动"内河通航安全"计划,致力于建立新安全措施的评估模型、辅助费用效益分析和建设决策。

水上交通安全事故的特征分析虽然能反映事故发生的特点,但很多情况下不能解释产生这些事故特征的原因,无法根据不同的通航条件对各类船舶提出有针对性的事故防范措施和安全建议。

2)水上交通风险评估

风险是某一有害事故发生的可能性与事故后果的总和[1-2]。根据水上交通运输安全事故的特征,采用适当的方法,从人员、船舶、环境和管理等方面分析导致安全事故的风险因素,并对风险因素进行分类,确定风险及危险因素存在的位置和存在的方式,以及可能引发事故发生的部位、频次、严重程度及相关后果,确定风险等级尤其是重大风险源,并制定风险控制和安全管理对策,包括制定各类风险预防措施和应急预案。由于水上交通运输系统结构复杂、风险因素多、属性差异大,因此,多数情况下采用定性与定量相结合或系统模拟、系统仿真等综合方法进行风险评估和控制。[3-5]

1993 年,英国海事安全局在 IMO 海上安全委员会第 62 届会议中提出了将综合安全评价(Formal Safety Assessment,FSA)应用于船舶安全领域的议案,将其作为识别、区分、计算相关的风险,进行更深层次的研究及管理决策的依据。FSA 是一种系统性和规范化的船舶航运安全综合评估方法,有五个步骤:①危险识别;②风险评估;③风险控制方案;④成本与效益评估;⑤提出决策建议。FSA 是一种集风险评价和成本/效益评估于一体,兼顾技术性与经济性,具体应用时,各步骤需要有效整合适用的定性和定量方法。FSA 的应用主要为三方面:一是概率风险评价(PRA,Probability Risk Assessment),是在事故发生前预测某设施(项目)可能发生什么事故及其可能带来的风险;二是实时的后果评价,主要研究对象是事故发生期间给出实时的污染物质的迁移轨迹及实时浓度分布,以便做出正确的防护措施决策,减少事故的危害;三是事故后的后果评价,主要研究事故后对社会、环境等的影响。从国内外研究现状来看,第一类问题一直是学术界讨论的热点。此外,在船舶设计、航运与安全管理等方面,也可以运用上述五个规范化的步骤,全方位地对船舶设计、检验、营运、航行的相关项目进行综合评估[6-8]。

除了 FSA 综合安全评价理论与方法的研究外,模糊数学、灰色理论、统计学、运筹学、人工神经网络、系统工程等理论和方法也逐渐被广泛应用于事故的分析与安全评估工作,国内外学者研究和建立了各种事故与风险关联模型,在水运风险、安全评价方面取得了令人瞩目的成绩。主要研究方法有:专家经验法、安全检查表(Safety Checklist Analysis)、预先危险性分析(Preliminary Hazard Analysis)、事件树分析(Event Tree Analysis)、故障树分析(Fault Tree Analysis)、危险和可操作性分析(Hazard and Operability Analysis)、失效模式和后果分析(Failure Mode and Effect Analysis)、作业条件危险性评价(LEC)、回归分析模型(Regression Analysis)、判别分析模型(Discriminant Analysis)、时间序列分析模型(Time Series Analysis)、贝叶斯网络模型(Bayesian Net)、景气指数法(Climate Index)、主成分分析(Principal Component Analysis)、马尔可夫链(Markov Chain)、层次分析(Analytic Hierarchy Process)、模糊综合评价法(Fuzzy Comprehensive Evaluation)、灰色关联分析(Grey Relational Analysis)、数据包络分析(Data Envelopment Analysis)、人工神经网络方法(Artificial Neural Network)等。

此外,模拟及系统仿真的理论与方法也逐渐被应用于水上交通风险分析与安全评估中,结合应用信息技术和计算机科学技术进行水上交通流模拟、操船仿真模拟等,有效地对船舶航行的事故模式进行了识别。各种模拟、仿真实验在通航环境安全研究及安全模型验证等方面,一直发挥着重要作用。目前,水运安全研究在风险监测与评估、事故态势预测、应急反应及安全管理辅助决策支持等方面,逐步向集成化、信息化、智能化方向发展。

综合国内外水上交通风险评估相关研究成果,风险分析与安全评估受到了国内外学术及管理机构的广泛重视,但技术、方法显得分散凌乱,缺乏完善的理论体系。

### 1.1.2 水上交通安全预警

预警(Early Warning)一词,最早来源于军事,也常用于军事,是指在预警飞机、雷达、卫星等相关设施的辅助监测下,达到提前知晓、详细分析、准确判断敌人进攻与否的目的,并通过将预判的危险程度报告给指挥中心,以实现事前准备而降低风险。广义地说,预警就是安全系统的一种信息反馈机制。随着社会的不断进步,预警所具有的信息反馈机制不仅适用于军事领域,还

可应用于现代经济、技术、教育、医疗、灾变等自然和社会领域。[9-13]

　　预警与应急理论应用于交通运输领域,主要集中在高速公路灾害预警与应急方面,航空、铁路和水上交通灾害预警与应急方面也有一些研究。在交通领域,世界各国对安全预警与应急的基本理论研究与实践过程大体一致,即在分析现状的基础上,分析、归纳其规律与特征,通过交通立法制定交通安全管理规章,从而控制交通过程,防止事故发生及减少死亡人数、减少财产损失等。

　　国外常以技术为重点进行预警与应急方法的研究,且侧重于公路运输安全方面的研究。在国家大环境中,欧美、日本等发达国家依托科技创新和先进技术,已建立先进完善的高速公路预警与应急管理系统。如美国针对恶劣天气建立预警与应急系统,并实现广泛应用。德国通过在线位移监控和预警系统,对高速公路本身和周边环境实施预警和检测,并成功应用于工程实践。[14-16]

　　针对水上交通安全事故预警与应急辅助决策支持,国外先进发达国家正在深入开展基础理论研究,在安全事故相关信息获取技术、态势评估与预测技术、跨区域跨部门的应急信息共享技术、事故应急组织与优化调度技术、应急辅助决策支持等方面取得了较丰富的成果。

　　近年来,美国海岸警卫队着手部署的"救援21"系统,基于人工知识推理技术和先进的信息融合处理技术,实现了以事故态势评估、应急指挥、辅助决策支持、现场指挥调度为一体的现代化应急与辅助决策支持,增强了事故应急反应水平与能力;英国海岸警卫署使用的 SARIS(The Search and Rescue Information System)系统,通过船舶动态、海况、搜救力量分布等信息,为确定水上交通安全事故区域和应急调度搜救力量提供辅助决策支持服务;欧盟推出的集海事监控、安全管理、事故应急、信息服务等为一体的海事安全监管与综合信息服务系统 MarNIS(Maritime Navigation Information Services),能够实时向应急指挥人员提供最佳的处置信息,为水路安全事故应急提供完善的辅助决策。

　　国内对预警与应急理论的研究起源于 20 世纪 80 年代中叶,先是对经济问题的研究,后来延伸至粮食、金融等领域。20 世纪 90 年代,经济预警的应用开始由宏观领域向微观经济领域延伸。随后,国内大量学者置身于交通安全预警与应急的研究,研究对象包括公路、铁路、水路及航空等。随着经济、社会和水路运输业的快速发展,水路交通越来越繁忙,水上交通运输安全事故发生的概率也不断增高,为此,水上交通运输系统必须拥有足够的应急能力,这对水上交通事故应急与辅助决策支持提出了更高的要求。[17-21]

从事故控制理论出发,如果能够在船舶航行中通过管理手段干预环境因素,人、船、环境因素的风险将减少或避免演化为危险事件。预警管理就是一种常用的干预手段,通过对水上交通安全状态的监测,采集和识别风险信息,做出预控管理决策并组织实施,以便回避风险、避免或减少安全事故发生。相关研究中,主要体现为水上交通安全系统中特殊事故预警研究、预警技术研究及预警管理研究等。目前,针对碰撞事故,尤其是船船、船桥碰撞方面,已有不少学者做出较全面的研究。在水上交通安全事故应急与辅助决策支持领域,开展了水上交通运输安全突发事件预测和监测技术、危险品船舶网络监控技术、航运安全事故应急辅助决策支持技术等方面的基础性研究。此外,已经初步建立了水上交通运输安全应急系统,形成了各级水上交通安全突发事件应急预案,提高了水上交通安全事故的预防、应急反应和处置能力,有力地促进了我国水上交通运输安全保障能力的提高。然而,水上交通安全预警与应急,尤其是内河水上交通安全预警与应急的研究,理论研究较多,可操作的实施技术仍不成熟。[22]

近年来,武汉理工大学与长江航务管理局、长江海事局、湖南海事局等单位合作,在水上交通安全预警管理与应急反应技术等方面开展了有益的探索,研究了长江干线、湘江等水上交通安全预警管理机制、事故防范及应急处置措施等,获得多项中国航海学会科技奖。

总体而言,我国在水上交通安全预警与应急反应领域的各项研究尚处于发展阶段,相关研究成果的实用性和应用范围还落后于先进发达国家,还缺乏水上交通安全预警管理理论和方法的系统研究,尤其缺乏针对我国最大的内河干线——长江干线水上交通预警管理与技术的实证研究。随着长江水上交通运输的发展,长江水上交通风险动态评估、安全预警与应急方法、快速反应及应急处置技术、情景应对型预警与应急辅助决策技术等仍是人们关注的重点,还有许多新问题需要攻克。

## 1.2　主要研究内容与方法

应用现代统计学、应用数学、风险管理、安全系统工程等理论和方法,从水上交通系统整体角度出发,开展长江干线风险评估与安全预警管理研究。主要研究内容包括七个方面。

1)长江干线水上交通运输发展现状与特点

阐述长江干线航道环境、运量、运力及水上交通安全监管发展现状,通过水上交通事故统计,分析长江干线水上交通安全事故总数、类型分布、水域空间分布、时间分布及船舶种类分布等方面的特征。主要采用统计分析与归纳分析的方法。

2)长江干线水上交通风险分析与评估方法

论述长江干线水上交通风险分析与评估的流程,从人员、船舶、环境和管理四个方面,分类分析影响水上交通安全的主要风险因素,研究适合于长江水上交通风险评估的方法和模型;重点研究基于单因素突变、多因素耦合及动态贝叶斯网络的水上交通风险评估模型的构建方法。主要采用系统分析法、水上交通系统要素分类分析法、风险管理理论分析法、归纳分析法、加权结构方程模型法、人工神经网络模型法、动态贝叶斯网络模型法等。

3)长江干线水上交通风险评估实证研究

针对长江不同航段水上交通风险特征,采用不同的风险分析与评估方法开展通航环境及船舶航行风险评估。采用预先危险性分析法(PHA)及作业条件危险性评价法(LEC)对气象状况复杂水域——三峡库区通航环境进行风险分析与评估;采用基于事故发生率(Accident Rate)—环境风险(Environmental Risk)—事故后果(Accident Consequence)的综合风险评价模型,对繁忙水域——芜湖航段通航环境进行风险分析与评估;采用结构方程多因素耦合及 BP 人工神经网络多因素耦合风险评估模型,对浅险航段通航环境进行风险评估;从单船(队)航行环境风险分析角度对船舶航行风险进行综合评估。

4)长江干线水上交通安全预警管理模式

长江水上交通安全预警管理模式应是在现有安全管理模式中,增加预警预控管理职能,并形成制度化和系统化。在阐述安全预警管理内涵的基础上,提出"四级预警、三级发布"的长江干线水上交通安全预警管理模式,研究预警管理组织运作模式、预控管理对策库的构建、水上交通安全预警管理与应急管理的关系,以及水上交通安全预警管理绩效评价的方法。主要采用系统分析法、管理模式理论与方法、组织行为理论与方法、预警与应急管理理论方法、绩效评价理论与方法、层次分析法(AHP)及模糊综合评价法(FCE)等。

5)长江干线水上交通安全预警管理关键技术

根据长江干线水上交通事故险情与风险因素特点,设计初步预警指标体系;通过问卷调查与专家评估相结合的方式,分析安全风险因子,确定并构建预警指标体系;采用规范法、德尔斐法,结合专家评估确定各预警指标的等级与阈值;以多因素耦合风险评估模型为核心,以长江干线水上交通安全预警管理模式为依据,采用现代计算机管理系统开发的方法与技术,进行预警管理系统的设计与开发,包括预警管理系统结构设计,预警管理信息采集、传输与发布模式的确定,预警管理系统的开发,以及预警管理系统在长江干线航段的应用示范。

6)三峡库区雾航安全预警管理研究

雾情已经成为影响三峡库区船舶航运安全的主要因素之一。研究三峡库区雾情特点及其对航运的影响,在分析目前雾航安全管理存在问题的基础上,提出雾航安全预警等级及评判标准、预警管理组织及运行机制,以及预警预控管理对策。主要采用统计分析法、系统分析法、预警管理理论方法、实践经验法及专家意见法等。

7)基于状态方程的水上交通安全管理评价与控制

针对水上交通安全事故发生的离散特征,运用离散动态系统分析方法,建立反映水上交通安全系统"危险"与"控制"矛盾运动关系的安全状态方程;针对水上交通安全统计样本少、"噪声大"的特点,采用最小二乘法—卡尔曼滤波—最小二乘法(Least square method—Kalman filtering algorithm—Least square method,LKL)参数估计算法,测算长江干线不同航段安全状态方程,进行危险度和安全度评价;运用离散动态系统最优控制的理论和方法,构建基于最优资源投入策略的安全目标控制模型,为水上交通安全系统管理目标的制定提供方向和依据。

# 1.3 研究技术路线

通过查阅国内外相关文献,深入长江航务管理局、长江海事系统等各级机构,以及多家从事长江干线水上交通运输的航运企业实地调研、交流考察、专家咨询等,进行资料收集和研究成果意见征询,采用理论研究与实证研究相结合、定量与定性分析相结合等方法,进行课题研究和技术攻关。研究的技术路线见图1.1。

```
┌─────────────────────────────────────────────────────────┐
│          长江干线水上交通风险评估与预警管理研究           │
└─────────────────────────────────────────────────────────┘
   ┌────────┐  ┌────────┐  ┌────────┐  ┌────────┐
   │文献查阅│  │实地调研│  │专家咨询│  │考察交流│
   └────────┘  └────────┘  └────────┘  └────────┘
┌─────────────────────────────────────────────────────────┐
│            长江干线水上交通运输发展现状与特点             │
│   ┌────────────┐              ┌────────────┐            │
│   │  航道环境  │              │ 运量及运力 │            │
│   └────────────┘              └────────────┘            │
│   ┌────────────┐              ┌────────────┐            │
│   │  安全监管  │              │安全事故特点│            │
│   └────────────┘              └────────────┘            │
└─────────────────────────────────────────────────────────┘
┌─────────────────────────────────────────────────────────┐
│            长江干线水上交通风险分析与评估方法             │
│ ┌──────────────────┐        ┌──────────────────┐        │
│ │  风险分析与评估流程│        │  风险因素分类分析 │        │
│ └──────────────────┘        └──────────────────┘        │
│         ┌──────────────────┐                            │
│         │  风险评估方法及模型│                            │
│         └──────────────────┘                            │
└─────────────────────────────────────────────────────────┘
┌─────────────────────────────────────────────────────────┐
│              长江干线水上交通风险实证研究                 │
│ ┌────────────────────┐      ┌────────────────┐          │
│ │三峡库区通航环境风险评估│      │  芜湖航段风险评估│          │
│ └────────────────────┘      └────────────────┘          │
│ ┌────────────────────┐      ┌────────────────┐          │
│ │浅险航段通航环境风险评估│      │  船舶航行风险评估│          │
│ └────────────────────┘      └────────────────┘          │
└─────────────────────────────────────────────────────────┘
┌─────────────────────────────────────────────────────────┐
│              长江干线水上交通安全预警管理模式             │
│ ┌──────────────────┐        ┌──────────────────┐        │
│ │  预警管理内涵和机制│        │ 预警管理组织运行模式│       │
│ └──────────────────┘        └──────────────────┘        │
│ ┌──────────────────┐        ┌──────────────────┐        │
│ │  预警管理与应急管理│        │  预警管理绩效评价 │        │
│ └──────────────────┘        └──────────────────┘        │
└─────────────────────────────────────────────────────────┘
┌─────────────────────────────────────────────────────────┐
│             长江干线水上交通安全预警管理关键技术          │
│ ┌──────────────────┐        ┌──────────────────┐        │
│ │  预警指标体系构建  │        │ 预警指标等级和阈值确定│     │
│ └──────────────────┘        └──────────────────┘        │
│         ┌──────────────────┐                            │
│         │ 预警管理系统设计与开发│                          │
│         └──────────────────┘                            │
└─────────────────────────────────────────────────────────┘
┌─────────────────────────────────────────────────────────┐
│              三峡库区雾航安全预警管理研究                 │
│ ┌──────────────────┐        ┌──────────────────┐        │
│ │  雾情特点及影响    │        │ 雾航安全管理现状及问题│     │
│ └──────────────────┘        └──────────────────┘        │
│ ┌──────────────────┐        ┌──────────────────┐        │
│ │  雾航安全预警管理机制│        │ 雾航安全预警管理对策│      │
│ └──────────────────┘        └──────────────────┘        │
└─────────────────────────────────────────────────────────┘
┌─────────────────────────────────────────────────────────┐
│          基于状态方程的水上交通安全管理评价与控制         │
│ ┌──────────────────┐        ┌──────────────────┐        │
│ │  最优控制的原理与方法│        │ 安全状态方程分析方法│      │
│ └──────────────────┘        └──────────────────┘        │
│ ┌────────────────────┐      ┌──────────────────┐        │
│ │长江干线水上交通安全状态方程│    │ 安全目标最优控制模型│     │
│ └────────────────────┘      └──────────────────┘        │
└─────────────────────────────────────────────────────────┘
┌─────────────────────────────────────────────────────────┐
│                      研究结论                             │
└─────────────────────────────────────────────────────────┘
```

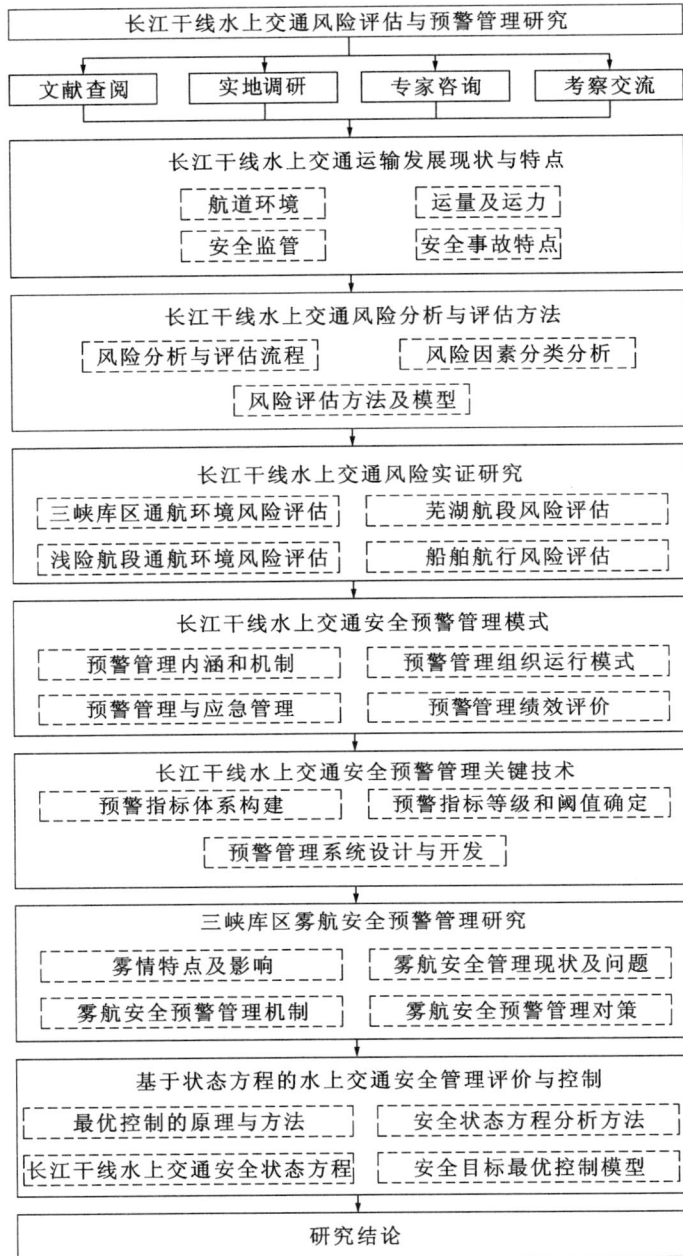

**图 1.1　研究技术路线**

# 2 长江干线水上交通运输发展现状与特点

依托黄金水道推动长江经济带发展上升为国家战略,极大地提升了长江水路运输的地位。近十多年来,长江水上交通运输保持了较强的发展韧性,政策环境持续改善,基础性制度改革和法治建设稳步推进,统筹规划建设、运输保障、监管执法、创新发展和行业文明、治理体系和治理能力建设等取得了重要进展,为长江航运平稳运行提供了有力保障;长江水上交通运输生产规模持续较快增长,实力明显增强,发展活力和服务区域经济发展能力显著提升。

本章着重阐述长江干线航道环境、运量、运力及水上交通安全监管发展现状,通过水上交通事故统计,分析长江干线水上交通安全事故特征,为后续风险分析与评估打下基础。

## 2.1 航道环境

### 2.1.1 航道及水上作业区

按照河道水文和地理特征,长江上中下游划分区段为:湖北宜昌以上河段为上游,湖北宜昌至江西湖口河段为中游,江西湖口以下河段为下游。按照航道养护管理的特点,长江上中下游划分区段为:湖北宜昌以上为长江上游航道,湖北宜昌至湖北武汉为长江中游航道,湖北武汉至上海长江口(南汊)为长江下游航道。本书按照航道养护管理的特点进行长江干线航段划分。

#### 2.1.1.1 航道

长江干线航道上起云南水富,下至长江口(南汊)入海,全长 2838km。其中,云南水富至四川宜宾合江门段 30km,由四川省交通运输厅负责养护管理;湖北宜昌中水门至秭归庙河段 59km,由长江三峡通航管理局负责养护管理;江苏太仓浏河口至上海长江口(南汊)段 120km,由长江口航道管理局负责养护管理;其余河段由长江航道局负责养护管理。

1)上游航道

云南水富至湖北宜昌为上游航道,习称川江,全长 1085km,属山区河流,多为石质河床,航道弯曲狭窄,滩多流急,流态紊乱。

目前,水富向家坝至江津红花碛为山区天然航道;江津红花碛至重庆涪陵为三峡水库变动回水区航道;重庆涪陵至三峡大坝为常年库区航道;三峡大坝至葛洲坝为两坝间航道。

(1)水富—重庆段

水富向家坝至宜宾合江门段,全长 30km,目前航道技术等级为Ⅴ级,航道养护类别为二类。

宜宾合江门至重庆羊角滩段,全长 384km,目前航道技术等级为Ⅲ级,航道养护类别为一类,航标配布类别为一类。

该段流经峡谷、丘陵和山地,河床多为卵石,间有基岩,航槽相对稳定。峡谷河段航道弯窄急险,丘陵地带河谷开阔,洪水期河宽 500～1000m,枯水期一般为 300～400m。宜宾至重庆河段枯水期水流流速一般为 1.5～3.0m/s,个别滩险河段最大流速可达 4.2m/s,年径流量达 2060 亿 m³。该河段共有 30 余处碍航滩险,以卵石浅滩碍航为主。

(2)重庆—宜昌段

重庆羊角滩至宜昌下临江坪段,全长 671km,目前航道技术等级为Ⅱ级,航道养护类别为一类,航标配布类别为一类。过去,该河段航道弯窄,滩险众多;三峡工程全面建成后,大部分滩险消失,特别是大坝至丰都河段航道条件显著改善。

三峡蓄水以来,库区航段航道条件得到极大改善,河面放宽,水流放缓,通航条件优良,水域一般宽度为 400～500m。峡谷河段除个别地段河面宽 180～200m 外,其余河段河面宽度为 280～300m;宽谷河段河面宽 500～800m,部分河段达 1000m 以上,航道最小曲率半径为 1200m。流量 30000m³/s 以下时,库区航道的平均表面流速约 0.5m/s。145m 水位回水至重庆郭家沱,175m 水位回水至重庆九龙坡。自 2005 年 12 月 1 日实行船舶定线制后,长江上游宜昌十码头至丰都河段分月维护水深提高至 3.2m,船舶最大承载吨位由 2000t 增加到 6000t。

目前,影响航道维护效能的制约因素有:一是两坝间水流条件,三峡电站调峰作用使得两坝间水流条件复杂多变;二是局部水域碍航礁石的存在,尤以莲沱至坝河口一带水域礁石居多,大多数水上安全交通事故均发生在上述水域,其中,岸溪礁石群及鹰子咀礁石群碍航程度最大。

2)中游航道

湖北宜昌至湖北武汉为中游航道,全长 613km;该段有芦家河、枝江、江口、太平口、武桥等 10 多个重点浅水道。长江中游历来是枯水期长江航道养护的重中之重,航道技术等级为Ⅱ级,航道养护类别为一类,航标配布类别为一类。

中游河段枯水期水流流速为1.0~1.7m/s,洪水期流速为2.0~3.0m/s,多年平均径流量为4510亿m³。相比于上游、下游航道,中游航道高洪水期两岸易漫坪,枯水期多沙质浅滩,河床易变。该航段河床浅、险、多变,主要由砾石和砂组成,多淤积变迁,呈现由山区河流向平原河流过渡的特点。其中,宜昌至枝城段为山区向平原过渡的丘陵河段,泥沙卵石河床。除局部河床汛后有一定的淤积变化外,大部分河床河势稳定,常年航道维护最小尺度为2.9m×80m×750m,可通行1500~3000t级船舶。葛洲坝冲沙和三峡水电站流量调节水流含沙量减少导致坝下河段有下切趋势。根据地质水文条件的差异,中游航段一般划分为四个区段:

(1)宜昌至枝城段45km,为由山地、丘陵向平原过渡的过渡性河段。该区段河道稳定顺直,枯水期江面宽约1000m,主要浅水道有宜都水道。

(2)枝城至荆州藕池口段175km,习称"上荆江"。该区段河槽宽,河床底质以砾石、砂和泥组成,并有松滋口、太平口、藕池口分汊入洞庭湖。河道蜿蜒曲折,河床冲淤多变,极不稳定,平均宽度1300m左右,多江心洲。主要浅水道有芦家河水道、枝江水道、太平口水道、马家嘴水道、周公堤水道、天星洲水道等。芦家河、太平口、天星洲、藕池口等水道冲淤变化剧烈,枯水期航道狭窄水浅。洪水位和中水位交替的9~10月间,时常出现很大的吊坎水,船舶上坎时操作稍有不当,容易发生翻沉事故。荆州长江公路大桥坐落在三八洲上,航槽极不稳定,南北摆动频繁,枯水期航道狭窄、水浅,每年11月底至次年4月初,需要禁航疏浚才能满足基本通航要求。

(3)荆州藕池口至岳阳城陵矶段165km,习称"下荆江"。河道蜿蜒曲折,素有"九曲回肠"之称,平均宽度为1000m左右。河床冲淤多变,河床底质以沙为主,两岸地势低平、土质松软,洪水易泛滥出现大片漫坪。主要浅水道有藕池口水道、碾子湾水道、窑集老水道、监利水道、大马洲水道、铁铺水道、尺八口水道等。近年来,窑监水道枯水期浅窄变迁。此外,该航段受长江上游来水和洞庭湖水系水位涨落时间错开的影响,在荆河口附近出现顶拖和吊口水现象,对船舶航行影响较大。

(4)岳阳城陵矶至武汉段228km,习称"外荆江",为顺直分汊性河段,江面较宽,平均宽度为1500m左右。有湘、资、沅、澧四大支流汇入,流量增大;河床底质较硬,稳定不易变迁,河道较宽,弯曲较少,主要浅水道有界牌水道、陆溪口水道、嘉鱼水道、武桥水道。每年四五月份受洞庭湖涨水影响,该航段易形成短时的春汛,七八月份受上游来水影响形成伏汛,9月份以后还会发生短时间的秋汛。该航段河床呈东北走向,若遇4～5级及以上北到东北风时,江面易形成大浪,对船舶航行威胁较大。

3)下游航道

湖北武汉至上海长江口(南汉)为下游航道,全长1140km,目前航道技术等级为Ⅰ级,航道养护类别为一类,航标配布类别为一类。

该航段河道宽阔,流路曲折,汊河发育,洲滩众多;河床地质由沙、泥组成,航道多变,呈现典型的平原河流特点。武汉至南京河段有汉江、鄱阳湖水系、皖南诸支流汇入,河床宽窄相间,河道宽度除局部较窄外,一般都在1000m以上,多形成分汊河段;南京至浏河口河段江面进一步展宽,特别是出江阴后江面成喇叭形逐渐展宽,在南通附近达18km,至口门处达约90km。江阴以下为潮汐河段,受潮汐影响较大。该河段枯水期水流流速为0.8～1.2m/s,洪水期流速为1.6～1.9m/s,汉口、大通站多年平均径流量分别为7380亿 m³、8940亿 m³。

下游的浅滩主要分布在武汉至芜湖之间,一般在宽阔河道的分汊河段及其上下口、放宽段、过渡段,或与支流汇合口的上方,其中主要有汉口、罗湖洲、戴家洲、沙洲、武穴、新洲、张家洲、马阻、东流、安庆、太子矶等处,主要出现在枯水期,出浅程度严重的有武穴、张家洲、马阻、东流等几个水道。

枯水期,下游航道水深常有不足,需计划维护水深。经疏浚等工程,武汉以下可保持4.5m水深,洪水期自然水深均在7.5m以上,故5000t级海轮常年可驶至武汉。

下游航道水深季节性变化明显,枯水期的浅窄航道及浅滩礁石等对船舶通航安全影响大。

2.1.1.2　水上作业(活动)区

1)港区

长江干线辖区有重庆、万州、宜昌、武汉、黄石、九江、安庆、芜湖等规模以上港口30个;港区水域码头、取水口等水工设施众多,船舶流密集,船舶进出频繁,航路交叉,船舶航行、停泊、作业行为复杂。

2)桥(坝)区

据不完全统计,目前长江干线从上海至宜宾航段,共有85座大桥(含长江隧道),平均每33km有1座大桥。桥梁等过河建筑物对船舶自由通航尺度产生限制,且辖区桥梁绝大多数为多孔桥梁,船舶通航高度和通航宽度均有较大程度的缩小,再加上受河道演变影响,多孔桥梁桥区水域水流条件易发生变化,桥区实际通航条件进一步受限制。另外,受三峡大坝和葛洲坝两座大型水利枢纽运行影响,坝区水域水势流态复杂,也增加了船舶航行难度。

3)干支交汇区

长江干线由于嘉陵江、清江、汉江等众多支流汇集及江心洲对河道的分割,形成众多的干支交汇水域。干支交汇水域水流流势、流态复杂,船舶流密度相对密集,航路交叉,增加了船舶对驶相遇、交叉相遇概率,增加了船舶安全航行的困难。

4)施工作业区

长江干线水上水下施工作业种类多,包括修建码头、桥梁、闸坝,实施航道整治、水文测量,架设管线、采砂作业等。水上施工作业一般均需在航道内划定一定的水域作为施工作业专用区域,同时施工作业往往需实施交通管制,有时还需禁航施工,这些对过往船舶通航产生了较大影响。在长江中下游还规划采砂区28个,采砂期间采区水域运砂船众多,航路交叉,现场通航秩序复杂;另外,受利益驱使,非法碍航采砂行为屡禁不止,也影响了船舶正常航行和航道安全。

5)锚泊区

长江干线的锚泊区内船舶密集停泊,船舶航行、停泊行为复杂,船舶航路交集,受风、水流等因素影响,锚泊船舶易发生走锚、漂移,可能导致与其他锚泊船舶或航行船舶发生碰撞。

近年来,随着国家对长江航道建设的大力投入,长江干线航道条件得到了较大的改善,长江干线全航段具备了夜航条件。随着产业布局的调整,水上运输方式发生了部分变化,如船舶大型化、干散货运输、集装箱运输、危险化学品运输、汽车滚装船等均得到了迅猛的发展;据2014年长江干线断面船舶流量统计,三峡库区主要断面的日均船舶流量达250～350艘次,安徽段长江干线主要断面日均船舶流量达1000～1500艘次。

## 2.1.2　气象水文

### 2.1.2.1　气象

长江水域气候温暖,雨量丰沛,由于地形变化大,有着多种多样的气候类型。上游段地处我国西南部,受多重季风影响,气候变化大,有暴雨洪涝、干旱、低温阴雨、雷暴、冰雹、高温和大雾等气候灾害;中游段地处我国中部,绝大部分处于亚热带地区,气候温暖湿润,温度、降水、风和雾都对通航环境产生较大的影响;下游段地处我国东部,属于北亚热带、湿润的季风气候区,一

般特点是四季分明,春秋较长,夏季炎热,冬季寒冷。具体特征为:

1)温度

长江上游段年平均气温为18℃左右。盛夏平均气温一般为26～28℃,秋季凉爽,多细雨;冬季气温最低的1月份,平均温度为4～5℃。

三峡成库后,年平均气温为16～19℃,最高月平均气温28.2℃,最低月平均气温4.7℃,每年2～3月气温骤降频繁,气温降幅最大可达8℃。因库区航段地貌特点,周围山势高,冬季冷空气不易侵入,夏季热空气不易散发,形成了库区冬暖夏热的气象特征。

长江中游段温差较大,夏季最高温度可达42℃左右,冬季受寒潮影响,最低温度可降至-17℃。

长江下游段平均气温一般在16℃左右,最高温度可达到40℃以上,最低温度可降至-10℃以下。

2)降水

上游段常年降水充沛,年均降水量为1070～1682mm,降水时段主要集中在春末至仲秋,冬干夏雨,雨热同季。春季降水与秋季降水总量相近,但秋雨持续时间长,强度不大,形成绵绵秋雨。平均暴雨日数为2～4天,东部平均暴雨日数略多于西部的;暴雨主要发生在4～11月,6、7月发生次数最多。

三峡成库后,上游航段年平均降水量增加约3mm,其影响涉及库周几千米至十几千米,因地形而异。

中游段降水多集中在6～8月,年均降水量约1200mm,当降水时间持续较长时,可能出现特大洪水。区域性和局部性暴雨还易导致山洪暴发、河水泛滥等自然灾害。

下游段雨量充沛,多集中于春夏二季,年均降水量1000～1300mm。降水日数平均为120天左右,夏季从6月中旬到7月上旬为降雨量集中的梅雨季节。

3)风

上游段年平均风速为1.3m/s,季节变化和月变化均不大,但最大瞬间风速可达27m/s,风力达8级以上,并常伴有寒潮或雷雨出现。

三峡成库后,上游段年平均风速增加15%～40%,因成库前库区平均风速仅2m/s左右,故成库后风速仍不大。

中游段受北方冷空气南下或西伯利亚寒潮的影响,冬季易出现较强的偏北风,风力5～6级,阵风可达7～8级。全年8级以上大风日在岳阳段平均为21天,武汉段为10天,其他地区一般为6～8天。

下游段地处平原,当北方冷空气南下与太平洋高压气旋交汇时,冬春有寒潮侵入,夏秋季有台风袭击,风力远较中上游的为大,最大风力可达 10 级以上。沿江各地常年以东北风和东风居多,地区差异不显著。全年平均风速为 2.2～4.0m/s,其中春季为 2.4～4.0m/s,夏季为 2.1～3.2m/s,秋季为 2.0～3.6m/s,冬季为 2.1～3.8m/s。

4) 雾

全线雾日多发于秋、冬、春季,7～8 月雾日最少。

上游段平均雾日为 40～41 天,一般发生在秋、冬季节。大雾从 10 月份开始增加,12 月份达最多,2 月份雾日逐渐减少,夏季 8 月达最少。

三峡库区航段为多雾日区。三峡蓄水运行以后,由于江面放宽,水流流速减缓,加之两岸高山陡峭,日照较少,雾情有加重的趋势。发雾时间年内分布以秋冬两季为最多,雾区河段的长度一般 6～30km 不等,年最多连续雾日 22 天。

中游段平均雾日为 16～33 天,多出现在冬季。其中,荆州段、武汉段雾日最多,可达 30 天以上;监利段最少,7～8 天,其他地区一般为 14～17 天。霜降至立春间多发生辐射雾,雾多起在每天凌晨以后,持续时间一般只有几小时,在午前 10～11 时即消失。

下游段冬春两季(11 月至次年 4 月)雾较多,尤其是 11～12 月间最为频繁,年平均雾日一般在 10～30 天之间,月平均发雾 2～5 次,发雾的持续时间不等,有的几十分钟,有的持续 1～2 天之久。一般春雾持续时间短,冬雾持续时间长。7、8 月雾日最少。

5) 雪

长江干流沿线一般降雪量不大。上游河段较少降雪;中下游河段偶见大雪,会造成霜冻和能见度不良,对船舶航行和水上作业(活动)安全造成一定影响。

2.1.2.2　水文

根据长江干流水位多年的变化规律,一般来说,6、7、8、9 四个月为洪水期,水位高,流速大;12 月至翌年 3 月为枯水期,水位低,流速小;4、5、10、11 四个月为中水期,水位适中,为全年航行条件较好的时期。

长江上游云南水富至重庆航段属川江自然河段,沿途支流、溪沟众多,水位周期变化,比降、流速较大,水流流态紊乱。在洪水季节,洪峰来临时,水位日涨落剧烈。其中,回水变动区段,中枯水期比降小、流速缓慢,流态平稳;洪水期恢复自然状态,比降、流速较大,水流流态紊乱。

三峡库区航段,水深富余,比降小、流速缓慢,流态平稳。按照调度方案,三峡水库按 145m、156m 和 175m 三个不同水位运行。每年 5 月末至 6 月初，水库水位降至 145m；汛期 6～9 月，按 145～156m 运行；10～11 月蓄水，逐渐升高到 175m；12 月至次年 5 月底，水位逐步降落，但枯水期消落最低水位不低于 155m。

中游宜昌至武汉航段，受长江上游来水和支流水系雨水补给影响，水位变化非常明显，按照季节、月份分为枯、中、洪三个时期。一般情况下，12 月至次年 3 月为枯水期；4～5 月和 10～11 月为中水期；6～9 月为洪水期。中游平均纵比降为 0.0421‰，其中宜昌至城陵矶为 0.0511‰，城陵矶至武汉为 0.0261‰。中游段枯水期流速为 1.0～1.7m/s，个别河段可超过 2.0m/s；洪水期一般可达 3.0m/s，洪峰时可达 5.0m/s。中游段水流流态复杂，在干支流交汇水域，当干流水位急退或支流水位暴涨时出现吊口水；在弯曲河段出现扫弯水；在秋后江水急退时出现走沙水等。

下游武汉至太仓浏河口航段，水量浩大，水势平稳，含沙量小，受季节性降雨、中游来水和下游汉河来水的汇注、潮汐的影响，水文情况较为复杂。一般情况下，6～9 月，武汉汉口水位 10m 以上时为洪水期；4～5 月和 10～11 月，汉口水位在 4.5～10m 时为中水期；12 月至次年 3 月，汉口水位在 4.5m 以下时为枯水期。下游的流速一般是洪水期大于枯水期，上游段大于下游段，狭窄区大于宽敞区，主航道大于经济航道，落潮流速大于涨潮流速。除此之外，长江下游还出现周期性的潮汐现象，枯水期小潮汛时可到芜湖，大潮汛时可到大通，有时还可波及安庆。

## 2.2 运量及运力

### 2.2.1 运输量

2014 年，长江干线完成货物通过量 20.6 亿 t，同比增长 7.3%。按运输区域分，干线至干线的货运量为 5.6 亿 t，同比增长 9.4%；支流进入干线和干线进入支流的货运量为 2.6 亿 t，同比增长 9.7%；海进江和江出海货运量为 11.7 亿 t，同比增长 5.9%。江海货运量占总通过量的 57%，干线和干支货运量占总通过量的 40%。通过量排在前 3 位的货物依次为煤炭 5.2 亿 t，金属矿石 4.0 亿 t，矿建材料 3.4 亿 t，分别占总通过量的 25.2%、19.4% 和 16.5%。

长江干线规模以上港口有 30 个，主要港口 15 个，分别为：沪州港、重庆港、宜昌港、荆州港、岳阳港、武汉港、黄石港、九江港、安庆港、马鞍山港、芜湖港、南京港、镇江港、苏州港、南通港;地区重要港口15个,分别为:水富港、宜宾港、涪陵港、万州港、巴东港、枝城港、洪湖港、鄂州港、武穴港、池州港、铜陵港、扬州港、泰州港、常州港、江阴港。在空间分布上,这些港口横跨东西,从长江头到长江尾,且保持适当距离,并有充足的腹地资源。从功能上看,这些港口包含了长江上大宗货物运输的全部专业化泊位。从规模上看,这些港口2014年吞吐量占到长江干线全部港口吞吐量的80%以上。这些港口具有较好的分布性和代表性,是长江港口的主体和发展对象。

2014年,长江干线规模以上港口完成货物吞吐量19.9亿t,同比增长7.2%。其中,外贸货物吞吐量完成2.63亿t,同比增长5.2%;集装箱吞吐量完成1295.5万TEU,同比减少4.5%。旅客发运量完成500.4万人次,同比减少18.5%。

近年来,长江港口呈现出货运专业化的发展态势,基本形成了以集装箱、石化、煤炭、矿石和件杂货等大宗货物运输为主体的运输系统格局。截至2014年底,长江干线港区共拥有生产性泊位3742个,码头总延长400346m,见表2.1。其中,万吨级以上的码头泊位397个(江苏省385个,安徽省12个),包括南通、泰州、武汉、南京等在内的11个亿吨大港。

**表 2.1　2014 年长江干线港口生产性码头泊位和综合通过能力情况**

| 项目 | 生产用码头泊位 | | 综合通过能力 | | | | |
|---|---|---|---|---|---|---|---|
| | 码头泊位数(个) | 码头总延长(m) | 散货、件杂货(万 t) | 集装箱(万 TEU) | 旅客(万人) | 重载滚装车辆(万辆) | 商品滚装车辆(万辆) |
| 总量 | 3742 | 400346 | 177518.6 | 1883.85 | 10129 | 187 | 245.7 |

随着长江经济带社会经济的不断增长,长江干线货物运输量呈现快速增长态势。2005—2014年,长江干线完成货物通过量增长了2.6倍,年均增长率达11.1%;规模以上港口吞吐量增长了3.1倍,年均增长率达13.2%。见表2.2和图2.1。

**表 2.2　2005—2014 年长江干线货物通过量及规模以上港口吞吐量**

| 年份 | 货物通过量(亿 t) | 规模以上港口吞吐量(亿 t) |
|---|---|---|
| 2005 | 8.0 | 6.5 |
| 2006 | 9.9 | 7.9 |
| 2007 | 11.0 | 9.2 |
| 2008 | 12.0 | 10.2 |

续表 2.2

| 年份 | 货物通过量（亿 t） | 规模以上港口吞吐量（亿 t） |
|------|------------------|------------------------|
| 2009 | 13.3 | 11.3 |
| 2010 | 15.1 | 13.9 |
| 2011 | 16.6 | 15.8 |
| 2012 | 18.0 | 17.5 |
| 2013 | 19.2 | 18.6 |
| 2014 | 20.6 | 19.9 |

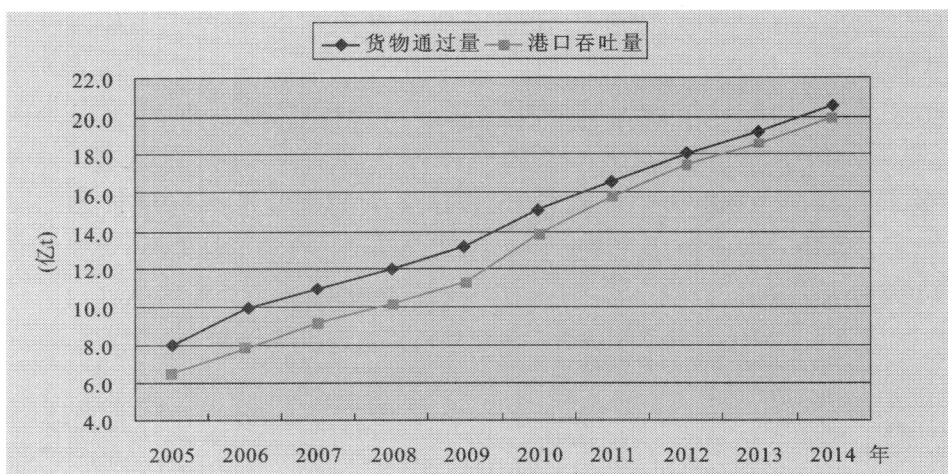

**图 2.1　2005—2014 长江干线货物通过量及规模以上港口吞吐量的发展**

随着"长江经济带"和"一带一路"战略的实施，长江航运作为基础性、先导性、服务性行业，面临新的重大发展机遇，在经济增速放缓的情况下，产业转移和基础设施投资对于稳定长江航运增长速度显得更加重要。从宏观层面讲，在国内资源环境约束加强、国际经济复苏不稳定的双重压力下，我国进入经济增速趋向潜在水平、物价涨幅趋于适度、新增就业趋于稳定、经济结构趋于优化的"新常态"。从微观层面讲，与经济发展密切相关的长江航运将伴随经济发展呈现新常态，过去航运企业能随着经济贸易增长而保持业务收入的较快增长，现在经济增长速度从过去 10% 左右高速增长转向 7% 左右的中高速增长，航运企业必然向控制营运成本、提高运输效率、拓展服务功能转型。

### 2.2.2　交通流量

2014 年,长江干线航道设有 27 个水上交通流量观测断面,全年日平均标准船舶流量的平均值为 655.2 艘次,比上年增长 4.3%。其中,上游航道 6 个断面,日平均标准船舶流量的平均值为 203.0 艘次,比上年下降 0.3%;中游航道 3 个断面,日平均标准船舶流量的平均值为 254.1 艘次,比上年增长 5.3%;下游航道 18 个断面,日平均标准船舶流量的平均值为 872.8 艘次,比上年增长 4.7%。

近年来,随着长江航运的不断发展,长江干线船舶交通流量总体呈现增长态势。以上、中、下游的 7 个主要断面为例,2006—2014 年 7 个主要断面的全年日均船舶交通流量发展情况见表 2.3、图 2.2。

从水域分布看,长江干线下游区段的船舶交通流量远大于中游区段和上游区段的流量;安徽芜湖大桥以下区段,船舶日均交通流量超过 1500 艘次。

**表 2.3　2006—2014 年长江干线 7 个断面全年日均船舶交通流量**(艘次/天)

| 年份<br>断面名称 | 2006 | 2007 | 2008 | 2009 | 2010 | 2011 | 2012 | 2013 | 2014 |
|---|---|---|---|---|---|---|---|---|---|
| 朝天门 | 233 | 349 | 231 | 220 | 241 | 254 | 241 | 203 | 251 |
| 三峡大坝 | 232 | 691 | 541 | 453 | 435 | 499 | 466 | 373 | 343 |
| 枝城 | 250 | 772 | 371 | 232 | 229 | 212 | 201 | 188 | 211 |
| 城陵矶 | 256 | 310 | 312 | 362 | 319 | 376 | 385 | 278 | 305 |
| 武汉长江大桥 | 678 | 609 | 466 | 376 | 409 | 440 | 346 | 307 | 371 |
| 九江湖口 | 1231 | 741 | 523 | 634 | 674 | 778 | 716 | 709 | 809 |
| 芜湖长江大桥 | 1478 | 1737 | 1530 | 1312 | 1811 | 1540 | 1472 | 1285 | 1456 |

数据来源:长江海事局 http://www.cjmsa.gov.cn/9/368/2/29/index.html.

### 2.2.3　运力及船员

1)船舶运力

截至 2014 年底,长江干线水上运输船舶约有 8.5 万艘,占全国水上运输船舶的 60%;船舶总净载重量 1.3 亿 t,约占全国船舶总净载重量的 52%。其中,客运船舶(包括客船、客货船,不含客运驳船)9099 艘,载客量 423845 客位;货运船舶(包括货船、驳船)数量和总净载重量分别为 74996 艘和 13517.23 万 t;集装箱运输船舶(仅统计机动集装箱运输船舶,不包含驳船)651 艘,集装箱箱位 159.23 万 TEU,标准箱位 130.36 万 TEU;船舶总功率 3969.47 万 kW。

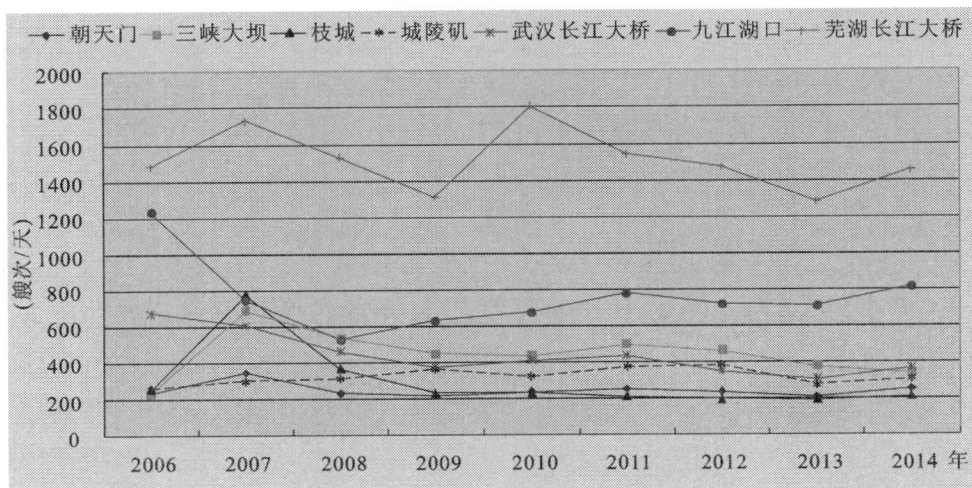

图 2.2　2006—2014 年长江干线 7 个断面全年日均船舶交通流量的发展

从运力结构来看,常规干散货运输船舶占总运力的比例高于 90%,表明干散货船舶仍起主导作用;从船舶类型来看,驳船与机动普通货船数量分别占比 31.7%、37.7%,分别占船舶总吨数的 33.96%、43.9%;从运力分布来看,上游地区占比较小,中下游占比较大;从船龄来看,平均船龄约 10 年,其中机动普通货船、普通客船、推(拖)船、驳船及涉外旅游船的老旧船舶数量占比分别为 9%、46%、50%、40% 和 51%。

从船舶净载重量和平均吨位的变化情况来看,随着水路运输结构的调整,船舶大型化趋势明显、运力结构进一步得到优化,长江干线船舶总净载重量由 2005 年的 5972.36 万 t 增长至 2014 年的 15794.85 万 t,年均增长率 11.4%;平均吨位由 2005 年的 435t/艘增长至 2014 年的 1415t/艘,10 年间增长近 2.3 倍,说明船舶朝着标准化、大型化、专业化方向不断发展。

2)船员培训

截至 2014 年 12 月,长江海事局辖区注册内河船舶船员的总数为 7 万人(2014 年新进内河船舶船员 4000 人),其中持有有效适任证书的职务船员 3.4 万人,一类船舶职务船员占比 82%,驾驶占比 61.5%,轮机占比 38.5%;注册海员总数 4.4 万人(2014 年新进海船船员 4400 人),其中国际航线 3.7 万人,占比 84%,国内航线占比 16%。

长江海事局辖区有内河船舶船员培训资质的机构 18 家,其中具有海河兼顾学历教育资质的机构 4 家,具有内河学历教育资质的机构 6 家,其余 8 家只开展船员短期培训。培训机构分布在长江沿线四省一市:重庆 6 家(1 家海河兼顾),武汉4家(3家海河兼顾),芜湖3家,宜昌、荆州、黄石、岳阳、安庆各1家,九江地区内河船舶船员培训在地方海事局管辖的培训机构开展。具有海船船员培训资质的机构12家(湖北武汉8家,四川、重庆、江西、安徽各1家),其中具有本科学历教育的机构2家,大专学历教育的机构6家,中职学历教育的机构3家,仅从事船员短期培训的机构1家。有17家海员外派机构,18家甲级海船船员服务机构,75家乙级海船船员服务机构,27家内河船员服务机构。2014年,举行各类船员适任考试2435期,组织考试7万余人次,签发各类船员适任证书5.6万本。[23]

# 2.3 安全监管

## 2.3.1 组织机构

交通运输部长江航务管理局是长江干线水上交通安全监督与管理部门,是遵照国务院国发〔1983〕50号文件精神,根据政企分开、港航分管的原则,在原长江航运管理局的基础上于1984年组建的。2002年,中编办《关于交通部长江航务管理局主要职责和人员编制的批复》(中编办复字〔2002〕7号)明确长江航务管理局为交通部派出机构,对长江干线航运行使政府行业管理职能,受交通部委托或法规授权行使长江干线航运行政主管部门职责。

长江航务管理局主要职责:组织及参与长江干线航运有关规章草案工作,拟定长江干线航运发展战略,组织编制长江干线航运中长期规划和五年计划,并在批准后监督实施;负责长江干线航运行政管理、航运市场宏观调控及监督管理和规范长江干线水运建设市场,以及长江干线港航设施建设和使用岸线布局的行业管理;组织长江干线国家重点物资和紧急物资运输,协助军事物资运输;对长江干线客货运输质量、航运基础设施工程项目和水运工程质量实施监督管理;负责长江干线航道、枢纽通航、通信、引航、卫生监督、水运规费稽征等管理工作,以及长江干线水运行业相关的统计和信息引导;按规定管理长江干线水上安全监督和航运公安工作;指导长江干线水运行业体制改革、法制建设和结构调整;组织航运重大科技开发,推动行业技术进步和信息化工作;协调长江水系13省市港航管理业务工作和长江水系水资源综合开发中的有关航运工作等。

长江航务管理局现有6个直属单位:长江海事局、长江航道局、长江三峡通航管理局、长江航运公安局、长江航运总医院、中国水运报刊社。其中,长江海事局、长江航道局、长江三峡通航管理局为正局级单位,长江航运公安局为副局级单位,长江航运总医院、中国水运报刊社为正处级单位。长江海事局是长江干线水上交通安全日常监督和直接管理的行政部门。

长江海事局是经国务院批准设置的交通运输部直属 14 个海事局之一,其前身是 1965 年经国务院批准建立的交通部长江航政管理局,1989 年 7 月更名为交通部长江港航监督局,1999 年 10 月成立长江海事局。长江海事局代表国家依法履行长江水上安全监管、防止船舶污染和水上人命救助职责,管辖重庆至安徽 2109.4km 长江干线水域范围、1000km 支流汉河,以及 19 个水库、湖泊,并担负长江干线宜宾到上海安全通信保障和引航管理职责;下设重庆、三峡、宜昌、荆州、岳阳、武汉、黄石、九江、安庆、芜湖 10 个分支海事局和长江引航中心、信息中心、培训中心 3 个局属单位;全线搜救中心、海巡艇、执法车和海事趸船达 800 多座(艘),固定资产近 20 亿元。长江海事局辖区内分布着重庆、武汉和芜湖等 27 个主要港口;各类码头 3244 座;已(在)建大桥 68 座;常年航行辖区船舶 6 万余艘,涉及船公司 2200 多家,被形象地概括为"六多一杂":即港区和停泊区多、渡口渡船多、桥区坝区多、油区和危险品作业点多、船舶及船公司多、水运从业人员多、通航环境复杂。长江干线海事机构组织体系的空间分布见图 2.3。

### 2.3.2　管理办法

水上交通安全系统是一个复杂性系统,受人、船舶、环境和管理四个方面因素影响。针对这四方面因素,长江航务管理局安全监控管理主要体现在四个方面:制定与实施一系列安全管理制度与办法,加强船公司及重点船舶管理,落实常规海事巡航检查及通航安全管理制度,定期进行各项安全检查活动。

1)研究、制定并实施安全管理制度与办法

长江航务管理局研究制定了《长江航运安全"十二五"发展规划》,全面部署了"十二五"期间七大建设任务,即法规和标准体系、体制机制、装备及信息化、基础保障能力、人员队伍、应急救援体系和安全文化建设;制定了《长江航运安全预警管理制度》《长江航运安全警示约谈制度》《长江航运安全监管责任规定》和《长江航运企业安全生产主体责任规定》四项规章制度;制定了《长江航运安保工作指导意见》《构建长江航运防火墙建设指导意见》《长江干线交通运输企业安全生产标准化建设实施方案》和《长江干线治安防控体系建设推进方案》。

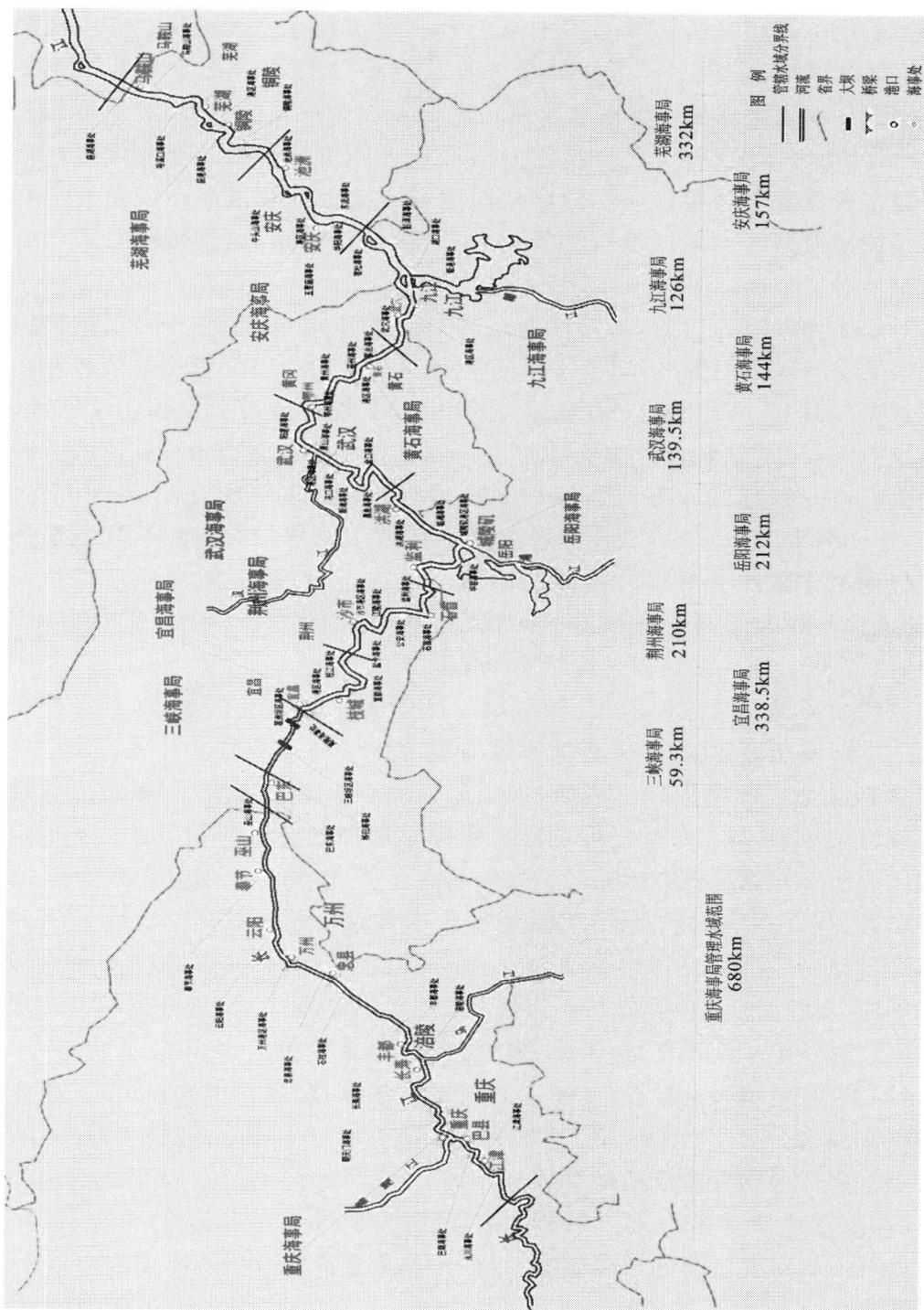

图2.3 长江干线海事机构组织体系的空间分布

对于人员因素类风险的监控,长江海事局严格执行《〈中华人民共和国海船船员适任考试和发证规则〉实施办法》,规范海员适任考试工作。对内河船员的适任考试,也实现了无纸化操作。通过印发《关于航运公司落实安全生产主体责任的指导意见》,促进航运公司进一步加大安全投入,切实履行安全生产主体责任;印发《航运公司指定人员培训管理指导意见》,充分发挥航运公司制定人员安全和防污染管理监控职能;试行《长江片区航运公司安全管理体系关键性操作方案目录》,将其作为公司与船舶的安全管理体系关键性操作审核参考依据之一。

对船舶类风险的监控,如对砂石运输船舶的监控,长江航务管理局继续贯彻落实交通运输部海事局《关于全面落实砂石运输船安全管理长效机制的实施意见》,并进一步建立安全管理长效机制,实现对砂石运输船科学监控。切实执行"长江河道采砂合作管理年度工作计划",研究制定了《长江航务管理局采砂通航管理工作办法》,组织开展了"涉砂船舶管理办法"研究工作。此外,长江海事局印发《关于规范船舶签证代理工作的指导意见》,规范船舶签证代理工作程序。对于渡口渡船的安全监控,长江航务管理局严格执行《中华人民共和国海事局关于进一步加强客渡船舶安全监管的通知》(海安全〔2012〕477 号),进一步加强客渡船安全监管工作。

对通航环境类风险的监控,如对危险品船舶码头的安全监管,长江海事局进一步落实交通运输部《关于明确港口危险化学品安全监督管理若干问题的通知》,各地方海事局积极响应,加强危险品码头安全监管;积极建立危险品长效管理机制,加强危险品船舶动态跟踪管理和分类监管,下发《关于危险品船舶码头安全隐患排查活动的通知》,进一步强化辖区危险品船舶、码头的安全监管,排查并消除危险品船舶、码头安全隐患。长江航道局强化航道现场管理,制定并实施《长江航道执法巡查工作办法》及《长江航道局采砂管理工作实施办法》;加强航道公共安全管理,制定并实施《长江航道公共安全实施方案》《长江电子航道图运行公共安全监管办法》等。

针对管理类风险的监控,主要通过对现有的规章、制度、管理办法的修正与完善来实现。

2)加强船公司及重点船舶管理

(1)加强船公司管理、船员管理、船检管理

长江海事局创新诚信管理体系,深化差异化管理,选取了 85 家公司、1374 艘船舶、320 名船员、8 处事故多发水域作为重点对象加强监管;开展船公司"代而不管"、船舶"让代不让管"行为治理;评选了 13 家五星级和 A 级诚信公司、26

艘诚信船舶;对 9 家公司实施附加审核和跟踪审核,约谈 30 家公司;全面换发了安检员证书,配发安检员装备;船舶签证 66.7 万艘次,安检 26278 艘次,滞留船舶 1276 艘次,滞留率 4.8%;实施船员违法记分 2 万余件、3 万余分;完成了 48 家海员外派机构、船员服务机构、培训机构的质量管理体系审核和资质校验。在安检中,对 4456 艘次船舶开展了验船质量检查,检查率 23.91%;组织编写了《内河小船营运检验人员适任制考试大纲》;完成片区 2014 年全国注册验船师考试工作;开展 LNG 燃料动力船检验和安全监管培训。[23]

(2)加强重点船舶监管

长江海事局实施重点船舶动态和禁航区域通报制度,每日全面掌握辖区重点情况,对小型危化品船实施夜间管制。江苏海事局推行危化品船选船机制和船岸界面管理机制,初步厘清海事机构与相关部门在危险货物运输和防治船舶污染方面的监管责任。

在渡船安全管理方面,长江海事局开展渡船"斑马线"行动,划定实施斑马线 366 条,有效降低渡船碰撞风险;开展渡船实操评估与履职能力检查;落实 20m 以下渡船乘客(船员)穿(持)救生衣制度;推动渡船安全与油料补贴挂钩;更新改造渡船 41 艘,渡船标准化率达 77%,同比提高 9%,保障了沿江 4900 万人次、480 万车次渡运安全。

在危险品船安全管理方面,全面禁止了单壳油船、单壳化学品船进入三峡库区。同时,对 600t 以下非双底双壳载运危险品液货运输船及总吨 600t 以下载运一类危险货物液货运输船实施了夜间禁航措施,配套设立 349 处锚地,共管制船舶 2976 艘次。管制措施实施后,未发生小型危化品船舶安全事故及险情。与沿江直属局及港航管理机构初步建立了危险品运输监管协作机制,搭建了联动信息平台,探索建立了危险品货主选船机制。[23]

3)落实常规海事巡航检查及通航安全管理制度

长江海事局是长江干线水上交通安全日常监控的重要主体,对重点水域和重点船舶的日常巡航检查工作是实现重大危险源实时监控的重要手段,巡航工作主要是针对违法排放行为、违反航行规定的行为、违法施工作业的行为、助航标志异常的情况、违法养殖及采砂的行为,并协助进行交通组织和护航、救助工作。巡航范围包括重要航路、锚地及停泊区、施工作业区、客运码头及渡口、危险品码头及装卸作业区、桥(坝)区及其他区域。

2014 年,长江海事局全年巡航 9.4 万余次,巡航时间 16.6 万 h;跟踪维护载运一类危险品船舶 14.8 万艘次,现场维护 6556 艘次;远程纠违 4 万起。此外,长江海事局辖区全线实现了电子巡航,推进电子巡航 3.0 系统建设。实施了李渡至界石盘分道航行规则,开展了部分航路优化调整,横驶区取消 6 个,调整 4 个,取消 10 个单控航段,全面实现了长江干线主航道航行规则全覆盖。实施预警 704 次,有效应对了洪峰过境、三峡蓄水、恶劣天气侵袭等多重考验,救助船舶 164 艘次,救助遇险人员 1986 人,人命救助成功率 98.5%。[23]

4)开展专项安全整治和检查活动

近年来,长江航务管理局坚持"安全第一,预防为主,综合治理"的方针,立足实际,广泛开展安全整治和检查活动,强化企业安全生产主体责任和政府安全监管责任,全面落实隐患排查治理和危险源监控措施。

(1)水上客运安全专项整治活动

2014 年,根据交通运输部印发《交通运输部关于深入开展水上客运安全专项整治活动的通知》(交海函〔2014〕707 号),从"推进水上客运规范化、规模化,进一步落实客渡标准船型,加强玻璃钢船艇检验工作,提高客运船舶灾害预防能力,强化船舶现场监管工作,完善水上安全管理法规规范体系"等方面深入开展水上客运安全专项整治活动。

强化三峡库区客船隐患排查。长江航务系统对 26 家省际客运企业、103 艘客船和 22 家港口客运站进行了逐一复查验收,启动实施了大型旅游客船全程动态跟踪;组织重庆、湖北港航管理部门开展了客船企业经营资质保持情况专项核查;组织长江海事局、中国船级社武汉分社对现有客船的建造质量、安全设备等开展了专项检查,共检查客船 228 艘次,查出缺陷 1021 项,对存在重大缺陷未整改的客船一律禁止上线运营。

强化客渡船安全监管。规范渡船航行和停泊行为,查处违犯"斑马线"规定的渡船 220 余艘次。实施渡船跟船检查和节前上线安全检查,全年累计实施渡口渡船专项巡查 3 万余次、安检渡船 3829 艘次,跟船检查 1.4 万艘次,实施渡船禁航 7000 多次,免费培训渡船船员 1.2 万人次,向渡船投入帮扶资金约 143.8 万元。[23]

(2)水上危险化学品运输安全专项整治活动

根据交通运输部印发《交通运输部关于加强危险品运输安全监督管理的若干意见》(交安监发〔2014〕211 号),长江航务管理局加强危险品运输安全监督管理,加强长江干线危险品运输作业过程监督管理,实施了一类危险品船舶全程动态跟踪和重点水域现场维护;制定并印发了《长江航务管理局落实〈国务院办公厅关于推进长江危险化学品运输安全保障体系建设工作方案〉主要工作措施及工作分工》实施方案;贯彻执行《中华人民共和国海事局关于印发 2014 年全国海事系统水上危险化学品运输安全专项整治活动方案的通知》(海危防〔2014〕473 号)要求,各海事系统结合辖区实际情况,制订了 2014 年水上危险化学品运输安全专项整治活动实施方案。[23]

在水上危险品专项整治活动中,重点开展了以下工作:一是加强危险源风险控制和监管,强化水上危险化学品从业单位和人员管理。加大对船舶、相关从业单位和人员的监督检查力度,查找和排除水上危险化学品运输安全隐患,提高船员、船舶、船公司和相关单位及人员对水上危险化学品运输的安全责任意识,打击危险化学品运输瞒报、谎报行为。二是强化集装箱开箱及装箱质量检查。实行严格的集装箱开箱检查,严厉打击谎报、瞒报危险品等行为。三是强化作业安全与防污染措施落实情况的检查。重点检查作业船舶和码头安全措施的落实、防污和应急预案的落实、值班人员的职责落实及检查记录情况。四是强化危险化学品船监管。

(3)河道采砂专项治理

开展了采砂专项治理,制定并实施了砂石船分类监管制度,强化了对洞庭湖、鄱阳湖、巴河等重点水域的监管,实施了 600t 以下砂石船舶夜间禁止通过重点水域的管制措施,严厉打击了砂石船舶超载、超吃水、非法采砂碍航等行为。

(4)"江安"专项整治行动

根据水上治安特点,2014 年组织全线开展了为期 9 个月的"江安"专项整治行动,加大对水运物流、水尸命案、危害航运安全等行业特色案件的侦破力度,命案实现全破的目标,及时查破万州、重庆、南通等水域交通肇事案,侦破利用计算机实施犯罪的芜湖水域非法出售和提供公民个人信息案、三峡水域破坏计算机信息系统删改船舶过闸信息案等新型案件。在"江安"严打行动中,为港航单位及群众挽回经济损失 1419 余万元。[23]

类似的活动还有很多,长江航务管理局及局属各单位通过开展专项整治活动,结合日常监控,构建了水上安全和危险源监控的支撑体系。

### 2.3.3 技术手段

为更好地对长江水上交通安全实施监控,近年来,长江航务管理局在现有管理制度及设施设备的基础上,辅以了一系列的技术手段——电子巡航系统、电子航道图、船舶自动识别系统(AIS)、船舶交通管理系统(VTS)、远程视频监控系统(CCTV)及船舶船员信息系统等,并在长江沿线各省市大力推进通信网络建设,以保证各系统有效运行。

以地理信息系统(GIS)为平台,整合船舶交通管理系统、船舶自动识别系统、全球定位系统(GPS)、闭路电视监控系统、共享水文信息系统(WLS)、气象信息系统(WIS)等系统,配套网上长江海事数据库中心,2012年全线启动"电子巡航"系统,构建统一的巡航监控预警平台,电子巡航与常规巡航一起逐步成为长江海事水上监管的重要手段。

长江海事船舶交通管理系统不断完善,长江干线船舶自动识别系统一期工程也已完成建设,长江海事局辖区全线推进安装船载电子江图系统(ECS)和自动识别系统。长江航务管理局基层站点用户接入网工程、长江航运通信网干线传输系统接入全国交通信息专网工程工作有序推进。

2011年12月22日,贯通长江干线航道的长江电子航道图正式投入使用。自此,在长江上行船如同在陆地上驾驶拥有GPS导航系统的汽车,更加直观、方便、快捷。长江电子航道图具有国际通用性强、定位精度高、航道信息内容丰富等特点,具备自动识别与定位、导航与辅助决策、自动匹配与显示应用、航道信息动态查询与显示和航行报警提示五大功能。通过数字化形式及时更新航道、航标等信息,长江电子航道图能为长江上的行船提供准确的助航标志、水深数据、地物地貌、最新航行通告等航行信息,设计最佳航线并保证其安全航行。

在对重大危险源实施监控中,电子航道图发挥着重要作用。通过电子航道图及相关系统,可以直观地了解到全长江的航标位置信息、航道情况,发现水位水流及航道情况复杂的水域,使航道的维护更及时、迅速;另一方面,对港口、码头、锚地、停泊区、桥区、交汇水域、控制河段等重点水域的监控更加智能。该系统还可以有效地监控在长江行驶的船舶,利用这一系统可以增强对于重点船舶的监控能力。此外,利用长江电子航道图系统能有效地监控安装了船用终端船舶的航行状态,包括航向、航速、历史航迹等,能及时发现行船不安全的航行状态,为海事局对重点船舶进行监控提供方便。

船舶自动识别系统由岸基(基站)设施和船载设备组成,是一种新型的集网络技术、现代通信技术、计算机技术、电子信息显示技术为一体的数字助航系统和设备。AIS系统配合全球定位系统,将船位、船速、改变航向率及航向等船舶动态结合船名、呼号、吃水及危险货物等船舶静态资料由甚高频(VHF)频道向附近水域船舶及岸台广播,使邻近船舶及岸台能及时掌握附近海面所有船舶之动静态资讯,得以立刻互相通话协调,采取必要避让行动,对船舶安全有很大帮助。

利用AIS系统对长江航运重大危险源进行监控,主要是针对重点船舶实施监控。AIS系统能对船舶航行的静态和动态信息进行连续的监视和管理,为海事部门提供监控船舶的动静态信息、船舶相对于航道及周围船舶的位置和航行趋势,在交通环境复杂的状况下帮助海事部门及时发布航行警告、航行通告及交通管制等信息,有效地保证水域的交通秩序及其他行船的安全航行。同时,系统也为监控船舶提供水域交通动态信息;接收海事部门发布的航行警告、航行通告或交通管制等信息,并为船舶做出交通指引;为监控船舶发布气象、水文、航标等影响航行的相关信息。此外,将 AIS 系统提供的信息接入到船舶交通管理系统(VTS)中,能提高船舶的识别精度和信息量,使对船舶的监控更有效,获取的信息更准确。

船舶交通管理系统是利用雷达、CCTV、无线电话及船载终端等通信设施监控航行在港湾和进出港口的船舶,并给这些船舶提供航行中所需的安全信息的一种系统。作为一种集雷达、通信、网络、视频处理、无线电测向、船舶自动识别和气象信息采集等多种先进技术和前沿科技于一体的高端电子监控系统,VTS 系统在海事监管和服务中的作用十分重要。在 VTS 系统中,操作人员通过信息收集、评估和处理来达到组织船舶交通,将收集到的航行安全信息提供给船舶,纠正船舶违法行为,避免因船舶违法航行、停泊和作业而导致的通航秩序恶化和船舶交通事故的发生。

随着长江航运的不断发展,长江船舶交通量不断增加,VTS 系统的使用使船舶能顺畅通航于有限水域或拥挤水域。通过该系统可监控船舶的航路脱离与否、行进方向、速度、船舶相互交行等,以向船舶迅速地提供进出港时所需的安全航行信息。通过其雷达观测和船岸甚高频(VHF)监听,实现了对船舶的远程监控和管理,并在船舶发生险情时能够及时组织有效的救助;通过 VTS 的严格监管,船舶的违法行为得到了及时的纠正,船舶交通事故发生率大大降低,维护了良好的通航秩序;通过 VTS 的及时提醒,船舶及早采取措施,避免了一些紧迫局面和交通拥堵、锚地拥堵现象,提高了船舶的交通效率和水域的使用效率。

远程视频监控系统由实时控制系统、监视系统及管理信息系统组成。实时控制系统完成实时数据采集、处理、存储、反馈的功能;监视系统完成对各个监控点的全天候的监视,能在多操作控制点上切换多路图像;管理信息系统完成各类所需信息的采集、接收、传输、加工、处理,是整个系统的控制核心。通过在港口、码头、锚地、停泊区、桥区、交汇水域、控制河段等重点水域布设闭路电视监控点,以实现对于重点水域的实时监控。

对于重大危险源的监控,以长江海事局及各地方海事局为中心,在长江全水域实施巡航,尤其对重点水域的巡查;并对重点船舶实施检查,对于非法采砂、涉砂碍航等违法行为予以严厉打击。以长江航道局和三峡通航管理局为两个监控基本点,长江航道局负责监控重大危险源中的重点航道和水域并进行维护,以降低重大危险源的危险性;三峡通航管理局负责三峡、葛洲坝枢纽工程河段 59km 通航水域及过闸船舶的监控。在对重大危险源进行监控的过程中,管理层面有日常巡航制度及各地方海事局组织有针对性的危险源监控行动等,并辅以电子航道图、船舶自动识别系统、船舶交通管理系统等技术手段,使长江航运重大危险源的监控工作得以有效地进行。

2010 年 10 月,长江航务管理局航运应急指挥中心启动了长江干线水路交通应急指挥平台建设工程。经过三年建设,长江航运应急指挥信息平台于 2013 年 1 月 15 日正式运行。该平台通过整合电子航道图、船舶船员信息系统、船舶自动识别系统、船舶交通管理系统、远程视频监控系统、气象信息、水文信息,实现对信息的接入、整合,以接收到的信息为基础,进行预警预控、指挥调度、辅助决策、统计分析等,该系统在运行阶段成效显著。

## 2.4　安全事故现状及特点

### 2.4.1　安全事故现状

"十五"初期尤其是三峡库区蓄水以来,长江黄金水道加快了建设速度,长江安全形势得到明显改善。2014 年,长江干线(长江海事局管辖范围内的重庆至芜湖间的干线区域)共发生水上交通事故 125 件,同比下降 25.6%。其中,运输船舶发生一般以上等级事故 12.5 件,死亡失踪 24 人,沉船 8 艘,直接经济损失 708.1 万元,事故四项指标同比"全面下降",即等级事故件数下降 10.7%,死亡失踪人数下降 35%,沉船数下降 33%,直接经济损失下降 38.4%;非运输船舶发生事故 3.5 件,死亡失踪 8 人。

长江干线近年来安全状况不断转好,见表 2.4、图 2.4。统计数据显示,等级事故数、沉船艘数和直接经济损失呈下降趋势并保持低位运行;死亡失踪人数有所波动,年均约 26 人,总体可控。

**表 2.4　2010—2014 年长江干线水上交通事故指标统计**

| 年份 | 事故总数<br>(件) | 等级事故<br>(件) | 死亡失踪<br>(人) | 沉船<br>(艘) | 直接经济损失<br>(万元) |
|------|------|------|------|------|------|
| 2010 | 235 | 22 | 28 | 19 | 1578 |
| 2011 | 196 | 18.5 | 12 | 13 | 1058 |

续表 2.4

| 年份 | 事故总数<br>（件） | 等级事故<br>（件） | 死亡失踪<br>（人） | 沉船<br>（艘） | 直接经济损失<br>（万元） |
|---|---|---|---|---|---|
| 2012 | 153 | 15.5 | 27 | 13 | 1601.5 |
| 2013 | 168 | 14 | 37 | 12 | 1150 |
| 2014 | 125 | 12.5 | 24 | 8 | 708.1 |

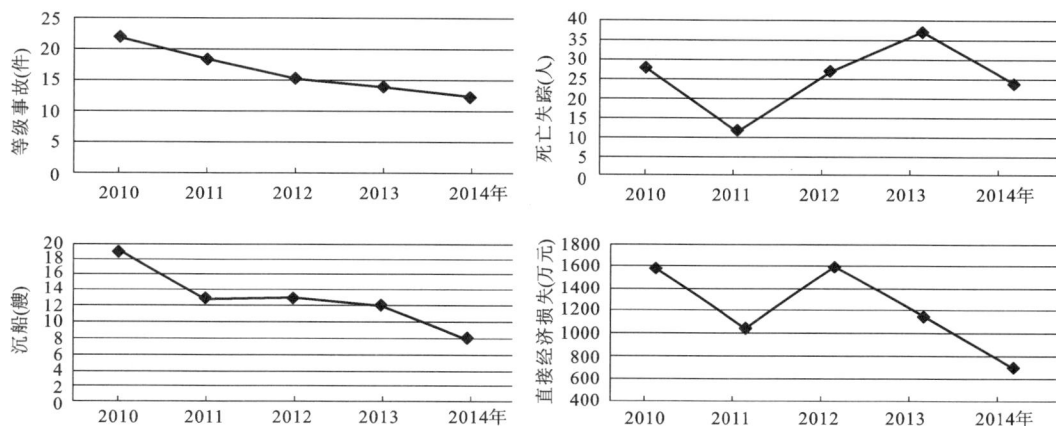

图 2.4　2010—2014 年长江干线水上交通事故四项指标趋势

从 2006 年开始,长江海事局建立了水上交通安全预警机制,通过"四级预警、三级发布"的模式实现,长江全线组织实施了多次各类安全预警行动,有效应对了大风、大雾、大水等恶劣气况对水上交通安全的影响,保证了整个辖区水上交通安全形势的稳定。

### 2.4.2　安全事故特点

1)事故种类分布

2014 年,共发生水上交通事故 125 件,其中碰撞 56 件、搁浅 19 件、火灾 14 件、触礁 12 件、自沉 12 件、触损 9 件、其他事故 3 件,见图 2.5。碰撞事故占 44.8%,自 2010 年以来年均下降率约 15%,见表 2.5。

表 2.5　2010—2014 年长江干线水上交通事故指标统计

| 年份 | 2010 | 2011 | 2012 | 2013 | 2014 |
|---|---|---|---|---|---|
| 碰撞事故（件） | 119 | 91 | 78 | 66 | 56 |
| 当年事故总数（件） | 235 | 196 | 153 | 168 | 125 |
| 碰撞事故占比（%） | 50.6 | 46.4 | 51.0 | 39.3 | 44.8 |

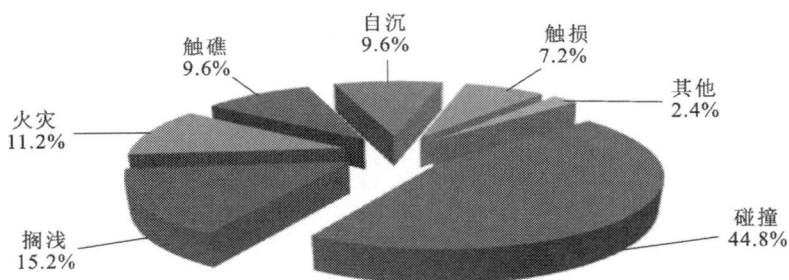

**图 2.5　2014 年长江干线水上交通事故种类分布**

2）事故地域分布

2014 年，上游"触礁"、下游"碰撞"的基本特征明显，中游呈现"搁浅"转向"碰撞＋搁浅"并发的特征，见表 2.6。中游段船舶航行秩序监管亟待加强。

从事故水域分布看，事故多发水域主要为朝天门水域、肖家堤拐水域、武桥水域、戴家洲水道、马当南水道、黑沙洲南水道、白茆水道、江心洲水道 8 个航段水域，见表 2.7。2014 年，除戴家洲水道、白茆水道水域事故大幅降低外，其他水域事故依然多发。

**表 2.6　2014 年长江干线水上交通事故地域分布**　　（单位：件）

| 事故种类 | 碰撞 | 搁浅 | 触礁 | 触损 | 火灾、爆炸 | 自沉 | 风灾 | 其他 | 合计 |
|---|---|---|---|---|---|---|---|---|---|
| 上游自然航段 | 1 | 3 | 6 | 0 | 1 | 2 | 0 | 1 | 14 |
| 三峡库区 | 3 | 0 | 1 | 0 | 0 | 3 | 0 | 0 | 7 |
| 中游 | 14 | 12 | 0 | 3 | 6 | 3 | 0 | 1 | 39 |
| 下游 | 38 | 4 | 5 | 6 | 7 | 4 | 0 | 1 | 65 |
| 合计 | 56 | 19 | 12 | 9 | 14 | 12 | 0 | 3 | 125 |

**表 2.7　长江干线水上交通事故多发水域分布**

| 事故多发水域 | | 事故总数（件） | | | | |
|---|---|---|---|---|---|---|
| 水域名称 | 航道里程（km） | 2011 年 | 2012 年 | 2013 年 | 2014 年 | 2014 年占比 |
| 朝天门水域 | 70 | 19 | 9 | 10 | 6 | 18.2% |
| 肖家堤拐水域 | 10 | 7 | 2 | 7 | 3 | 9.1% |
| 武桥水域 | 3 | 10 | 3 | 1 | 5 | 15.2% |
| 戴家洲水道 | 26 | 9 | 7 | 14 | 2 | 6.1% |
| 马当南水道 | 20 | 2 | 2 | 8 | 4 | 12.1% |
| 黑沙洲南水道 | 13.7 | 3 | 2 | 6 | 6 | 18.2% |

| 事故多发水域 | | 事故总数(件) | | | | |
|---|---|---|---|---|---|---|
| 水域名称 | 航道里程(km) | 2011 年 | 2012 年 | 2013 年 | 2014 年 | 2014 年占比 |
| 白茆水道 | 26 | 0 | 1 | 8 | 2 | 6.1% |
| 江心洲水道 | 26 | 6 | 5 | 5 | 5 | 15.2% |
| 合计 | | 56 | 31 | 59 | 33 | 100% |

3)事故时间分布

(1) 不同月份的差异性

整体来看,农历新年前期的 1 月和 11、12 月是事故险情的高发期,2 月发生险情较少。从季节上看,冬季发生事故险情偏多,春节过后逐渐减少,夏季事故险情有所抬头,秋天事故险情发生较少,见图 2.6。

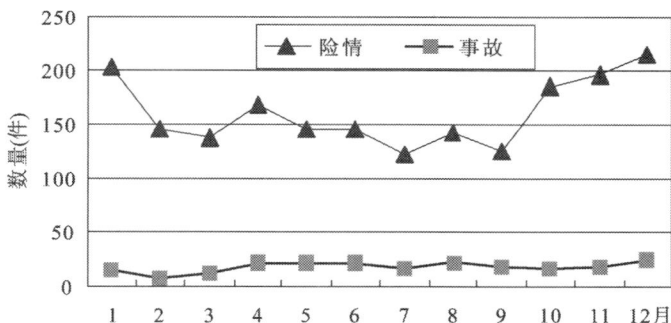

图 2.6　长江干线事故险情不同月份对比图

(2) 白天与夜间的差异性

从白天、夜间长江干线水上交通事故数和死亡人数对比情况来看,白天发生事故的概率小于夜间的概率。2014 年,发生在 0:00—6:00 的事故占 37.6%,发生在 18:00—24:00 的事故占 24.8%,见图 2.7。

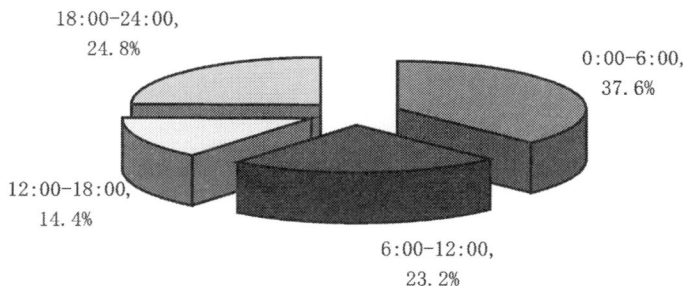

图 2.7　长江干线水上交通事故发生时间分布

　　由于夜间驾驶视野不够宽阔、视线不清楚,导致船舶安全航行、避让等操作困难;同时,驾驶员夜间行船易瞌睡、疲劳等原因导致夜间更易发生事故。此外,夜间施救难度大,所以发生人员失踪死亡的概率更高。因此,夜间尤其下半夜航行秩序的监控应是持续强化的重点监控之一。

　　4)事故船舶种类分布

　　长江航线上大多数为普通货船或者船队,发生事故的概率偏高。2014年,普通货船发生事故的比例最高,达到 44.5%,其次是砂石运输船,占29.3%,但砂石船事故共造成 21 人死亡失踪,占全年死亡失踪总数的87.5%,因此,防止砂石船事故仍然是事故防范的重点之一。见表 2.8。

表 2.8　2014 年长江干线水上交通事故船舶种类分布

| 船舶种类 | 普通货船 | 砂石船 | 危险品船 | 集装箱船 | 工程船 | 客滚船 | 客(汽)渡船 | 旅游客船 | 多用途船 | 滚装船 | 趸船 | 其他船舶 |
|---|---|---|---|---|---|---|---|---|---|---|---|---|
| 事故船(艘) | 85 | 56 | 17 | 12 | 6 | 4 | 2 | 1 | 3 | 1 | 1 | 3 |
| 比例(%) | 44.5 | 29.3 | 8.9 | 6.3 | 3.1 | 2.1 | 1.1 | 0.5 | 1.6 | 0.5 | 0.5 | 1.6 |

　　"四客一危"船舶(即客渡船、旅游船、高速客船、滚装船/客滚船和危险品船)容易造成群死群伤及环境污染的恶性事故,其安全状况一直是安全部门的重点监管对象。

# 3 长江干线水上交通风险分析与评估方法

风险是指有害事故发生的可能性及事故后果的总和。风险分析与评估是研究和评估风险发生的可能性及其所产生的后果和损失,是风险管理和安全预警管理的基础。要保证长江水上交通安全,提高长江水上交通安全管理水平,就必须研究风险因素的分布及特性,采用适当的方法评估风险程度,有针对性地进行监控与管理。

本章着重论述长江干线水上交通风险分析与评估的流程,从人员、船舶、环境和管理四个方面分别分析影响水上交通安全的主要风险因素;研究适用于长江水上交通风险评估的方法和模型,重点研究基于单因素突变、多因素耦合及动态贝叶斯网络的水上交通风险评估模型的构建方法。

## 3.1 风险分析与评估流程

水上交通风险分析与评估是在水上交通安全事故险情统计分析的基础上,分析并确定各种类型的水上交通风险因素,判定风险发生的可能性和可能的后果,评估其危险程度,确定风险因素的等级尤其是重大风险源,有针对性地进行风险控制。风险分析与评估是风险管理的基础,风险管理流程见图3.1。[1]

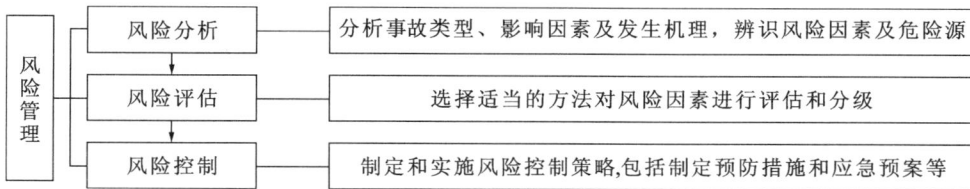

**图 3.1 风险管理流程**

水上交通风险分析是在分析水上交通事故的特征、影响因素和发生机理的基础上,研究水上交通运输过程中,什么船舶、什么作业环节、什么环境、什么场所和什么人员等可能存在风险和危害? 其后果的形式和种类如何? 有哪些特征参数? 风险评估主要是采用适当方法计算和确定风险概率和风险程度(值)的大小,并参照相关标准,判定各类风险等级,确定重大风险源。

风险源是指一个系统中具有潜在能量和物质释放危险的,可造成人员伤害、财产损失或环境破坏的,在一定的触发因素作用下可转化为事故的部位、区域、场所、空间、岗位、设备及其位置。它的实质是具有潜在的危险源或部位,是爆发事故的源头,是能量、危险物质集中的核心,是能量从那里传出或爆发的地方。水上交通重大风险源是指可能导致水上交通事故后果的严重程度达到或超过某种限度的风险源。

对于水上交通风险分级,目前没有一个标准的量化数值进行精确描述,国内外研究一般根据具体的风险评估方法划分相应的分级标准。本书参照《中华人民共和国突发事件应对法》和中华人民共和国交通运输部颁布实施的《水路交通突发事件应急预案》(交水发〔2009〕3号)中相关规定,将水上交通风险划分为四个等级,依据评估方法的数值特征,量化危险性四个级别的分值范围,从而确定与风险评估结果对应的危险性等级,见表3.1。

表 3.1　水上交通风险等级划分标准

| 风险等级 | 级别 | 危险危害程度 |
|---|---|---|
| 一级 | 特大 | 较大或很大可能性发生特大事故;很大可能发生重大事故等情形 |
| 二级 | 重大 | 较小或一定可能性发生特大事故;有一定或较大可能性发生重大事故;有较大或很大可能发生大事故;有很大可能发生一般性事故 |
| 三级 | 较大 | 很小可能发生特大事故;很小或较小可能发生重大事故;有较小或一定可能性发生大事故;有较小或一定可能发生一般性事故;有较大或很大可能发生小事故 |
| 四级 | 一般 | 不可能或几乎不可能发生重大、特大事故;有很小可能发生大事故有较小可能发生一般性事故;有一定可能性发生小事故 |

水上交通风险分析与评估的步骤主要包括:资料收集和现场调研等准备阶段;确定风险评估的方法;风险因素辨识与分析;风险定性和定量评估;提出风险控制对策和措施;形成风险分析与评估结论和报告。风险评估流程见图3.2。[24,25]

(1)资料收集和现场调研等准备阶段。明确被评估的对象和范围;收集国内外相关法律法规和技术标准等资料;进行现场调查;收集水上交通安全事故及安全管理相关数据和资料。

(2)确定风险评估的方法。根据被评价对象的特点选择科学、合理、适用的风险分析与评估方法。目前,风险分析与评估的方法有:定性方法、半定量与定量方法、统计学及运筹学等现代应用数学方法、系统模拟及人工智能的方法等。

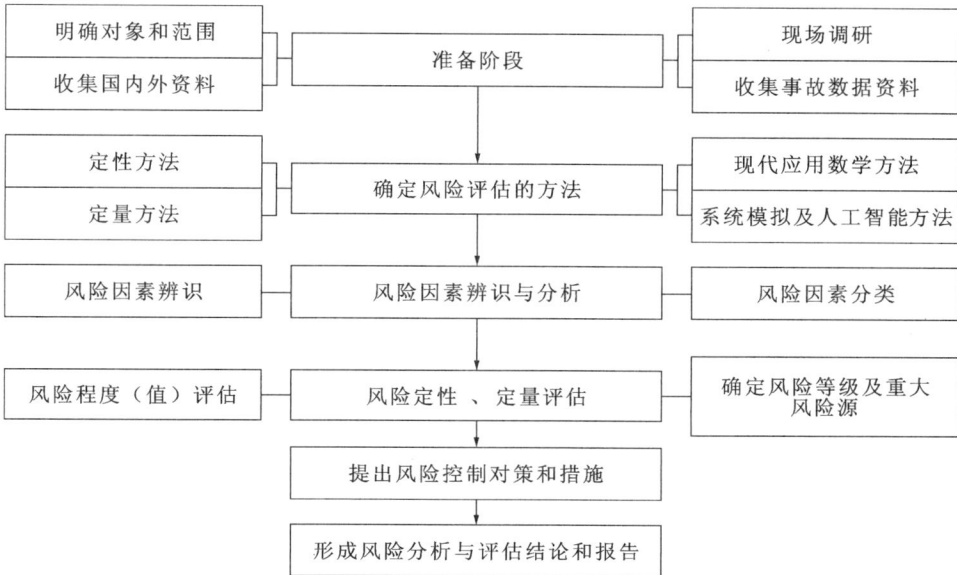

**图 3.2  风险评估流程**

（3）风险因素辨识与分析。根据水上交通运输安全事故的特征，采用适当的方法，从人员、船舶、环境和管理等方面，分析导致安全事故的风险因素，并对风险因素进行分类，确定风险及危险因素存在的位置和存在的方式，以及可能引发事故发生的途径及变化的规律。

（4）风险定性、定量评估。根据选择的风险分析与评估方法，对风险及危险因素导致事故发生的可能性和严重程度进行定性、定量评估，以确定事故可能发生的部位、频次、严重程度的等级及相关后果，确定风险等级尤其是重大风险源，为制定风险控制对策和措施提供科学依据。

（5）提出风险控制对策和措施。根据定性、定量评估结果，提出消除或减弱风险及危险因素的技术和管理对策，包括制定各类风险预防措施和应急预案。

（6）形成风险分析与评估结论和报告。列出风险分析及评估结果，指出应重点防范的重大危险源，明确风险控制对策和措施，编制相应的风险评估报告。

## 3.2  风险因素分类分析

水上交通风险因素是指在水上交通运输系统中可能导致人员伤害、环境破坏或财物损失事故的、潜在的不安全因素。水上交通运输系统是一个由人、船舶、环境和管理组成的多因素的、复杂的动态系统,见图3.3。

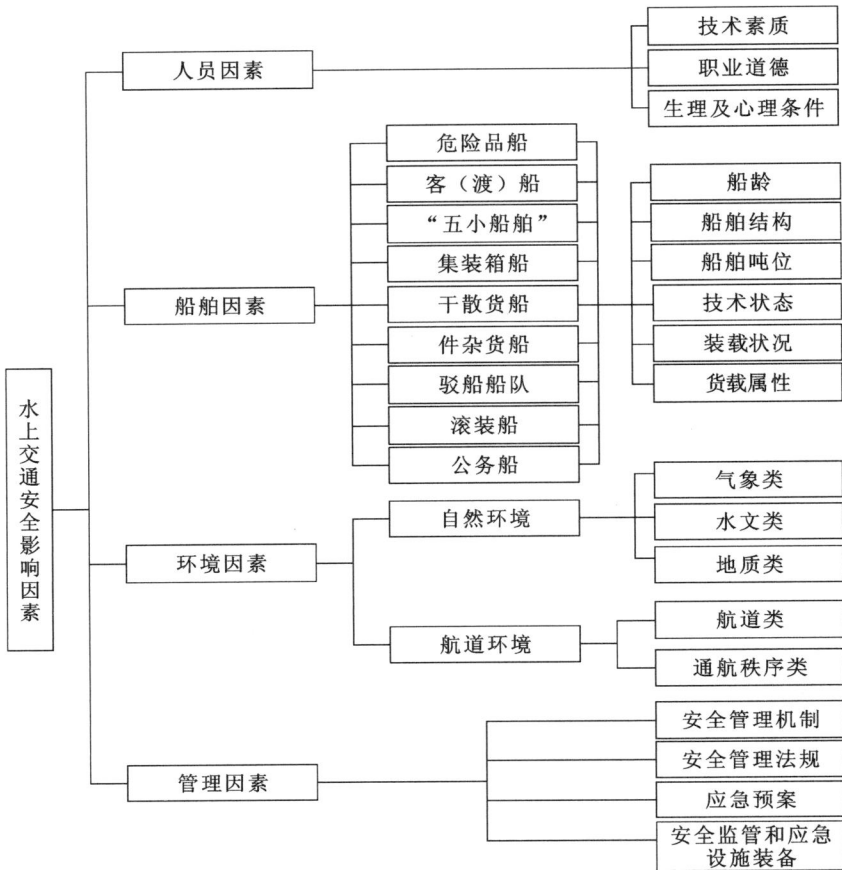

图3.3 水上交通安全影响因素

系统在不断运动和变化过程中,人、船舶、环境和管理中必然存在各种或然性、差异性和不确定性,成为风险形成的原因。其中,人主要指船员,包括船员的技术素质、职业道德、生理及心理条件等因素;船舶分为危险品船、客(渡)船、"五小船舶"(小危险品船、小快艇、小货船、小自用船、小渔船)、集装箱船、干散货船、件杂货船、驳船船队、滚装船、公务船等,其风险主要体现在船龄、船舶结构、船舶吨位、技术状态、装载状况、货载属性等方面;环境分为自然环境和航道环境风险因素,其中自然环境因素包括气象类、水文类、地质类等风险因素,航道环境包括航道类、通航秩序类等风险因素;管理主要体现在安全管理机制、安全管理法规、应急预案、安全监管和应急设施装备等方面风险因素。

### 3.2.1　人员因素

人是船舶航行安全的主体。人员风险因素主要指船员、管理人员及旅客的不安全行为及其存在事故风险的不安全状态。

从1986—2010年统计资料看,长江干线水运安全事故的主要原因是:①人员因素。超过75%的事故是船员操作不当、违章航行等人为因素所致。②环境因素。超过8%的事故是由能见度和水文不良直接导致。大风、大雾等恶劣气候易造成水上险情事故的发生,洪、枯水等造成的航道条件不良增加了操船的危险度。环境因素往往是导致船员操船不当或失误的主要诱因。③船舶因素。船舶不适航、机务故障等船舶因素导致的事故占8%左右。见图3.4。

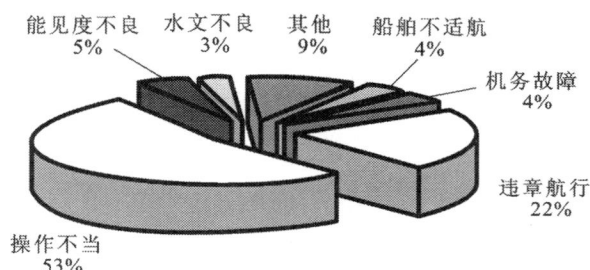

**图3.4　1986—2010年长江干线水上交通事故主要原因分类**

在某些事故中,事故发生的主要因素还包括如管理人员、引航员、打杂的工人等在工作过程中出现的差错或过失。近年来,船员供需矛盾突出,内河船员的数量、质量落后于水上交通发展的需求,船员队伍存在以次充优、拔苗助长等现象。船员人为责任因素是事故发生的最主要原因。大型船舶表现为船员责任心不强,存在麻痹大意思想和侥幸心理,常因疏忽或过失发生碰撞、搁浅和触碰事故;中小型船舶特别是乡镇、个体运输船舶,主要表现在船员素质低,对航行规章、规则不熟悉,对船舶的性能、结构不了解,安全意识薄弱,服从管理意识差,存在超载滥载、违章驾驶、冒险航行等行为,这些是小型船舶事故多发的主要原因。此外,部分船员安全法制、安全意识淡漠,易受船舶所有人、经营人或他人唆使在航行、停泊中产生违法行为。

人员风险因素主要源于三个方面:技术素质、职业道德、生理及心理条件。长江水上交通人员风险因素分析的重点对象为船员,可通过海事的业务统计分析、日常监管与专项排查等工作查找风险源。主要包括:调查分析引发事故的主要原因,总结各种事故的发生规律;对海事行政违法行为进行统计分析;通过船舶签证,核查船舶证照、配员与有关法律、法规、规章及标准符合性方面存在的不足和问题。据此，可以明确检查项目、设计安全检查表等对人为风险因素进行全面排查。

1）人员的技术素质

人员的技术素质主要指船员的专业素质、知识水平和个人能力等可能导致事故的风险因素。

船员专业素质所导致的风险主要源于船员或其他水上作业人员未按规定持有合格的适任证书或特殊培训证明，超越适任证书或资格证明所载适用范围或航线任职等，对理论知识掌握不到位及实际操作技能不熟练。例如，不了解船舶操纵设备等的性能构造、没有使用或使用雷达和高频不正确，无法正确操控船舶；避让操作不到位，驾驶经验不足，会船时估计来船的动态演变出现误差、判断对方船位错误；对水性和航道状况不熟悉，航线选择不正确，通过危险航段时没有把握好时机、瞭望不正规、船位迷失；贪走缓流，对船舶富余水深估计不足等；对于航行的法规、制度、规则不熟悉，无法按安全行船的准则采取正确的操作；不认识航标，无法把握正确的航行方向；没有请引航员引航或盲目依赖引航员。

船员知识水平所导致的风险主要源于船员的文化程度不高，学习能力不强，对新的航行规则无法接受，难以适应水上交通环境的改变等。

个人能力不足所导致的风险主要源于船员应对突发状况时的应急反应措施不当。长江干线水上交通环境极为复杂，常有突发状况出现，在应对突发性危险状况时，如短时、瞬时极端天气，需要船员迅速做出反应，而个人能力不足则易出现惊慌失措的状态，不能沉着冷静地做出正确的举动，这是碰撞、搁浅、自沉、触礁、风灾、浪损等事故的诱发因素。

2）人员的职业道德

人员的职业道德主要指从业人员责任心、遵章守法意识和安全意识等方面的风险因素。

具体表现为：船员职业道德不高，安全意识不强，易发生不遵守航行、避让和信号显示规则，抢航、抢槽等冒险航行行为，造成船舶避让困难而导致碰撞风险；在不符合安全开航条件的情况下冒险开航，极易发生事故。例如，2015 年 6 月 1 日晚间，长江监利航段出现最大瞬时风力 9.2～16.4m/s 的大风并伴有暴雨的强对流天气，客轮"东方之星"冒险航行而翻沉，导致有 434 人遇难，8 人失踪的特重大安全事故。船员责任心不强，工作态度不端正，在船舶通航中疏忽瞭望，玩忽职守，从而导致碰撞、搁浅、触礁等事故的发生；法制法规观念淡薄，在利益的驱使之下违法营运，影响水上交通秩序，如未按照规定拖带或者非拖船从事拖带作业;擅自进出港口,强行通过交通管制区、航行条件受限区或禁航区;船舶不适航的状态擅自出航;交通流密集或发生秩序混乱时,不听从调度驾驶船舶而导致事故;船员酒后驾船会导致视线不清、反应迟钝、动作不准确、行为反常等,无法进行正确的操作或不能及时识别航标选择正确的航线,极易导致各种事故的发生;违章使用明火作业等不安全行为则是火灾爆炸的根源。

3)人员的生理及心理条件

人员的生理及心理条件主要指从业人员的生理因素与心理因素两方面的风险因素。

生理因素是保证船员安全履行职责的最基本因素,包括身体健康程度和疲劳两方面。水上交通活动的相关生产工作劳动强度大,要求船员长时间的持续工作,同时能够承受不同航区的多变气候,因此,船员的身体健康程度必然会对其作业的安全性构成直接影响。当船员患有疾病、身体不适时,船员的反应速度、判断能力、行动能力都会下降,无法保证水上交通活动的安全。另一个主要生理条件的风险是疲劳,长时间在复杂环境中驾驶船舶,船员大脑和身体容易产生疲劳,在生理上表现为反应迟钝、动作不准确且灵敏性降低等。因此,船员身体处于不健康状态与疲劳,会使船员身体和头脑的反应迟钝,必然降低船员的工作水平,削弱作出合理判断的能力,其结果必然导致不安全行为增加,船舶操纵质量下降,从而导致事故的发生。

心理因素以各种各样的形式影响着人的感知、状态及作用的发挥。驾驶员在船舶航行和操纵时间内,总是遵循着刺激→感觉→判断→行动的活动规律,当人处于不良的心理状态下,如紧张、激动、烦躁、愤怒等,很容易造成对外界刺激的感知错误、判断错误或操作失误。理论知识的掌握和运用,以及实操技能的正确发挥,都是建立在一定的心理素质上的,离开心理素质这个根本,就会影响理论的掌握和运用,严重的会使操作技能不能正确发挥,动作走样、违反规程,出错率大大提高。当船员出现注意力不集中、心情烦躁、情绪波动时,容易出现疏忽瞭望、麻痹大意、思维迟缓、反应慢的状况,往往很难保证按照规定和驾驶章程正确合理地操纵船舶,从而影响水上交通安全;驾驶员脾气暴躁则易产生愤怒情绪,产生过激行为与其他船舶发生冲突而导致事故。

### 3.2.2　船舶因素

船舶因素也是影响水上交通安全的直接因素。船舶因素包括船舶类型、船龄及船舶结构、船舶吨位、技术状况、装载情况、货载属性等。统计资料

(图 3.4)显示,长江干线水上交通有 8% 的事故是由船舶不适航、机务故障等因素所致。

　　航行于长江干线的船舶种类繁多,船型复杂,船舶类型的不同是造成碰撞事故偏多的一大因素。从船舶类型看,主要有危险品船、客(渡)船、"五小船舶"、集装箱船、干散货船、件杂货船、驳船船队、滚装船、公务船等;从船舶的吨位和推进功率看,有上万千瓦的万吨级船舶,还有几千瓦、几十吨的挂机船;从船舶的航线情况看,有航行于海江间的船舶,有干线和区间航线的船舶,有支流进长江干流的船舶等。

　　此外,部分船舶建造融资不足,在设计和检验过程中存在严重缺陷,如建造过程中设备及用料存在以次充优、以旧充新的现象等;同时,船舶营运过程中维护、保养不当,导致船舶安全和设施状况较差。船舶技术状况差也是一种突出的安全因素,比如在锚泊及装载过程中出现的因船体强度不足导致船体断裂现象。

　　船舶风险因素分析应将事故多发或危险危害性较大的船舶类型视为重点分析与监控对象。主要类型船舶风险因素分析如下:

　　1)危险品船

　　危险品船舶运输是一种动态危险源,在运输过程中容易引发事故,造成人员伤亡、财产损毁、环境污染。其中,油船、化学品船是易发生重大船舶污染事故的主要船舶类型,其风险主要表现在:

　　①事故后果严重。危险品货物具有爆炸、易燃、毒害、腐蚀、放射性等危害特性,在运输、装卸过程中稍有不慎,极易造成重大、特大恶性水上交通事故,其后果危害性大,伤亡人数多,经济损失巨大。

　　②水域污染。许多危险品是难以生物降解或不能降解的物质,对人体、环境的损害具有潜在性、持久性、生物转化性等特点,其危害通常难以消除或不能消除。在装卸、运输危险品货物过程中,因船舶触礁、搁浅、碰撞、翻沉、破舱、风灾、火灾等原因,易导致危险品进入长江水域,造成水域污染,虽然长江一直流动,具有较强的自净能力,也无法完全抵消其损害后果。因此,长江水域污染会造成严重的环境污染和生态破坏,直接影响到沿江居民生活、工农业用水的安全,社会、经济影响巨大。

　　③事故施救难度大。危险品船舶事故救援不同于一般船舶事故,由于危险品货物多具有易燃易爆特性,一旦发生燃烧或爆炸,事故将迅速扩大蔓延,应急时间短,施救难度大,成功率低。另外,由于危险货物属性不一,事故施救对于救援装备、器材、工具的要求较高,施救人员需要首先了解货物属性,

再采取相应应急预案,因此,危险品船舶事故施救对施救人员和设备的专业性要求高,对于常规的救援配备而言施救难度大。

④船舶结构或装卸设备缺陷造成事故多。目前,从事长江干线危险品运输的船舶多是由散货船改装而成,设施简陋、技术条件普遍较差,少数船在船体结构上存在较大缺陷,无防撞隔舱,泡沫灭火系统不符合装运要求等;有的船上装卸设备不是防火防爆型,电线裸露,防污染设施配备不全或不按规定使用;多数船消防设备的配备不符合要求,所载货物消防要求缺乏针对性等,给危险品船舶运输作业带来了极大的安全隐患。

2)客(渡)船

客(渡)船有普通客船、客滚渡船、高速客船等。客(渡)船载客量大,安全风险高,一旦发生事故,往往会造成群死群伤,事故后果极为严重。

普通客船载客量大,舱室等级多,如果对于旅客监管不力,常有携带易燃易爆等危险品上船的情况,可能造成火灾、爆炸事故,且发生事故后旅客疏散、救援困难,事故后果严重;生活垃圾量大,对干线水域污染较大;一些客船上的食品卫生与安全难以保证,对旅客的身体健康会造成一定的伤害。

客滚渡船的特点是船身相对较宽,吃水相对较小,横风、横浪会使船舶产生比较严重的横摇;其上层建筑相对较高,受风面积大,船舶受横风时,会增加横摇幅度,车辆的系固往往会产生不同程度的松动,若车辆移位或翻倒,使船舶重心偏移严重,会导致船舶横倾,甚至失稳倾覆;紧急状态下,船上人员易发生拥挤、混乱,组织疏散与撤离难度较大;若应急设施不完善(如应急照明、救生滑梯、救生艇筏等),极易造成群死群伤等严重后果,且救助难度大;此外,客滚渡船若不按既定航线行驶,或违章私渡,会妨碍干线运输船舶正常航行,易致使其避让不及导致碰撞或翻沉。

高速客船速度高,遇突发状况时,操控难度较大,应急不力情况多发,易导致碰撞事故的发生。高速客船设计船速高,质量较轻,因而多数高速客船船体材质易老化,强度下降,抗风能力较差,经不起碰撞,易发生浪损事故;若超载,极易进水,导致船舶失稳、倾覆甚至自沉;当高速客船上号灯、号型、声响信号、无线电通信设备配备不全或设备失灵时,则无法与其他运输船舶协调通信,易导致避让不及时或避让困难,从而引发事故;消防、救生和应急设备配备不全,易导致火灾、爆炸事故,且事故发生后旅客自救或救助困难。

3)"五小船舶"

"五小船舶"具体指小危险品船、小快艇、小货船、小自用船及小渔船。"五小船舶"多为自造的乡镇船舶和"三无"(无船名船号、无船舶证书、无船籍港)船舶,技术标准低。小危险品船较分散,且多船龄偏大,设备老旧,监管往往难于统一、到位,加上所载危险品货物,容易引发火灾、爆炸、污染等事故。小快艇经常非法载客渡运,航线不固定,超载现象严重,安全性能差,缺乏救助设备,易发生群死群伤事故。小货船常躲避海事监管,昼伏夜出,不按规定显示灯光信号,在干线主航道内非法占道采砂,阻碍长江干线船舶航行,对船舶航行安全构成较大威胁。小自用船一般船况极差,抗风等级低,无任何必备的安全设备,常在节假日客流量大的时段非法载客,任意横穿江面,造成秩序混乱,易致沿线航运船舶避让不及发生碰撞,造成人员伤亡。小渔船安全状况差,若违规捕鱼、非法载客、占据主航道,影响干线航运秩序,会对过往船舶造成威胁,易发生碰撞、翻船造成自身船舶损毁与人员伤亡。

"五小船舶"多未经检验和登记,船龄老化,缺少必要的船舶维修和保养,因而其稳定性、抗沉性、抗风浪等级普遍非常低;船舶上一般没有通信工具、灯光信号,难以与大型船舶取得联系,给避让行动带来困难,极易发生碰撞事故;缺少航行必需的安全助航设备和救生消防设备,事故发生后缺乏有效的自救手段,容易导致船毁人亡的严重后果;且经常逃避海事监管,违规违章航行,是长江干线水上交通主要风险船舶类型之一。

4)集装箱船

集装箱船装卸过程中,若工作人员未按规定进行操作,容易出现较大的横倾和纵倾,船体倾斜可能导致集装箱坠落、滚落、翻倒、碰撞等事故,对工作人员造成撞击伤害,甚至致使船舶透水倾覆。

集装箱船航行过程中,若货物箱未做好加固绑扎、未正确使用集装箱连接件及用钢丝绳、松紧螺丝扣等索具进行绑缚,则货箱会产生位移,影响船舶的平稳性,导致船舶失稳操控困难;在船舶流密集或通航环境不好的状况下,易发生碰撞、搁浅甚至自沉事故。

集装箱船超载,也会在外界条件的作用下发生搁浅、自沉事故。

5)干散货船

干散货船的危险性主要是由于货物积载不当、货物重量没有合理地分配在货舱内,从而造成船舶结构的损坏。散货为颗粒状或粉状,具有散落性与下沉性,受船舶摇摆、震动作用会使船舶稳定性减小或丧失。散货船舶易发生失稳造成倾覆、自沉及触损、浪损等事故。

长江干线航运中,散货船主要为砂石运输船,砂船的超载现象较多,一旦风浪稍大或操纵失误,船舶易发生倾斜进水而导致自沉事故。

6）件杂货船

件杂货船的危险性在于积载不当、绑扎不牢，造成船舶失稳导致自沉事故。对于运输袋装水泥或袋装化肥等货物的件杂货船，货物绑扎不牢落入水中会对水域造成污染。船舶的舱位或货位不当、货物在舱内堆码不当、货物搭配不当等，还会引起货物发热、自燃，甚至引发火灾、爆炸。

7）驳船船队

驳船是河流上运载货物的大型平底船，没有动力推进装置，无自航能力，是靠机动船带动的船舶。驳船可以单只或编列成队由拖船拖带或由推船顶推航行。驳船本身无动力，机动性、灵活性差，遇突发状况操控困难，难以迅速改变航向以避免危险的发生；一旦脱挂便会随水流漂流，可能发生搁浅事故；在风浪的作用下极易发生侧翻事故；在船舶流较为密集的航段，易与其他船舶发生碰撞，影响通航秩序。

8）滚装船

长江干线航运中，滚装船运输风险主要包括以下六个方面：

①跳板放置位置不当。如果驾驶员操作失误或车辆失控会造成车辆不能顺利驶上船舶甚至驶入江中。

②车辆上下船操作失误。会造成车辆碰撞甚至驶入江中。

③车辆位置调整操作失误。车辆不能顺利驶入停车位，影响其他车辆停靠，甚至会碰撞他车或船上设施、人员。

④绑扎不良。会造成车辆固定不稳，遇到船舶倾斜造成车辆移位、碰撞，发生火灾（或爆炸）或车上货物泄漏。如果舱内装有各种车辆及其他质量大的大件货物，大风浪中船舶的横摇将会使货物产生较大的加速度，一旦没有绑扎或绑扎不好，便会发生货物的松动及绑扎工具的断损，造成货物移位或翻倒，使船舶重心偏移，导致船舶发生横倾，甚至完全丧失稳性而倾覆。

⑤跳板收放操作失误。会损坏跳板或船舶，可能造成车辆失控而滑入江中。

⑥靠泊位置失当。影响跳板放下和船舶离开码头，使车辆上下船操作困难而引发安全事故。

9）公务船

公务船风险主要是执行紧急公务时行船较快，易发生与其他航行船舶避让不及的状况，或因事故现场较为混乱、船舶操控困难而发生碰撞事故。

### 3.2.3 环境因素

长江干线通航环境风险因素分为自然环境风险因素与航道环境风险因

素。自然环境因素是指供船舶使用的水域气象、水文等自然条件,包括气象类、水文类、地质类等风险因素;航道环境是指通航水域内的航道条件、助航设施、导航设施、防波堤、锚地、码头泊位等基础设施及交通流状况,包括航道类、通航秩序类等风险因素。水上交通事故的发生与通航环境有密切关系,统计资料(见图3.4)显示,有超过8%的事故是通航环境不良直接导致的。环境风险因素往往是导致船员操船失误的主要诱因。

1)气象类风险因素

气象类风险因素主要指风、雨、雪、雾、霾、雷等方面的风险源,如大风、大雾、(雷)暴雨、大雪、高温等。长江干线春、秋、冬季多雾,气象条件复杂多变,强对流天气易导致事故险情的发生。

大风会造成船舶失稳,导致船舶偏转、漂移,无法正常航行。水体受船舶航行或风力作用产生涌浪或波浪叠加,在大风天易出现"浪白头"现象。波浪对小型船舶和重载船舶影响较大,极易造成风灾浪损;对于突发性大风,航行中的船舶难以保持稳定性,易发生倾覆,或偏离正确航线而触礁、碰撞、搁浅。

大雾使能见度下降,导致视距不足,难以准确定位导航,给船舶航行造成困难;若船舶继续航行,极易偏离航道、触礁、搁浅或与其他船舶发生碰撞;而就地停泊,抛锚困难,也常因警示不足而与来船相撞。

大雨、大雪可能导致视距不足,影响船舶会让和通信协调,也会对船舶操控造成一定影响。

高温等极端气温不仅易造成船舶机械故障,而且易导致船员情绪浮躁,可能出现操纵失误。此外,高温也易引发船载货物特别是危化品货物火灾甚至爆炸。

2)水文类风险因素

水文类风险因素主要指水位、流速、流态等方面的风险源,如水流流速急、水流流态紊乱、水位陡涨陡落及水位不足等。

水流流速急,则船舶受水流影响大,操控困难,易与前方碍航物碰撞,或与同向行驶的船舶因间距不足发生碰撞。水流流速急多发生于洪水期。汛期大流量情况下,江面情况复杂,对船舶航行带来不确定的影响;同时,洪水还会冲积大量的漂浮物或垃圾,既会污染水体,也会阻碍安全通航。

水流流态紊乱,会使船舶失控、行驶方向混乱,船舶易与其他船舶、碍航物等碰撞或发生触礁、搁浅等事故。

水位陡涨陡落,即水位变化无规律,会导致航道的变迁,出现船舶不适航状况,船舶易搁浅;渡口码头、冲滩点、停泊区亦会变化,对船舶选择正确航线造成影响;大桥水域、重点岸咀也会因水位变化过快而使船舶无法正常通过,易发生触损、撞桥或触礁事故。

水位不足、水深不够,则大型船舶不适航,搁浅事故频发。

3)地质类风险因素

地质类风险因素主要指地质灾害方面的风险源,如库岸或山体滑坡、泥石流等,主要集中于三峡库区。

基岸受库区水流浸泡和冲刷的影响,受长期连绵阴雨和暴雨的作用,沿岸地质滑坡的频次明显增加,易产生山体滑坡、崩塌和泥石流等地质灾害。山体滑坡、崩塌、滑坡体滚落,遇船舶过往时,将对船舶造成撞击,轻则造成船体损坏,重则对船上工作人员造成人身伤害或造成船舶沉没。滑坡体落入水中,会形成大浪导致船舶失稳,或由于滑坡体过大形成暗礁或阻塞航道,影响航路通畅。另外,部分滑坡体在蠕动期间,多次造成沿岸杆标坍塌,对航道维护人员、机电设备及航行船舶的安全造成较大威胁。

泥石流在很短时间内将大量泥沙石块冲出,漫流堆积能量大、冲击力强,并伴有滑坡、崩塌及洪水破坏等双重作用,其危害程度往往比单一的滑坡、崩塌和洪水的危害更为严重。泥石流汇入航道,引起航道大幅度变迁,尤其对于较窄的航道,会造成航道严重阻塞,致使航路不通;若恰逢船舶行经时,会对过往船舶造成巨大冲击,摧毁船舶,造成重大人员伤亡。

4)航道类风险因素

航道类风险因素主要指航道尺度(包括航道的宽度、深度、曲率半径等)、航标配布、水上水下设施等方面的风险源,如航道弯曲、狭窄,航道宽度、水深不足,航标发生位移、损坏、灭失,水上水下设施或沉船、沉物碍航等。长江航道依然面临枯洪季节的频繁变迁,弯、窄、浅航道多,中、下游枯洪两季水位变化幅度大、持续时间长等情况。长江洪水期水势流态、枯水期航道受限等,易引起船舶自沉、搁浅事故多发;中游搁浅事故偏多,下游发生碰撞事故的比例偏高。

航道深度、宽度不足,船舶易搁浅、触礁;船舶流量大时,船舶间的横向距离不足易在会让时发生碰撞。尤其枯水季节的浅窄航道及浅滩礁石等对船舶安全影响较大,使大型船舶无法正常通航,船舶不适航现象多发。航道弯曲半径不足,船舶通行时操控难度大,易与岸咀或暗礁发生碰撞。对于两侧是山体的航道,弯曲半径不足则视距不足,船舶与山体发生碰撞的同时还会因瞭望障碍与其他船舶发生碰撞。航道水深过深,则给航标抛设带来更大的难度,遇险救援难度加大。航道的分叉与交汇处风险较大,为影响船舶流的瓶颈,当船舶交通流在此处分流或交汇时,形态相对复杂,易因秩序混乱、避让不及时或避让操作失当而发生触损、碰撞、触礁、搁浅等事故。同时,航路变化新形成的支汊内船舶进入长江干线主航道时,易因船舶间通信不协调、避让不及时而与主航道内船舶发生碰撞。部分因航道变迁而成的暗礁、搬迁遗址等形成突咀、独石碍航;尤其在水位的上涨或消落期,部分突咀、独石没入或露出水面,从而形成新的风险源,对船舶安全航行造成威胁,同时也增加了航道的维护难度。

航标移位或灭失则无法发挥引航作用,船舶不能选择正确航路,在航道条件复杂或不良处易导致触礁或误驶入浅滩搁浅事故。

桥梁往往是制约水上交通的瓶颈之一。桥区的水流会发生变化,流向与流态比普通航段复杂,且桥墩间横向间距、纵向净高都对船舶通过有一定的限制,尤其是大吨位船舶通过桥孔时,操控困难,易发生擦桥、撞墩事故;每年枯水期、洪水期,均需调整通航桥孔,致使险情频发。架空管线净空高度不足对于船舶通航也有一定影响,尤其高空电缆断落更易引发电击事件,造成人员伤亡。

水下设施或沉船等障碍物未及时清理,均会影响航道畅通,导致船舶触礁、搁浅。

5)通航秩序类风险因素

通航秩序类风险因素主要指船舶交通流、船舶锚泊、码头设施、水上水下施工作业活动等方面的风险源,如船舶流量密集,锚泊区停泊秩序混乱,碍航施工、作业场所不符合规范,港域码头条件不合要求,违章采砂、捕鱼等。

长江水上交通事故发生的频率与船舶交通流密度密不可分。船舶流大,航道内船舶密度高,则船舶可灵活航行的空间相对减少,间距不足极易发生碰撞事故。

停泊点、锚泊区、等让点内船舶秩序混乱,则区域内的会让或锚泊船舶之间易发生碰撞事故。此外,还可能占用航道、阻航碍航,对航道内其他通航船舶造成一定的安全影响。

水上水下施工作业种类多,包括修建码头、桥梁、闸坝,实施航道整治、水文测量,架设管线等。施工作业一般需实施交通管制,有的还需禁航施工,这对过往船舶通航必将产生较大影响。

长江沿线码头灯光未遮蔽,易对航行中的船舶造成引航误导。

码头作业场所不规范,安全设施、消防设施不完善,易导致坠落、碰撞、挤压、倒塌等事故,易造成人身伤害和财产损失;粉尘污染、噪音污染控制不到位,会对人员身体健康造成影响,也对作业船舶进出港的协调性造成一定影响。

码头锚地边界设置不合理,会对进出锚地或港口的船舶与主航道船舶间的航行、避让造成较大障碍。锚地区域不足,停泊条件不达标,或锚地水域条件与锚泊船舶的符合性不足,则会造成锚泊区容量不足或大量船舶混乱停泊,影响干线主航道安全。

进出港口航道水深不足,船舶易搁浅,易造成港口水域内秩序混乱,引发船舶间碰撞事故。

长江干线采砂作业多,一些航段碍航采砂行为较突出。采砂期间,采区水域运砂船众多,航路交叉,现场通航秩序复杂;再加上受利益驱使,非法碍航采砂行为屡禁不止,严重影响了船舶正常航行和航道安全。此外,违法捕鱼占用正常航道,也会对航行船舶正常通航秩序造成不利影响,易发生碰撞事故。

### 3.2.4 管理因素

管理因素也是影响水上交通安全的主要因素。如果说安全风险主要来自于船员、通航环境等,通过加强安全管理则可以降低安全风险,预防和减少事故发生。长江干线水上交通安全管理方面的风险源,主要体现在安全管理机制、安全管理法规、应急预案、安全监管和应急设施装备等的完善和执行方面。

1)安全管理机制风险因素

安全管理机制主要是指长江干线水上交通安全管理系统组织结构、运作流程及相应的管理方法与措施,反映长江干线安全管理的执行能力。管理机制方面的风险源主要指体制、机制不完善,管理方法与措施不够完备。比如,管理组织机构设置不合理,管理职能不明确,办事效率低;部门间协调不足,配合不够,应对突发事件时,出现各自为战、缺乏协同的情况,无法保证应急反应行动的及时性与有效性;对系统外部门和单位信息沟通不畅、联动响应不能及时协调,无法快速和有效地利用社会救助资源等。

2)安全管理法规风险因素

安全管理法规是指安全管理方面的法律、法规和规章。安全管理法规方面的风险源主要指管理法规不够健全或执行不力。目前,《突发公共事件应对法》所确立的应急体制规定的组织协调和防范作用还没有完全发挥出来,真正的应急工作还是依靠目前高度统一和一元化的党政领导体制来完成的。此外,长江水上交通安全管理法规大部分是从各部门条例演变而来,相关法律法规对管理主体在突发事态下可以采取的紧急措施规定得不够具体和明确，可能导致应急反应行动中各单位、各部门无具体的参照标准与章法，彼此之间缺乏必要的调节和有效协同。

3）应急预案风险因素

应急预案是突发事件发生时应对的方案。长江水上交通突发事件应急预案不完善可能导致二次事故或负面影响扩大。应急预案的主要风险表现为以下几方面：

（1）应急预案内容缺乏针对性。即预案内容单薄，没有涵盖水上交通行业、本部门和本单位最常发生的所有的危机，并非有针对性的预前管理方案。一旦发生事故，海事、航道、公安等各部门、各岗位的职责不明确，无法针对危机做出正确的应急反应。

（2）预案之间衔接不足。即上下级之间的统一配合无法按上令下效的方式推动，块和块之间的配套衔接不足，横向不协调。一方面，下一级的应急预案与上一级的应急预案基本无大的区别；另一方面，在上下级各单位、各部门之间，各自为政，各行其是，造成不同的管理主体之间标准差别过大。

（3）预案缺乏可操作性。预案停留在文件层面，没有真正理清多个部门实战配合的协调方式和步骤，仅仅说明主管、参与或是配合，缺乏可操作的多重配合路线和具体行动方案。此外，预案未经实际演练或实践验证，其可操作性得不到固化和稳定。

4）安全监管和应急设施装备风险因素

安全监管和应急设施装备不够或老化、技术水平低等，会导致安全事故处置和救援不力。近年来，长江干线虽然相继投资建设了 VTS、GPS、CCTV等监管设施设备，但覆盖的水域、监控的对象仍然有限，与全方位覆盖、全天候运行、具备快速反应能力的现代水上交通安全监管和救助要求有一定的距离；与船舶安全航行密切相关的气象信息、水文信息及通航环境、通航秩序变化信息等的及时感知、分析、判断能力仍然十分有限；枯水期船舶吃水信息的及时掌握困难，船舶吃水管控难度大，船舶搁浅并造成碍（阻）航风险大。

此外，长江沿线应急装备和专业技术人员的配备，尤其是针对危化品运输事故的应急资源配备相对短缺，不够完备。

## 3.3 风险评估方法及模型

### 3.3.1 常用风险评估方法及模型

1)常用的风险分析评估方法

根据研究对象的复杂程度,可以采用定性或定量的方法进行水上交通运输系统风险分析与评估。

(1)定性方法

定性方法主要是根据经验对水上交通运输生产的工艺、设备、环境、人员、管理等方面的状况进行定性的分析与评估,判断其风险因素和风险程度。定性方法主观性较大,受分析评估人员素质影响较多,易造成评价偏差,导致评价结果说服力较低,但应用较为方便,易于操作,结果直观,被广泛应用。[24,25]

常用的定性方法主要有:专家经验法、安全检查表(Safety Checklist Analysis,SCA)、预先危险性分析(Preliminary Hazard Analysis,PHA)、事件树分析(Event Tree Analysis,ETA)、故障树分析(Fault Tree Analysis,FTA)、危险和可操作性分析(Hazard and Operability Analysis,HAZOP)、失效模式和后果分析(Failure Mode and Effect Analysis,FMEA)及人的可靠性分析方法等。其中,事件树分析(ETA)、故障树分析(FTA)、危险和可操作性分析(HAZOP)也可以用于定量风险分析与评估。

(2)定量方法

定量方法是根据一定的算法和规则,对水上交通运输生产中的各个因素及相互作用的关系进行赋值,从而"计算"出风险值的方法。若规则明确、算法合理、无难以确定的因素,则此方法得出的风险值精度较高,且不同类型评价对象间有一定的可比性。定量方法的特点是客观性较强,依据计算结果,减少人为偏差。[24,25]

在定量方法中,按对风险性量化方式的不同,又分为半定量分析法、概率评估法和指数评估法。

半定量分析法是建立在实际经验的基础上对风险因素合理评估和打分,根据最后的分值或概率风险与严重度的乘积进行分级。该方法可操作性强,且能依据分值进行风险级别划分,因而应用广泛。此类分析方法有打分的安全检查表、作业条件危险性分析(LEC)、我国安全生产专家提出的 MES 评价法和 MLS

评价法、危险和可操作性分析（HAZOP）、日本劳动省六阶段法等。

概率评估法结合事故后果分析和实际运行中事故发生的可能性确定系统发生事故的概率，然后将概率按一定标准划分为四个等级，通过比较得到被评估系统的风险性等级。此类评估方法有定量的事件树分析（ETA）、定量的故障树分析（FTA）等。

指数评估法根据评估对象的具体情况，选定评估项目，确定评分标准，对评价项目进行风险评分，通过一定的运算方法得到评估对象的风险程度总评分，同样可将风险划分为四个等级。此类评估方法有美国道化学公司（DOW）开发的"火灾、爆炸危险指数评价法（简称 DOW 法）"、英国帝国化学公司蒙德（MOMD）部开发的"火灾、爆炸、毒性指标评价法（简称 MOMD 法）"、我国的"易燃、易爆、有毒重大危险源评价法"等。

2）常用的风险评估方法比较

具体采用哪种风险分析评价方法，应根据行业特点及其他因素进行确定。无论采用哪种方法，都有相当大的主观因素，都难免存在一定的偏差和遗漏。各种风险评价方法都有它的特点和适用范围。通过常用评估方法的对比分析，可归纳出用于水上交通风险分析评估的方法及其特点，见表 3.2。[22]

表 3.2　各种风险分析评估方法适用性比较

| 评价方法 | 评价目标 | 方法特点 | 适用性 |
|---|---|---|---|
| 专家经验法 | 风险性等级 | 定性。依赖于评估人员主观因素 | 适用于人、船、环境、管理因素风险评估 |
| 规范对照法 | 危险临界量、风险性等级 | 定性。行业规范、国家标准，适用范围有限 | 适用于危险品、自然环境因素风险评估 |
| 预先危险性分析（PHA） | 危险和有害因素分析、风险性等级 | 定性。简便易行，受评估人主观因素影响 | 适用于航道环境、新类型船舶使用前的初步风险评估 |
| 事件树分析（ETA） | 事故原因、事故概率、触发条件、风险性等级 | 定性、定量。综合考虑事故概率和后果，简便易行，受评估人主观因素影响 | 适用于人、环境、船舶因素风险性评估 |
| 故障树分析（FTA） | 事故原因、事故概率、风险性等级 | 定性、定量。复杂，精确，工作量大，事故树编制有误易失真 | 适用于水上交通事故原因、风险概率评估 |
| 作业条件危险性分析法（LEC） | 风险性等级 | 定性、定量。简便实用，受评估人主观因素影响 | 适用于人、环境因素风险评估 |

续表 3.2

| 评价方法 | 评价目标 | 方法特点 | 适用性 |
|---|---|---|---|
| 六阶段法 | 风险性等级 | 定性、定量。准确性高,工作量大 | 适用于易燃、易爆、有毒货物及运输船舶危险性评估 |
| 蒙德法(MO-MD) | 火灾、爆炸、毒物及系统整体风险性等级 | 定量。大量使用图表,参数取值宽,对系统综合评价 | |
| 道化法(DOW) | 火灾、爆炸危险性等级、事故损失 | 定量。大量使用图表,参数取值宽,对系统综合评价 | |
| 易燃、易爆、有毒重大危险源评价法 | 易燃、易爆、有毒对象的危险性等级 | 定性、定量。依据行业规范、国家标准,较为准确,计算量较大 | |
| 层次分析法(AHP)及模糊综合评价法(FCE) | 系统综合风险等级 | 定量。评估指标权重值的确定受评估人主观因素影响,算法准确性较高,应用要求较高 | 适用于水上交通运输系统综合风险评估 |

### 3.3.2 现代风险评估方法及模型

随着安全管理理论的进一步发展,经济、环境领域出现了多种风险评价技术和方法,也适用于水上交通运输风险的评价。主要有统计分析方法、现代数学解析方法、模拟方法及人工智能方法等。

1)统计分析方法

统计分析方法主要包括回归分析模型、判别分析模型和时间序列分析模型等。

回归分析模型主要有多元回归分析模型、Logistic 回归分析模型等。其主要思想是基于观测的样本数据,对影响风险的各个因素的值与风险的结果之间运用适当的方法进行回归分析,找出影响因素与风险结果之间相互依赖的定量关系式,用于风险的预测和控制。

判别分析模型主要包括多元判别分析(MDA)、Fisher 判别分析等。其主要功能是判别研究对象的从属类别,前提是已知研究对象的分类及变量值。具体过程是,从样本数据中筛选出包含较多信息的变量,再以此建立判别函数,通过判别函数进行风险临界值的确定和预测。

时间序列分析模型主要有自回归条件异方差模型(ARCH)、自回归滑动平均模型(ARMA)和时差相关分析模型等。主要是根据系统观测得到的时间序列数据,通过曲线拟合和参数估计来建立风险预测的数学模型。这类方法承认事物发展的延续性,应用过去数据推测事物的发展趋势,并考虑事物发展的随机性。任何事物发展都可能受偶然因素影响,为此要利用统计分析中加权平均法对历史数据进行处理。该类方法简单易行,便于掌握,适用于短期风险预测。

此外,景气指数法、主成分分析、马尔可夫链等统计分析方法也可用于风险评估。

2)现代数学解析方法

现代数学解析方法主要有层次分析法(Analytic Hierarchy Process, AHP)、模糊综合评价法(Fuzzy Comprehensive Evaluation,FCE)、灰色关联分析法(Grey Relational Analysis,GRA)、数据包络分析法(Data Envelopment Analysis,DEA)、人工神经网络方法(Artificial Neural Network,ANN)及随机模拟方法等。

层次分析法和模糊综合评价法适用于具有大量定性指标的评价体系,可实现定性指标向定量指标的转变,目前已被应用于许多领域。这类方法主要应用于系统风险综合评价,通过构建系统风险性或安全性指标体系,采用适当的方法确定各指标权重,并采用各自不同的算法计算出系统综合风险值或安全值。

灰色关联是事物之间一种不确定性关联,灰色关联分析法应用灰色系统理论处理问题的基本思想,即设法使系统由“灰”变“白”,实质上就是比较数据列曲线几何形状的接近程度。一般来说,几何形状越接近,变化趋势就越接近,关联度就越大。进行关联分析时,必须先确定参考序列,然后比较其他序列同参考序列的接近程度,这样才能对其他序列进行比较,进而做出判断。其基本步骤包括:确定所有目标类型和特征指标;确定参考序列和比较序列;计算灰色关联系数和灰色关联度;对灰色关联度进行排序以确定待识别目标类型等。

数据包络分析法是由美国著名的运筹学家 A. Charnes、W. W. Cooper 和 E. Rhodes 等创立,该方法自 1978 年产生以来,在世界范围内很多领域得到应用和发展。该方法是根据一组关于输入-输出的观察值,通过构建线性规划模型来估计有效的生产前沿面,从而评估待评对象的相对效率,评价多输入多输出问题的一种十分有效的方法。该方法应用于风险评估主要是从大量的同类事件样本数据中发现系统风险的最大或最小层面,用被评价点在其上的“投影”来预测风险指标增长的可能趋势;同时,还可以对各个被评价点的风险状况进行分类、比较和排序,以及对风险区域进行分划等。

人工神经网络方法是在现代神经科学研究成果基础上提出的,试图通过模拟大脑神经网络处理、记忆信息的方式进行信息处理,结合应用数学方法及计算机技术发展起来的一种综合运算模型和人工智能技术,具有高度并行计算能力、自学能力和容错能力。该方法可以在适当的计算算法规则下,通过大量的安全事故或风险样本数据,获得不同算法的人工神经网络评估模型。

随机模拟方法可通过对事情发展过程的模拟来达到评估风险的目的。如蒙特·卡罗(Monte Carlo)模拟法,可在不确定的条件下以概率分布的形式表示风险评价结果。其基本思想是,首先建立一个概率模型或随机过程,使它的参数等于问题的解;然后通过对模型或过程的观察或抽样试验来计算所求参数的统计特征,最后给出所求解的近似值。当系统中各个单元的可靠性特征量已知,但系统的可靠性过于复杂,难以建立可靠性预计的精确数学模型或模型太复杂而不便应用时,可用随机模拟法近似计算出系统可靠性的预计值。随着模拟次数的增多,其预计精度也逐渐增高。由于需要大量反复的计算,一般用计算机来完成。

3)航运风险评估常用的方法

随着经济、社会和水路运输业的快速发展,水路交通越来越繁忙,水路运输安全事故发生的概率也不断增高。水路运输属于高风险的产业,水上交通风险分析和风险管理引起了人们的广泛注意。为提高国际海运安全管理的决策水平,国际海事组织 IMO 倡导和推广由英国海运界提出的综合安全评价方法(Formal Safety Assessment,FSA)。FSA 是一种系统性和规范化的船舶航运安全综合评估方法,集风险评价和成本/效益评估于一体,兼顾技术性与经济性,可兼容具体评价方法和普遍适用各类风险评价的框架性方法,但具体应用时需要有效整合适用的定性和定量方法。[6-8]

近十年来,事件树、故障树分析法,模糊数学、灰色理论、人工神经网络、模拟仿真等理论和方法,也被广泛应用于国内外航运事故的分析与风险评估,并有效地对船舶的事故模式进行了识别,从事故角度分析航行环境风险。在航运安全风险与事故监测、风险态势预测评估、预警管理与应急反应辅助决策支持等方面也逐步向集成化、信息化、智能化方向发展。

综合国内外航运安全相关研究成果可以看到,水上交通风险分析与评估受到了国内外学术及管理机构的广泛重视,但技术、方法显得分散和凌乱。

### 3.3.3 基于单因素突变的风险评估模型

长江水上交通风险具有随机性、不确定性、突发性的特点,交通事故往往是一个以上诱因导致的结果。从事故成因机理看,风险因素可分为两大类,即单因素突变风险和多因素耦合风险。

　　单因素突变是指在人、船、环境等多种因素中，由一个以上因素达到了风险临界值而导致事故发生。这里，导致事故险情发生的因素可以是达到了风险临界值的单个风险因素，也可以是达到了风险临界值的多个风险因素，即"至少有一个"的概念。

　　基于单因素突变而构建的风险评估模型，是指在所构建的风险评估指标体系中，逐一判断每个指标对应的风险等级，选择最高风险等级作为风险评估结果，其函数表达式见式(3-1)。

$$
y = \min\{y_i = \min[f_j(x) = \begin{cases} 1 & x \in \theta_{ij1} \\ 2 & x \in \theta_{ij2} \\ 3 & x \in \theta_{ij3}, j = 1, 2, \cdots, m_i], i = 1, 2, \cdots, n\} \\ 4 & x \in \theta_{ij4} \\ 5 & x \in \theta_{ij5} \end{cases}
$$

$$(3\text{-}1)$$

式中　　$y$——风险等级，等级值为 1 对应一级风险（最高级别风险），等级值为
　　　　　　2 对应二级风险，等级值为 3 对应三级风险，等级值为 4 对应四
　　　　　　级风险，等级值为 5 对应五级及以下风险；

　　　　$y_i$——第 $i$ 类风险等级；

　　　　$x$ ——风险指标变量；

　　　　$f_j$——第 $j$ 个风险指标达到的风险等级；

　　　　$\theta_{ij1}$——第 $i$ 类风险第 $j$ 个指标一级风险阈值；

　　　　$\theta_{ij2}$——第 $i$ 类风险第 $j$ 个指标二级风险阈值；

　　　　$\theta_{ij3}$——第 $i$ 类风险第 $j$ 个指标三级风险阈值；

　　　　$\theta_{ij4}$——第 $i$ 类风险第 $j$ 个指标四级风险阈值；

　　　　$\theta_{ij5}$——第 $i$ 类风险第 $j$ 个指标五级及以下风险阈值；

　　　　$n$——风险类别数；

　　　　$m_i$——第 $i$ 类风险指标变量数。

　　式(3-1)表明，首先，评估对象的某 $i$ 类风险含有 $m_i$ 个风险指标，对各个风险指标进行风险等级判断，综合 $m_i$ 个指标的等级结果，取其中风险等级最大的为 $i$ 类风险等级；然后，综合 $n$ 个风险类别的等级结果，取其中风险等级最大的为评估对象的风险评估结果。

　　基于单因素突变的风险评估模型具有简单易懂、可操作性强、方便、实用的属性。该模型也可应用于安全预警管理，以其评估的最高级别风险为原则发布预警，即分别监控各类风险指标，以各类指标可达到的最高等级风险为

该风险预警发布等级,五级及以下风险(含无风险)不发布预警。

　　2007 年,长江海事系统联合武汉理工大学,基于单因素突变风险评估机理,构建了长江干线水上交通安全预警模型(Early Warning Model for Shipping Safety of the Yangtze River,EWMSSYR),并开发了预警管理软件系统。EWMSSYR 模型的算法流程见图 3.5。其中,$x$ 为风险指标变量,$y$ 为风险等级变量,$i$、$j$、$k$ 为循环变量,$m_i$ 为风险指标数变量。

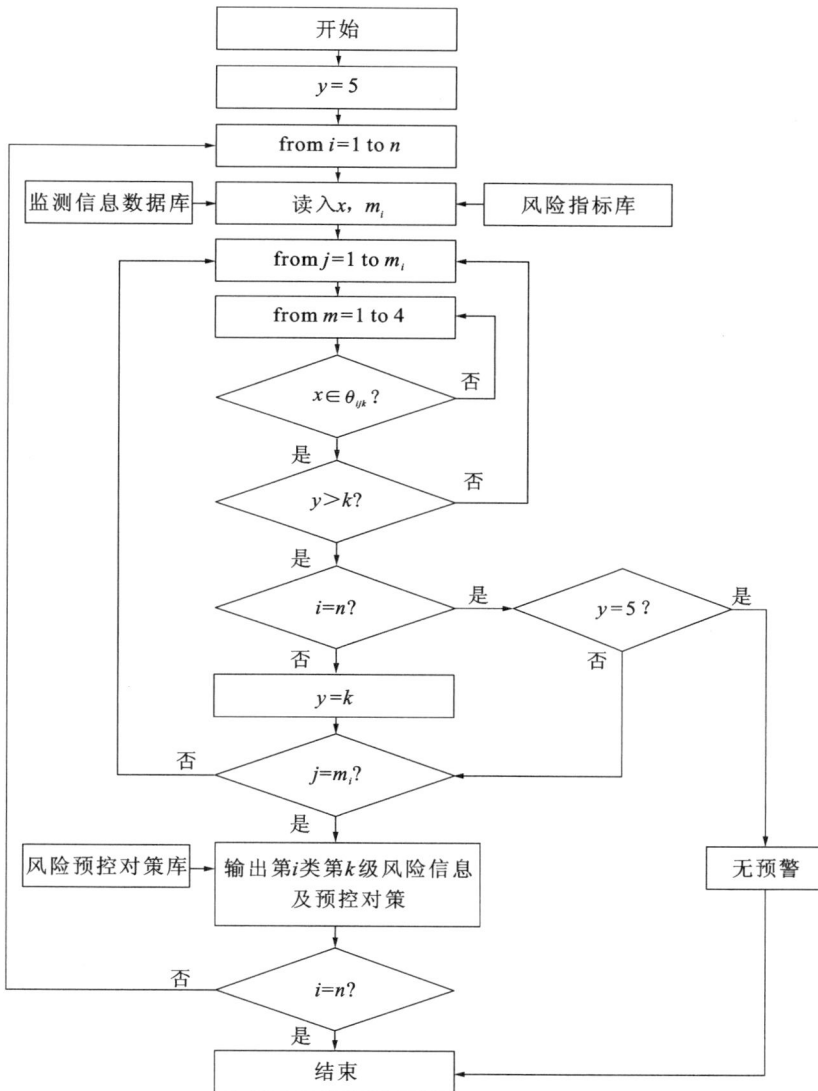

**图 3.5　EWMSSYR 模型算法流程图**

　　以下通过一个事故案例论述 EWMSSYR 模型的应用。2005 年 7 月 14 日 16:30,蔡家机渡 4 号船在长江九江水道白沙洲水域发生船翻人亡事故。

事故经过:2005 年 7 月 14 日下午,蔡家机渡 4 号船主杨某驾驶该船靠泊在白沙洲村村民陈某的浮吊上;16:20,陈某等四人登上蔡家机渡 4 号船,准备到附近运沙船皖霍邱货 2067 轮和皖霍邱货 3188 轮上去,此时天空突然变阴,乌云密布;16:28,蔡家机渡 4 号船开航;16:30,在距北岸约 100m 处(下游航道里程 809km)突遇大风,迅即翻覆,只有船首小部分露出水面,挂在下游方向不远处抛锚的空载砂船皖霍邱货 1991 轮的锚泊钢丝绳上。船上 5 人随船翻覆落水,后经沉船打捞出水后在该船船舱中找到 5 人的尸体。事发时附近水域风力达 10 级以上,风向旋转变化迅速,持续时间约 20min,因伴有大暴雨,能见度极低。九江当地水位 9.42m,属洪水位。

分析上述事故发生时的情况,运用预警模型开展预警,此时有:

$$f_{气象} = \max \left\{ \begin{matrix} f(x_1) = 2 & x > 10 \text{ 级风力} \\ f(x_2) = 1 & x < 50\text{m}(能见度) \end{matrix} \right\} ,风力为二级风险,能见$$

度为一级风险,应发布气象灾害一级红色预警;

$$f_{洪水} = f(x_2) = \{4 \quad 35000 < x \leqslant 45000 \quad x 为葛洲坝下泄流量\},水位$$

为洪水四级风险,应发布洪水四级蓝色预警。

2007 年至今,长江海事系统预警管理实践证明,基于单因素突变的风险评估模型有较好的应用效果。

### 3.3.4 基于多因素耦合的风险评估模型

多因素耦合是指在人、船、环境等多种风险因素中,有两个以上因素相互作用使得风险叠加或跃进,其耦合效应达到或超过风险临界值而导致事故的发生。例如,没有经验的船员驾驶船舶在浅窄弯的航道发生了搁浅事故。其中,对航道情况熟悉的(有经验的)驾驶员不会出现问题;没有经验的驾驶员但在航道条件好的情况下也不会出现问题。这里,"没有经验"和"航道情况复杂"都不至于导致事故发生,但两者叠加耦合的综合效应超过了风险临界值而导致事故发生。

目前,水上交通运输系统多因素耦合风险评估模型的研究及实践均比较薄弱。本书针对长江水上交通安全特征,选取具有多因素耦合机理的结构方程模型、人工神经网络模型和动态贝叶斯网络模型等三种方法进行长江水上交通多因素耦合风险评估模型的构建。

1)基于结构方程的加权多因素耦合风险评估模型

结构方程模型(Structural Equation Modeling,SEM)是由瑞典统计学家 Karl G. Jorskog 与 Dag Sorbom 共同提出的一种基于变量的协方差矩阵来分析变量之间关系的数学统计方法,也称作协方差结构分析。它通过协方差矩阵的计算来确定变量间的关系,与多元回归、计量经济学理论等方法相比,其最突出的优势在于能估计抽象的概念或不可直接观测的变量(即潜变量)。20 世纪 80 年代以来,结构方程模型迅速发展,弥补了传统统计方法的不足,成为多元数据分析的重要工具。相对于传统因素分析方法,SEM 具有以下优点:①可检验个别测验项的测量误差,并将测量误差抽离各变异量,以保证所求解的因素负荷量具有较高精度。②可预先决定单个测验项的组合关系,且每个测验项可同时分属于不同的共同因素组合。③可预先设定某些测验项之间相关与否。④可实现整体模型在统计上的评估,将构建的理论模型与实际取样进行契合度检验,也即整个假设模型的适配度检验。[26,27]

在结构方程模型中,多指标多因素(Multiple Indicators and Multiple Cause,MIMIC)模型是一种特殊变形形式,这一模型不限内生变量的个数,且能计算不可观测变量(潜在变量)的数值。MIMIC 模型的表达式如下:

$$y_{i,j} = \beta_j \xi_i + \upsilon_{i,j} \tag{3-2}$$

$$\xi_i = \gamma_k x_{i,k} + \zeta_i \tag{3-3}$$

式中   $y_{i,j}$——状态 $i$ 下第 $j$ 个内生变量的观测值;

$x_{i,k}$——状态 $i$ 下第 $k$ 个外生变量的观测值;

$\xi_i$——状态 $i$ 下潜变量的得分;

$\beta, \gamma$——系数矩阵;

$\upsilon, \zeta$——误差项。

将式(3-3)代入式(3-2)中可得:

$$Y = \Pi' X + \varepsilon \tag{3-4}$$

式中,$\varepsilon = \beta\zeta + \upsilon, \Pi' = \gamma\beta'$。

假设 $\upsilon$ 和 $\zeta$ 均服从正态分布且相互独立,即 $E(\zeta) = E(\upsilon) = 0, E(\zeta^2) = \sigma^2, E(\omega') = \theta^2$,则:

$$E(\varepsilon\varepsilon') = E[(\beta\zeta + \upsilon)(\beta\zeta + \upsilon)'] = \sigma^2\beta\beta' + \theta^2 \tag{3-5}$$

MIMIC 模型求解的思路是,设式(3-5)为含有未知参数的协方差矩阵 $\sum(\theta)$,且以样本协方差矩阵 $\sum$ 代替总体协方差矩阵,从而解得未知参数,代入式(3-3)求潜在变量的权重。[26,27]

结构方程模型 SEM 分析软件中,常为研究者及机构使用的有 LISREL、EQS 和 AMOS,其中 AMOS 是 SPSS 家族系列软件,是一种可视的易操作软件。鉴于 AMOS 软件的功能与易操作性,本书选用该软件进行 SEM 模型的求解。

MIMIC 模型可用于分析各种风险因素与其耦合的综合风险之间的结构关系，并确定各风险因素的权重。本书构建的基于结构方程模型的多因素耦合风险评估模型如下：

$$y = \alpha_1 x_1 + \alpha_2 x_2 + \cdots + \alpha_i x_i + \cdots + \alpha_n x_n \qquad (3\text{-}6)$$

式中　$y$——长江水上交通综合风险值；

　　　$x_i$——各风险因素（指标）的风险值；

　　　$\alpha_i$——各风险因素（指标）权重；

　　　$n$——风险因素数。

实际上，上述模型是一个多因素线性加权的综合风险评估模型，运用结构方程模型的机理和算法确定各风险因素（指标）的权重。该模型利用多因素加权的方式，具有简明、易操作、易实现的特点。结构方程模型用于长江不同区段水上交通多因素耦合的风险评估实证研究见本书第 4 章。

2）基于 BP 人工神经网络的多因素耦合风险评估模型

人工神经网络模型能模拟复杂动力学系统及其同外界进行物质、能量和信息交换过程中内在的、有结构的行为。多因素耦合使得风险叠加或跃进而导致事故的发生或发展过程，符合非线性系统的动力学演化机理。因此，人工神经网络模型可用于复杂的、非线性的多因素耦合风险模式识别和预测。

BP 神经网络是多层前向神经网络模型之一。它是单向传播的多层前向网络，其结构如图 3.6 所示。网络除输入输出节点外，有一层或多层的隐含层节点，同层节点间无任何连接。输入数据 $x_1, x_2, \cdots, x_n$，从输入层节点依次经过各隐层节点，然后到达输出节点，从而得到输出数据 $y_1, y_2, \cdots, y_m$。由于同层节点间无任何耦合，故每层节点的输出只影响下一层节点的输入，每个节点表示单个神经元，其对应的传递函数常为 Sigmoid 型函数，采用反向传播算法进行网络权值的调整。BP 神经网络模型具有完备的理论基础和成熟的算法软件，因而得到了广泛的应用。

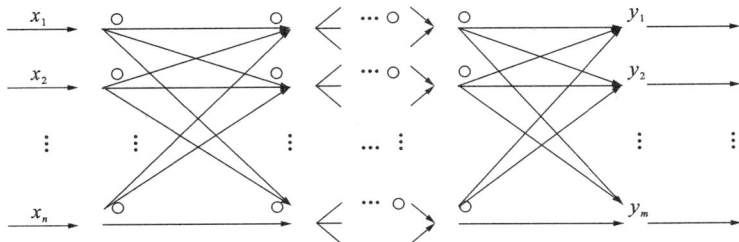

**图 3.6　BP 神经网络图**

BP 神经网络实质上反映了由输入到输出的高度非线性映射,即 $f: R^n \rightarrow R^m$, $f(X) = Y$。已有定理证明,任意一个连续函数都可由一个三层 BP 神经网络来实现。由此,对于样本数为 $T$ 的集合:输入 $X_k \in R^n$ 和输出 $Y_k \in R^m$, $k = 1, 2, \cdots, T$,可以通过建立一个三层 BP 神经网络模型,在希望精度内反映输入与输出的映射关系。[25]

本书基于 BP 人工神经网络的长江水上交通多因素耦合风险评估模型,其中,输入 $X_k = \{x_i:$各风险因素(指标)的风险等级值,$i = 1, 2, \cdots, n\}$,输出 $Y_k = \{y:$综合风险等级值$\}$,采用 MATLAB 编写相应程序实现模型构建。采用大量的长江水上交通安全事故样本进行 BP 网络模型训练,获得精度符合要求且稳定的模型,并作仿真试验,将实际事故数据与模型评估结果相比较,从而验证所构建模型的可行性。BP 人工神经网络模型用于长江不同区段水上交通多因素耦合的风险评估实证研究见本书第 4 章。

### 3.3.5  基于动态贝叶斯网络的风险评估模型

1)贝叶斯网络简介

贝叶斯网络(Bayesian Net,BN)是一种概率网络,利用图形化的方式进行决策分析,是经典贝叶斯方法的扩展。它是基于概率分析、图论的一种不确定性因素表示和推理的模型,是一种将因果关系和概率知识相结合的信息表示框架。贝叶斯网络可用于认识因果关系,以便了解问题域并预测干预措施的结果。目前,贝叶斯网络模型已成为研究不确定性问题的热门方法,在各领域得到了广泛应用。

贝叶斯网络模型由三大部分组成,即确定变量和变量的取值范围,确定网络结构,以及确定局部的概率分布或概率密度函数。

(1)确定变量和变量域。根据具体问题确定特征变量,这些变量构成该问题领域的变量集合,并确定每个变量的状态和取值。

(2)确定网络结构。若在某一领域已获取大量专家意见,则可根据专家经验确定变量与结构间的影响关系。因为专家在所研究领域里具有丰富的认识与经验,因而根据专家意见构建贝叶斯网络结构图是求解网络结构的最好方法之一。

(3)确定局部概率分布或概率密度函数。根据构建的贝叶斯网络结构,计算各节点的概率分布,即估计各节点参数,包括计算父节点的先验概率分布和中间节点的条件分布。随着网络结构数据的不断变化更新,贝叶斯网络的一个突出功能是可实现网络结构和参数的及时更新。[28,29]

基于贝叶斯网络理论构建的风险评估模型,实际上是一种可实现多风险因素(指标)耦合风险预测的数学模型,即应用贝叶斯网络理论确定多个风险因素(指标)间叠加的规则,通过贝叶斯网络的算法推导出风险发生的可能性,并结合专家经验不断变化的实际情况,不断修正和更新模型中的参数,从而实现模型的动态性。其优点[28,29]有:

(1)BN 模型可实现先验信息与后验信息的综合,即可以综合专家知识、经验与已知数据等信息,预先导出网络模型,再结合实际应用情况对模型进行改进,从而在不断更新中获得合理的模型。从信息论的角度看,该理论充分利用了可以利用的信息,因而是合理、完备的。

(2)BN 模型可实现定性判断与定量计算的结合,即将专家定性的判断与水上交通系统中收集的各类数据信息相结合,在贝叶斯网络推理功能的基础上更新先验信息,也即根据实际数据作出的初始估计,从而减少专家主观因素对系统的影响。

(3)BN 模型决断速度快,应用于长江水上交通风险评估,可提供及时、快速的信息,实现风险实时预警的功能。

2)模型的建立与变量确定

(1)贝叶斯网络建立与变量确定

根据长江水上交通安全风险因素分析,可构建如图 3.7 所示的多因素耦合风险评估模型——贝叶斯网络结构图。

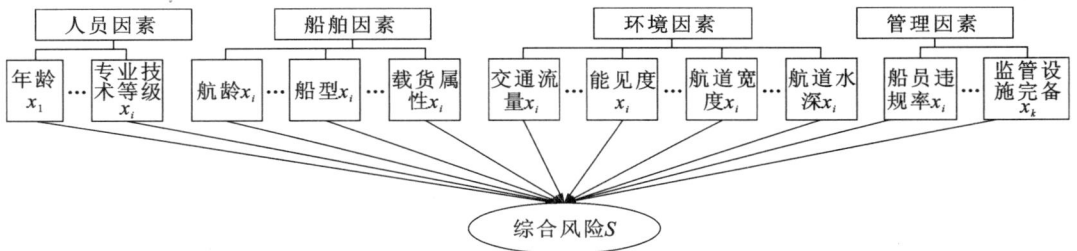

**图 3.7 多因素耦合风险评估模型——贝叶斯网络结构图**

图 3.7 中每一个指标节点 $x_i$ 和综合风险 $S$ 均为变量,节点之间的有向弧线表示各变量之间的因果关系。结合风险等级的划分,将各指标变量 $x_i$ 值域划分为五等,分别为风险一级(记为 1)、二级(记为 2)、三级(记为 3)、四级(记为 4)及无风险(记为 5);综合风险 $S$ 则确定为导致事故发生与不发生两种状况,分别记为 1 和 0。

(2)局部概率分布计算

根据长江水上交通安全事故历史统计资料和专家经验,计算先验概率和条件概率,从而推算任意组合的概率。

确定各单一指标变量的概率,即先验概率,表达方式见表 3.3。

由图 3.7 可知,节点 $x_1 \sim x_i \sim x_k$ 均为综合风险节点 $S$ 的父节点,也即 $S$ 为子节点,则节点 $x_i$ 和 $S$ 之间的条件概率可以用表 3.4 表示。

**表 3.3 父节点 $x_i$ 的先验概率**

| $x_i$ | $P(x_i=1)$ | $P(x_i=2)$ | $P(x_i=3)$ | $P(x_i=4)$ | $P(x_i=5)$ | $\sum$ |
|-------|------------|------------|------------|------------|------------|--------|
| $P$ | $a_1$ | $a_2$ | $a_3$ | $a_4$ | $a_5$ | 1 |

**表 3.4 子节点 $S$ 对于节点 $x_i$ 的条件概率表**

| $(x_1,\cdots,x_i,\cdots,x_k)$ | $S$ | | |
|---|---|---|---|
| | 2 | 1 | $\sum$ |
| $(5,\cdots,5,\cdots,5)$ | $a_{11}$ | $a_{12}$ | 1 |
| $(5,\cdots,5,\cdots,4)$ | $a_{21}$ | $a_{22}$ | 1 |
| $\cdots$ | $\cdots$ | $\cdots$ | 1 |
| $(1,\cdots,1,\cdots,1)$ | $a_{n1}$ | $a_{n2}$ | 1 |

表 3.4 中 $n=5^k$,节点 $x_1 \sim x_i \sim x_k$ 均有 5 种取值状态,节点 $S$ 有 2 种取值状态,父节点的每一种组合对应一组概率和均为 1。

(3)模型应用

在完成贝叶斯网络的构建及其局部概率计算之后,可基于贝叶斯网络算法进行长江水上交通综合风险预测。问题可转化为:求解在 $x_1 \sim x_i \sim x_k$ 给定时 $S=1$ 的概率,再与 $S=0$ 时的概率相比较,以此确定水上交通风险状况。具体过程为:

①根据各父节点 $x_1 \sim x_i \sim x_k$ 的先验概率 $a_i$ 计算子节点 $S$ 的概率:

$$P(S=0) = P(x_1,\cdots,x_i,\cdots,x_k,S=0) = P(S=0 \mid x_1,\cdots,x_i,\cdots,x_k)$$
$$\cdot P(x_1,\cdots,x_i,\cdots,x_k)$$
$$= P(S=0 \mid x_1,\cdots,x_i,\cdots,x_k) \cdot P(x_1)\cdots P(x_i)\cdots P(x_k)$$

$$P(S=1) = P(x_1,\cdots,x_i,\cdots,x_k,S=1) = P(S=1 \mid x_1,\cdots,x_i,\cdots,x_k)$$
$$\cdot P(x_1,\cdots,x_i,\cdots,x_k)$$
$$= P(S=1 \mid x_1,\cdots,x_i,\cdots,x_k) \cdot P(x_1)\cdots P(x_i)\cdots P(x_k)$$

②比较条件概率,判断水上交通综合风险状态,实现风险预警:

将 $P(S=0)$ 与 $P(S=1)$ 两者进行比较,如果 $S=1$ 的概率大,即 $P(S=1) > P(S=0)$,则表示综合风险高,会导致事故发生;反之,事故不发生。

3）算例

构建贝叶斯网络的主要内容之一是确定局部概率分布。对于多节点多状态的网络结构，需确定的先验概率的数值呈现指数级增长，若父节点数为 $a$，各节点有 $b$ 种状态，则所需确定的父节点状态组合数为 $b^a$。目前，由于可收集的长江水上事故样本量不足，仅从样本来获取先验概率的方法尚不成熟；若由有经验的相关专业人员人为确定各节点的先验概率，将是一项庞大的工程，其中的准确性和可操作性较差。因此，从人员、船舶、环境和管理四个方面的影响因素（指标），全面构建能够用于实证和实际应用的贝叶斯网络风险评估模型，目前尚不可行。故以下以一算例（仅考虑能见度和航道水深两个影响因素）来展示应用贝叶斯网络模型评估水上交通的综合风险。

（1）建立贝叶斯网络

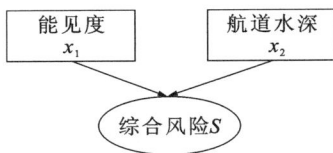

图 3.8　两因素耦合的贝叶斯网络模型结构图

能见度和航道水深对行船安全产生重要影响，考虑这两个因素（指标变量）耦合下的贝叶斯网络模型结构图见图 3.8。

每个节点表示一个变量，节点之间的有向弧表示各变量之间的因果关系，无连接弧的节点则表示两变量相互独立。图 3.8 中节点 $x_1$、$x_2$ 和 $S$ 均为变量，节点 $x_1$、$x_2$ 是节点 $S$ 的父节点，则用有向弧分别将节点 $x_1$、$x_2$ 与节点 $S$ 相连，表示能见度 $x_1$ 和航道水深 $x_2$ 是综合风险 $S$ 的致因，而能见度 $x_1$ 和航道水深 $x_2$ 两者间不存在相互影响。

能见度 $x_1$ 和航道水深 $x_2$ 的阈值划分见表 3.5，其中航道水深以富余水深为指标。

表 3.5　能见度 $x_1$ 和航道水深 $x_2$ 的阈值

| 指标 | 指标值 | 一级（1） | 二级（2） | 三级（3） | 四级（4） | 等外（5） |
|---|---|---|---|---|---|---|
| 能见度 $x_1$ | 能见度 | 2h 内可能出现能见度小于 50m 的强浓雾（霾），或者已经出现能见度小于 50m 的强浓雾（霾）并将持续 | 6h 内可能出现能见度小于 200m 的浓雾（霾），或者已经出现能见度小于 200m、大于或等于 50m 的浓雾（霾）并将持续 | 12h 内可能出现能见度小于 500m 的浓雾（霾），或者已经出现能见度小于 500m、大于或等于 200m 的浓雾（霾）并将持续 | 12h 内可能出现能见度小于 800m 的雾（霾），或者已经出现能见度小于 800m、大于或等于 500m 的雾（霾）并将持续 | — |
| 航道水深 $x_2$ | 富余水深（m） | ≤0.2 | 0.2～0.4 | 0.4～0.6 | 0.6～0.8 | >0.8 |

因此,贝叶斯网络模型的变量分别为 $X = \{x_1, x_2, S\}$, $x_1 : \{1, 2, 3, 4, 5\}$, $x_2 : \{1, 2, 3, 4, 5\}$, $S : \{0, 1\}$ 分别表示危险发生与否,0 表示风险低不会导致事故发生,1 表示风险高会导致事故发生。

（2）确定局部概率

根据长江水上交通运输雾(霾)及行船过程中富余水深的相关统计资料,结合专家的经验,确定能见度指标变量 $x_1$ 和航道富余水深指标变量 $x_2$ 各等级的先验概率,见表 3.6。

**表 3.6　能见度 $x_1$ 和航道富裕水深 $x_2$ 的先验概率**

| $x_1$ | $P(x_1=1)$ | $P(x_1=2)$ | $P(x_1=3)$ | $P(x_1=4)$ | $P(x_1=5)$ |
|---|---|---|---|---|---|
| $P$ | 0.1 | 0.15 | 0.20 | 0.25 | 0.30 |
| $x_2$ | $P(x_2=1)$ | $P(x_2=2)$ | $P(x_2=3)$ | $P(x_2=4)$ | $P(x_2=5)$ |
| $P$ | 0.07 | 0.08 | 0.20 | 0.25 | 0.4 |

由图 3.8 可知,能见度 $x_1$ 和航道水深 $x_2$ 是综合风险 $S$ 的父节点,而节点 $x_1$、$x_2$ 分别有 5 种取值状态,则 $(x_1, x_2)$ 共有 25 个组合,也即需要确定 25 个 $(x_1, x_2)$ 取值状态下节点 $S$ 各状态发生的概率。节点 $x_1$、$x_2$ 和 $S$ 之间的条件概率见表 3.7。

**表 3.7　节点 $S$ 对于节点 $x_1$、$x_2$ 的条件概率**

| 序号 | $(x_1,x_2)$ | S | | | 序号 | $(x_1,x_2)$ | S | | |
|---|---|---|---|---|---|---|---|---|---|
| | | 1 | 0 | $\sum$ | | | 1 | 0 | $\sum$ |
| 1 | (5,5) | 0.001 | 0.999 | 1 | 14 | (3,2) | 0.6 | 0.4 | 1 |
| 2 | (5,4) | 0.1 | 0.90 | 1 | 15 | (3,1) | 0.7 | 0.3 | 1 |
| 3 | (5,3) | 0.2 | 0.80 | 1 | 16 | (2,5) | 0.4 | 0.6 | 1 |
| 4 | (5,2) | 0.3 | 0.7 | 1 | 17 | (2,4) | 0.5 | 0.5 | 1 |
| 5 | (5,1) | 0.4 | 0.60 | 1 | 18 | (2,3) | 0.6 | 0.4 | 1 |
| 6 | (4,5) | 0.2 | 0.8 | 1 | 19 | (2,2) | 0.7 | 0.3 | 1 |
| 7 | (4,4) | 0.3 | 0.7 | 1 | 20 | (2,1) | 0.8 | 0.2 | 1 |
| 8 | (4,3) | 0.4 | 0.60 | 1 | 21 | (1,5) | 0.5 | 0.5 | 1 |
| 9 | (4,2) | 0.5 | 0.5 | 1 | 22 | (1,4) | 0.6 | 0.4 | 1 |
| 10 | (4,1) | 0.6 | 0.4 | 1 | 23 | (1,3) | 0.7 | 0.3 | 1 |
| 11 | (3,5) | 0.3 | 0.7 | 1 | 24 | (1,2) | 0.8 | 0.2 | 1 |
| 12 | (3,4) | 0.4 | 0.6 | 1 | 25 | (1,1) | 0.9 | 0.1 | 1 |
| 13 | (3,3) | 0.5 | 0.5 | 1 | | | | | |

（3）模型应用

假设某船舶运行中，大雾致使能见度已达二级风险，航道富余水深不足，已达三级风险，在此情况下预测综合风险是否会导致事故的发生。

由已知条件可知：$P(x_1=2)=0.15$，$P(x_2=3)=0.20$，且 $P(S=1|x_1=2, x_2=3)=0.6$，$P(S=0|x_1=2, x_2=3)=0.4$，则：

$P(S=1)=P(S=1|x_1=2, x_2=3) \cdot P(x_1=2) \cdot P(x_2=3)=0.6 \times 0.15 \times 0.20=0.018$

$P(S=0)=P(S=0|x_1=2, x_2=3) \cdot P(x_1=2) \cdot P(x_2=3)=0.4 \times 0.15 \times 0.20=0.012$

可见，$P(S=1)>P(S=0)$，即综合风险高，事故发生的概率高于事故不发生的概率，应发出风险预警信息并及时进行风险预控。

# 4  长江干线水上交通风险评估实证研究

本章针对长江不同航段水上交通风险特征,采用不同的风险分析与评估方法开展通航环境及船舶航行风险评估。采用危险性预先分析法(PHA)及作业条件危险性评价法(LEC)对气况复杂水域——三峡库区通航环境进行风险分析与评估;采用基于事故发生率(Accident Rate)-环境风险(Environmental Risk)-事故后果(Accident Consequence)的综合风险评价模型(简称 ARE-RAC 模型),对繁忙水域——芜湖航段通航环境进行风险分析与评估;采用结构方程多因素耦合及 BP 人工神经网络多因素耦合风险评估模型,对浅险航段通航环境进行风险评估;采用结构方程多因素耦合及 BP 人工神经网络多因素耦合风险评估模型,从单船(队)航行环境风险分析角度对船舶航行风险进行综合评估。

## 4.1  基于 PHA-LEC 的三峡库区通航环境风险评估

### 4.1.1  PHA-LEC 方法基本原理

1)危险性预先分析法(PHA)

PHA 是一种定性分析系统风险因素和危险程度的方法,在没有掌握该系统详细资料时,对系统存在的危险类型、来源、出现条件、事故后果及有关措施等作出概略分析。具体步骤为:①明确分析对象及风险源分析与辨识的范围;②调查、收集资料,主要是通过各种途径和方法对危险源进行排查;③系统功能分解,将风险源划分为合理的类别;④分析、识别风险程度,确定主要的危险源类型、可能发生的事故及危害;⑤以检查表格形式汇总分析结果,包括可能引发的事故及其产生原因、可能的后果等。[24,25]

2)作业条件危险性评价法(LEC)

LEC 是一种简便易行衡量人们在某种具有潜在危险环境中作业的危险性的半定量评价方法,是由美国安全专家格雷厄姆和金尼提出的。该方法以风险率有关的三种因素指标之积来评价风险因素危险性的大小,并将所得作业条件危险性数值与规定作业条件危险性等级相比较,从而确定作业条件的危险程度。作业条件的危险性大小取决于三个因素:发生事故的可能性大小($L$),暴露在危险环境中的频繁程度($E$),一旦发生事故可能造成的损失后果($C$),通过计算得到危险源的危险性大小($D$)。

具体步骤为:①进行现场观察、座谈或预先危险性分析,确定系统中的危害因素。②对风险源进行识别,填写《风险源辨识调查评价表》中的"序号""危险源""可能的损害"等内容,并对这些项目的调查结果进行汇总。③采用 LEC 定量评价法对已识别并汇总的风险源进行评价,填写《风险源辨识调查评价表》中"风险评估"和"风险级别"的内容。为了简化评价过程,采取了半定量记值法,利用专家评议法、危险检查法及安全管理统计数据确定 LEC 三个因素分值。④计算 $D$ 值,评价作业条件危险性的大小。

$$D = L \cdot E \cdot C$$

$D$ 值越大系统危险性越大,以此确定危险级别。LEC 危险源风险等级可参照表 4.1 分值范围来划分。[24,25]

**表 4.1　LEC 风险源风险等级划分**

| $D$ 分值 | 风险等级 | 危险程度 |
| --- | --- | --- |
| ＞320 | 一级 | 特大危险源 |
| 70～320 | 二级 | 重大危险源 |
| 20～70 | 三级 | 较大危险源 |
| ＜20 | 四级 | 一般危险源 |

### 4.1.2　通航环境风险辨识与评估

通过在三峡船闸、三峡库区航段进行现场调研,收集库区通航环境风险源资料,与三峡通航管理局、重庆海事局、宜昌海事局等相关单位座谈,以问卷调查的方式得到三峡库区通航环境风险源。采用 PHA 对三峡库区通航环境风险源进行分类,见表 4.2。

**表 4.2　三峡库区通航环境危险性预先分析表**

| 风险源类别 | 风险源 | 事故原因 | 现象/事故情况 | 事故后果 |
| --- | --- | --- | --- | --- |
| 水文类 | 水位陡涨陡落,变化无规律 | 高水位蓄水期间大型、重载船舶通航水位变化幅度大的航道 | 水位陡落导致水位不满足船舶吃水深度;水位陡涨致使船舶通过桥梁时净高不足 | 触礁,搁浅,碰撞,触损 |

| 风险源类别 | 风险源 | 事故原因 | 现象/事故情况 | 事故后果 |
|---|---|---|---|---|
| 气象类 | 大雾 | 行船中遇突发大雾,能见度降低 | 视距不足,抛锚困难,通信不协调,无法及时发现险情;错选航路 | 碰撞,触礁,搁浅,触损 |
| | 大风浪 | 行船中遇突发大风浪 | 船舶失稳、偏转、漂移,操控困难 | 自沉,碰撞,触礁,搁浅,浪损 |
| 地质类 | 山体、岸体崩塌,滑坡 | 船舶经过崩岸、滑坡区 | 滑坡体撞击船舶或滑落入水中形成浪涌,导致船舶失稳、偏转、漂移,操控困难;大块滑坡体形成暗礁或阻塞航道 | 自沉,人员伤亡,浪损,触损,碰撞,阻航、碍航,搁浅 |
| | 泥石流 | 行船中遇泥石流 | 恰逢船舶航行,对船舶造成巨大冲击甚至将其掩埋;流汇入航道,引起航道大幅度变迁,对于较窄的航道则造成航道严重阻塞,致使航路不通 | 导致船舶倾覆、摧毁船舶,造成重大人员伤亡,阻航、碍航、断航 |
| 航道类 | 桥梁、架空管线 | 大型船舶通过净空不足的桥孔与架空管线区域,桥涵灯熄灭,管线断落 | 船舶操控难度大,无法通过或擦桥撞墩,擦挂架空管线;桥涵灯熄灭,夜间视距不足撞桥;架空管线断裂掉落擦挂船舶引起电击 | 触损,撞桥,电击伤害 |
| | 暗礁、搬迁遗址 | 因航道变迁而成的暗礁、搬迁遗址等形成突咀、独石碍航 | 部分突咀、独石在水位涨落期,没入或露出水面,严重影响航道正常通航,航道条件变化复杂,难以把握航路、及时发现险情 | 触礁、搁浅 |
| | 航标位移、损坏、灭失 | 航标无法发挥正确的导航作用 | 船舶无法进行正确定位,错选航路 | 触礁、搁浅 |
| | 新增支汊水域 | 对于新增支汊航路不熟,航道的分叉与交汇处危险性较大 | 船舶流在支汊处形态复杂,秩序混乱,避让不及时、不协调,易错选航路 | 碰撞、搁浅、触礁、触损 |

续表 4.2

| 风险源类别 | 风险源 | 事故原因 | 现象/事故情况 | 事故后果 |
|---|---|---|---|---|
| 通航秩序类 | 船舶流密度过大 | 高密度船舶流区域行船,通航秩序混乱 | 船舶间安全间距不足,会船等操控困难,避让不协调、不及时 | 碰撞、触礁、搁浅、自沉 |
| | 停泊点、锚泊区、等让点秩序混乱 | 船舶停泊点、锚泊区、等让点处航行无章可循,无序通航 | 等让点会船困难,会船避让不协调;锚泊区内船舶间安全间距不足,船舶间易擦撞;占用航道,阻航、碍航;超宽靠泊导致船舶间摩擦大,缆绳断裂致船舶漂移,占用航道致会船间距不足 | 碰撞、触损、触礁 |
| | 砂船、渔船、渡船 | 渡船横渡,非法采砂,违法捕鱼 | 采砂作业多,渔船捕鱼,占用正常航道导致通航秩序复杂;渡船横渡,干线航运船舶避让操作困难 | 碰撞 |
| | 锚地边界设置不合理 | 船舶进、出设置不合理锚地,锚地内停泊条件不达标 | 影响主航道内船舶航行,锚地内船舶进出不协调 | 碰撞、搁浅 |
| | 码头停泊条件不达标 | 船舶无法正常靠泊,占用主航道 | 水深不满足大型船舶吃水要求,船舶进出不协调,会让困难;主航道船舶会船间距不足 | 碰撞、搁浅 |

采用 LEC 评价三峡库区通航环境风险源风险等级,风险指标的取值采用专家评议法,分别在长江三峡通航管理局、重庆海事局及宜昌海事局召开专家座谈会,聘请专家填写三峡库区通航环境 LEC 评价调查问卷,对所回收的 15 份有效调查问卷中的数据,用平均法进行处理,得到三峡库区通航环境风险分析及评估结果,见表 4.3。

表 4.3　三峡库区通航环境风险分析及评估结果

| 序号 | 风险源 | 风险 | 风险评估 | | | | 风险级别 |
|---|---|---|---|---|---|---|---|
| | | | $L$ | $E$ | $C$ | $D$ | |
| 1 | 大风浪 | 突发性大风浪 | 5.21 | 1.96 | 12.57 | 128.76 | 二级,重大 |
| 2 | 大雾 | 突发性大雾 | 5.71 | 1.36 | 12.71 | 98.60 | 二级,重大 |

| 序号 | 风险源 | 风险 | 风险评估 | | | | 风险级别 |
| --- | --- | --- | --- | --- | --- | --- | --- |
| | | | L | E | C | D | |
| 3 | 山体、库岸 | 崩塌、滑坡 | 5.14 | 0.75 | 5.27 | 20.32 | 三级,较大 |
| | | 泥石流 | 5.14 | 0.75 | 29.00 | 111.86 | 二级,重大 |
| 4 | 桥梁、架空管线 | 驾驶员操作不当或不可抗力使船舶撞桥、擦挂管线 | 8.14 | 0.64 | 5.43 | 28.29 | 三级,较大 |
| | | 桥涵灯熄灭导致船舶撞桥 | 2.71 | 0.64 | 5.43 | 9.47 | 四级,一般 |
| | | 管线断裂掉落 | 2.71 | 0.64 | 5.43 | 9.47 | 四级,一般 |
| 5 | 水下碍航物 | 暗礁 | 3.46 | 0.82 | 9.43 | 36.83 | 三级,较大 |
| | | 蓄水造成的搬迁遗址形成新的碍航 | 3.46 | 0.82 | 9.43 | 36.83 | 三级,较大 |
| 6 | 航标 | 航标位移或损坏 | 3.46 | 0.79 | 8.14 | 22.16 | 三级,较大 |
| | | 航标灭失 | 3.46 | 0.79 | 8.14 | 22.16 | 三级,较大 |
| 7 | 水位 | 蓄水导致形成新交汇水域 | 2.14 | 0.89 | 4.29 | 8.88 | 四级,一般 |
| 8 | 码头 | 停泊条件不达标 | 2.32 | 0.89 | 4.00 | 8.29 | 四级,一般 |
| | | 管理不规范 | 2.32 | 0.89 | 4.00 | 8.29 | 四级,一般 |
| 9 | 船舶流 | 船舶流密度过大 | 3.79 | 0.93 | 5.86 | 20.59 | 三级,较大 |
| | | 航行秩序混乱 | 3.79 | 0.93 | 5.86 | 20.59 | 三级,较大 |
| 10 | 停泊点、锚泊区、等让点 | 停泊秩序混乱 | 2.75 | 1.43 | 3.71 | 14.59 | 四级,一般 |
| | | 船舶超宽靠泊 | 2.75 | 1.43 | 3.71 | 14.59 | 四级,一般 |
| 11 | 渔船、渡船 | 横渡主航道 | 5.29 | 2.25 | 13.57 | 161.40 | 二级,重大 |
| 12 | 船闸锚泊区系船墩 | 船舶碰撞系船墩 | 2.71 | 0.86 | 5.29 | 12.30 | 四级,一般 |

表 4.3 显示,三峡库区通航环境风险源有 20 个,其中二级以上重大风险源有 4 个:突发性大风浪,突发性大雾,泥石流,渔船、渡船横渡主航道;三级较大风险源有 8 个:山体、库岸崩塌、滑坡,驾驶员操作不当或不可抗力使船舶撞桥、擦挂管线,暗礁,蓄水造成的搬迁遗址形成新的碍航,航标位移或损坏,航标灭失,船舶流密度过大,航行秩序混乱;四级一般风险源有 8 个:桥涵灯熄灭导致船舶撞桥,架空管线断裂掉落,蓄水使水位形成新交汇水域,停泊条件不达标,码头管理不规范,停泊秩序混乱,船舶超宽靠泊,船舶碰撞系船墩。

## 4.2 基于 ARERAC 的芜湖航段水上交通安全风险评估

### 4.2.1 芜湖航段水上交通事故特征

长江干线芜湖航段为五步沟与老洲头连线至慈湖河口与乌江河口连线之间水域,包括长江干线 13 个主航道 175km、8 个支汊水道 157km 水域范围,覆盖芜湖、铜陵、马鞍山三个地级市行政区划水域,属长江芜湖海事局管辖。芜湖航段是长江干线交通流大的繁忙航段,也是事故险情频发区段。2008—2013 年,芜湖航段共发生险情事故 165 件,等级事故 34 件,死亡失踪50 人,沉船 29 艘,经济损失 3349.6 万元,见表 4.4。

表 4.4　2008—2013 年芜湖航段水上交通安全事故指标统计

| 年份 | 2008 | 2009 | 2010 | 2011 | 2012 | 2013 | 合计 |
|---|---|---|---|---|---|---|---|
| 险情事故数(件) | 33 | 35 | 24 | 19 | 24 | 30 | 165 |
| 等级事故数(件) | 8.5 | 8.5 | 4 | 5 | 5 | 3 | 34 |
| 死亡失踪(人) | 7 | 6 | 3 | 4 | 18 | 12 | 50 |
| 沉船(艘) | 7 | 6 | 3 | 3 | 5 | 5 | 29 |
| 经济损失(万元) | 454.3 | 843.3 | 285 | 287 | 850 | 630 | 3349.6 |

2008—2013 年,芜湖航段水上交通安全事故特征如下:

(1)从事故总数分析,险情和等级事故数、沉船数大体呈现下降的趋势,但死亡失踪人数和经济损失呈现上升的趋势。从等级事故所造成的后果看,平均单件事故造成的死亡失踪人数、沉船数和经济损失呈现上升趋势。

(2)从事故类型分析,碰撞事故最多,占事故险情总数 58.79%,高于其他类型事故数;其次是自沉,占到事故险情总数的 15.15%;第三类多发事故为触损,占事故险情总数的 9.70%。见表 4.5、图 4.1。

表 4.5　2008—2013 年芜湖航段水上交通安全各类事故统计

| 年份 | 碰撞(件) | 搁浅(件) | 触礁(件) | 触损(件) | 浪损(件) | 火灾、爆炸(件) | 风灾(件) | 自沉(件) | 其他(件) | 合计(件) |
|---|---|---|---|---|---|---|---|---|---|---|
| 2008 | 21 | 1 | 1 | 2 | 0 | 1 | 1 | 5 | 1 | 33 |
| 2009 | 25 | 3 | 1 | 1 | 0 | 1 | 1 | 2 | 1 | 35 |

| 年份 | 碰撞（件） | 搁浅（件） | 触礁（件） | 触损（件） | 浪损（件） | 火灾、爆炸（件） | 风灾（件） | 自沉（件） | 其他（件） | 合计（件） |
|---|---|---|---|---|---|---|---|---|---|---|
| 2010 | 15 | 1 | 0 | 3 | 0 | 0 | 0 | 2 | 3 | 24 |
| 2011 | 10 | 0 | 1 | 2 | 0 | 1 | 0 | 4 | 1 | 19 |
| 2012 | 14 | 0 | 0 | 2 | 0 | 3 | 0 | 5 | 0 | 24 |
| 2013 | 12 | 2 | 0 | 6 | 0 | 0 | 1 | 7 | 2 | 30 |
| 合计 | 97 | 7 | 3 | 16 | 0 | 6 | 3 | 25 | 8 | 165 |
| 百分比 | 58.79% | 4.24% | 1.82% | 9.70% | 0.00% | 3.64% | 1.82% | 15.15% | 4.85% | 100% |

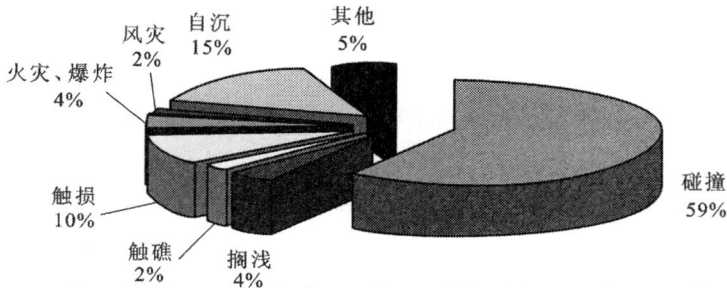

**图 4.1　2008—2013 年芜湖航段水上交通安全事故分布图**

（3）从事故发生的昼夜时间分析,夜晚是事故的高发期,特别是后半夜零点到凌晨 6 点之间。由于夜晚视线较白天视线差,船舶驾驶及助航人员也易疲劳,发生事故及所引起的人员死亡失踪、造成的损失也会较白天的明显增多。

（4）从事故致因来看,船员操作不当、违章航行、疲劳驾驶、冒险航行、配员不齐、疏忽瞭望等人为因素是事故险情的主要致因;其次是船舶不适航、船舶各种电气设备及船体老化、冒险超载等船舶因素,也易导致事故发生;此外,环境因素是导致船员失误的主要诱因,尤其是冒雾航行,严重影响驾驶观察,极易造成碰撞、触礁及搁浅事故。

### 4.2.2　ARERAC 风险评估模型的提出

根据风险分析评估常用的定量方法基本原理,针对长江干线水上交通安全特点,本书提出基于事故发生率（Accident Rate）—环境风险（Environmental Risk）—事故后果（Accident Consequence）的综合风险评价模型（简称 ARERAC 模型）。ARERAC 模型的核心设计理念是计算航段的事故发生概率（$A$）、环境风险综合值（$E$）及事故发生的后果综合值（$C$），再以三者乘积的方式获得综合风险值（$R$）进行安全风险的评估评级。其计算公式为：

$$R = A \cdot E \cdot C \tag{4-1}$$

式中　$R$ ——综合风险值；

　　　$A$ ——事故发生概率，由事故（险情）数和交通流量算得；

　　　$E$ ——环境风险综合值，由多个水上交通环境风险因素指标加权综合计算得到；

　　　$C$ ——事故后果综合值，由多个事故后果指标综合计算得到。

若以某航段综合风险值 $R_0$ 为基准值，则其他航段综合风险值 $R$ 比基准航段综合风险值，可得到航段综合风险指数 $R_1$，即：

$$R_1 = R/R_0 \tag{4-2}$$

ARERAC 评价模型是基于事故发生概率、客观环境因素与事故后果的综合风险评价方法，其特点是：①借鉴了国内外现有的有关水上交通安全评估方法的研究成果，并且进行了修正，使之更适用于长江水上交通风险评估的实际；②综合考虑了事故发生率、客观环境因素及事故后果对水上交通安全的影响；③本模型中各项指标的影响程度及评估标准，是向长江航运企业及船员、水上交通安全工程专家及各级管理人员等调研的结果，具有经验性、可操作性和实用性，但也具有主观性强的特点。

1）事故发生概率

事故发生概率（$A$）采用单位交通流事故率指标，其计算公式为：

$$A = \frac{X}{T} \tag{4-3}$$

式中　$X$ ——某一时期事故（险情）总件数；

　　　$T$ ——同一时期的船舶交通流量，艘次。

2）环境风险综合值

通过对长江干线芜湖航段水上交通安全及事故分析，结合专家意见和问卷调查，本书认为水上交通环境风险主要来源于八种风险因素，并对各因素风险程度进行评级打分，赋予其相应权重，综合计算得出航段环境风险综合值（$E$），见式（4-4）和式（4-5）。

（1）不同环境因素的风险评级评分

八种水上交通环境因素的风险等级阈值划分及评分见表 4.6。

**表 4.6 环境因素的风险等级阈值划分及评分**

| 风险等级(分值) 评估指标 | | 一级 (5) | 二级 (4) | 三级 (3) | 四级 (2) | 五级 (1) | 其他 (0) |
|---|---|---|---|---|---|---|---|
| 交通流量(艘次/天) | | ≥2000 | 1750~2000 | 1500~1750 | 1250~1500 | 500~1250 | <500 |
| 能见度 | (视距 1.5km 以内天数/年) | ≥40 | 30~40 | 20~30 | 10~20 | 5~10 | <5 |
| | (m) | ≤50 | 50~200 | 200~500 | 500~800 | 800~1500 或夜航 | >1500 |
| 风力 | (标准风 天数/年) | ≥140 | 100~140 | 60~100 | 20~60 | 5~20 | <5 |
| | (级) | ≥12 | 10~12 | 8~10 | 6~8 | 4~6 | <4 |
| 水流速度(m/s) | | ≥5 | 4~5 | 3~4 | 2~3 | 1~2 | <1 |
| 航道宽度 $B_0/B$ | | ≤2 | 2~3 | 3~4 | 4~6 | 6~8 | >8 |
| 航道弯曲度(°) | | ≥50 | 35~50 | 20~35 | 10~20 | 5~10 | <5 |
| 航道水深 $H/d$ | | ≤1.2 | 1.2~1.5 | 1.5~2.0 | 2.0~3.0 | 3.0~4.0 | >4.0 |
| 航标完备率(%) | | ≤70 | 70~80 | 80~90 | 90~95 | 95~100 | 100 |

①交通流量

交通流量指单位时间内通过水域中某一横断面的所有船舶的艘数。它表示了某一段水域的船舶通过量,直观地反映了水上交通的繁忙程度。众所周知,无论是哪种运输方式,交通流密度越大,相应的风险系数就越高。高密度的交通流会引起驾船者压力感,直接影响其对船舶的操控水平。

本书选择日通过船艘次数为评价指标。

②能见度

能见度是指水面正常目视所能达到的最大水平距离。影响水上交通安全能见度的因素主要是雾,其次是雨、雪、烟、低云等。通航风险程度与能见度距离成反比,能见度低时极易发生船舶碰撞与搁浅。通常,能见距离低于2km,对安全航行开始有影响;能见距离低于1km,影响较明显,为危险能见度。此外,船舶于夜间航行,能见度下降,存在一定风险。

本书选择年能见度不良天数或能见距离(m)为评价指标,其中,航道能见度不良设定为视距1.5km以内,同时考虑夜航的风险等级。

③风力

长江干线航道中,4~5级风产生的浪足以影响船舶的安全航行,7~8级及以上的大风对大型客货轮也会产生影响。大风易造成船舶偏航、搁浅及走锚等危险。综合考虑船舶抗风能力与航道气象条件,将 4 级风力作为衡量影响航行安全的标准风,即把不同等级的风转化为标准风,再统计换算得出年标准风的天数作为评估指标。其中,年标准风天数＝(4～5 级)年均风的天数＋1.5×(6 级及以上)年均风的天数。

本书选择年标准风天数或风力等级为评价指标。

④水流速度

航道水流速度是指单位时间航道内水体的流动距离。水流的存在使船舶操纵困难,流速快易引起船舶岸壁效应、船舶下坐,发生碰撞、搁浅等事故。水流的影响主要有流速和流向两个方面。流速越大,驾船航行越困难,而流向问题比较复杂。航线设置时,通常下行船舶行驶在主流区,上行船舶行驶在缓流区。河流的允许流速以不超过 3m/s 为宜。在天然山区河流,因河床地形不规则,当断面平均流速达到 3m/s 以上时,各种不良水流流态露出峥嵘面貌,航行困难,驾驶人员需熟悉船舶性能和水流特性谨慎操作。

本书采用单位时间航道最大水流速度(m/s)作为评价指标。

⑤航道宽度

航道宽度是指航道(航槽断面)两侧界限之间,垂直于航道中心线度量的水平距离。就局部航道而言,通常指航道最窄处按上述方法度量的水平距离。航道宽度分为航道维护宽度和航道标准宽度,前者是航道部门根据航道的实际情况结合航道维护能力制订的维护计划值,后者是为保证某一标准船型正常通航所规定的某等级航道必须保证的可航水域宽度,也称为航道标准宽度。本书的航道宽度是指后者。内河等级航道的标准宽度是指设计最低通航水位时,具备航道标准水深而为船舶航行所必需的宽度,原则上应为船舶(队)航行占据的宽度(也称航迹带宽度)与一定的安全富余宽度之和。

航道宽度直接决定船舶的航行范围,航道过窄,容易导致船舶发生碰撞、触岸、搁浅等事故。相关统计表明,随着航路变宽,碰撞率单调减少,航路宽度的对数与碰撞率的对数几乎呈线性关系。据此,在交通流量一定的情况下,航道宽度增加一倍,船舶的平均碰撞率为原来的一半,所以航道宽度是船舶航行环境安全程度的重要标志。对操船者而言,一般单线航道宽度应为设计船宽的 3～4 倍,双线航道应是设计船宽的 6～7 倍。当航道宽度为船宽的 3 倍时,对船舶的航行安全有影响,当小于船宽 2 倍时,具有高度风险。

本书选择航道宽度风险评估指标为:航道宽度 $B_0$/船舶最大宽度 $B$。

⑥航道弯曲度

航道弯曲度是指航道在长度方向上的弯曲程度。弯曲的河道由于其地势的原因造成水流因素与顺直河道的大不相同,与顺直航道相比,河槽水势比较复杂,航道弯曲和水势扫弯是造成船舶通过弯曲河段困难的主要因素;船舶在航道弯曲处会受到航道尺度的限制、不正的水流等影响,在进行转向操作时难度加大,加上弯道上、下游不能通视及不利的回流、泡水的影响,船舶在航道弯曲处航行发生事故概率增大,最典型的是 90° 急弯为最高危险。在长江干线繁忙航段的水域中,大角度的弯曲河道容易造成船舶的碰撞或因水下泥沙导致搁浅。

航道弯曲度常用两种表示方法:航道弯曲半径和航道弯曲转(舵)度。航道弯曲半径是指航道中心线的曲率半径。就局部航道而言,通常指航道中心线上曲率最大处的圆弧半径。根据广泛调查和科学试验,结合我国船舶的操纵性能,船舶航行所需航道最小弯曲半径为 3 倍顶推船队、4 倍单船长度(拖带船队中以最大单船长度计);若流速在 3m/s 以上,则宜采用顶推船队或货船长度的 5 倍。特殊情况下,弯曲半径可减小,但不小于顶推船队长度的 2 倍,或以拖带船队中最大单船长度的 3 倍作为航道最小弯曲半径。航道弯曲转(舵)度是指船舶通过弯曲航道水域所需转舵的最大角度。

本书选取航道弯曲转(舵)度为航道弯曲度风险评估指标。

⑦航道水深

航道水深是指航道范围内从水面到河床底部的垂直距离。就局部河段而言,通常指航道内最浅处水面到河底的垂直距离。航道水深一般分为两种,即航道维护深度和航道标准深度。航道维护深度是航道部门根据水位的变化情况,结合航道变迁和航道维护能力确定的维持船舶的水深维护计划指标;航道标准水深是指在设计最低通航水位时,满足标准船舶(队)安全通航所必须保证的航道最小水深。本书的航道水深是指后者。内河等级航道的标准水深通常按允许通过最大船舶的设计吃水加上安全富余水深计算确定。

船舶航行时,由于航道条件的限制经常会航行于水深不足的地方,即浅水区域。船舶驶入浅水区航行,有其独特的航行规律,诸如船速降低、应舵性下降、旋回性下降、船体下沉和纵倾变化的增大等。在浅水水域航行时,因对船体下沉量考虑不足易造成船舶拖底、触礁、搁浅和失控等事故。一般,天然和渠化河流航道深度最小应大于船舶设计吃水的 1.2 倍。研究表明,当 $H$(航道水深)/$d$(船舶设计吃水)$<4$ 时,航道水深开始影响船舶航行;$H/d=$

1.2～1.5时,船舶有搁浅可能;$H/d=1.1～1.2$时,交通事故明显增加。

本书选择航道水深风险评估指标为:$H$(航道水深)/$d$(船舶设计吃水)。

⑧航标完备率

航标是引导船舶航行的重要辅助设施,为船舶提供各种必要信息。航标的损坏和完备率低,将对船舶航行安全造成至关重要的影响。本书以航标完备率为评价指标。航标完备率是指"该航段实际航标覆盖的水域面积/该航道整个水域面积"。

(2)不同环境因素风险的权重确定

各种环境因素风险对水上交通安全的影响是不同的,例如一级能见度的风险度比一级助航标志完备率的危害性更高,所以在考虑环境因素风险等级对航段危险等级的影响时需要加权计算,不同航段各因素的权重也可能不同。评估中,可采用有经验的专家通过主观评定确定权重,或者通过事故类型与事故数量的关联度推导、确定权重。依托多个相关项目[30-33],根据专家意见确定不同环境风险因素权重,见表4.7。

表 4.7　不同环境因素风险的权重

| 交通流量 | 能见度不良 | 风力 | 水流速度 | 航道宽度 | 航道弯曲度 | 航道水深 | 航标完备率 |
|---|---|---|---|---|---|---|---|
| $\omega_1$ | $\omega_2$ | $\omega_3$ | $\omega_4$ | $\omega_5$ | $\omega_6$ | $\omega_7$ | $\omega_8$ |
| 0.26 | 0.18 | 0.05 | 0.09 | 0.13 | 0.10 | 0.12 | 0.07 |

(3)环境风险综合值计算公式

根据上面的讨论,第$i$种因素的风险值$E_i$可视为第$i$种环境因素风险等级评分$V_i$与第$i$种因素相应权重的乘积,即:

$$E_i = V_i \cdot \omega_i \tag{4-4}$$

则航段环境风险综合值($E$)为各项单因素风险值之和,即:

$$E = \sum_{i=1}^{8} E_i = \sum_{i=1}^{8} V_i \cdot \omega_i \tag{4-5}$$

例如,$A$航段各单项因素风险评级值$E_A$见表4.8所示,$B$航段各单项因素风险评级值$E_B$见表4.9所示。

表 4.8　$A$ 航段各单项因素风险评级值

| 交通流量 | 能见度不良 | 风力 | 水流速度 | 航道宽度 | 航段弯曲度 | 航道水深 | 航标完备率 |
|---|---|---|---|---|---|---|---|
| $E_1$ | $E_2$ | $E_3$ | $E_4$ | $E_5$ | $E_6$ | $E_7$ | $E_8$ |
| 5 | 1 | 2 | 3 | 3 | 2 | 3 | 3 |

表 4.9  $B$ 航段各单项因素风险评级值

| 交通流量 | 能见度不良 | 风力 | 水流速度 | 航道宽度 | 航道弯曲度 | 航道水深 | 航标完备率 |
|---|---|---|---|---|---|---|---|
| $E_1$ | $E_2$ | $E_3$ | $E_4$ | $E_5$ | $E_6$ | $E_7$ | $E_8$ |
| 4 | 2 | 2 | 3 | 4 | 2 | 4 | 3 |

根据式(4-5),计算得 $A$ 和 $B$ 航段环境风险综合值为:

$E_A = 5 \times 0.26 + 1 \times 0.18 + 2 \times 0.05 + 3 \times 0.09 + 3 \times 0.13 + 2 \times 0.10 + 3 \times 0.12 + 3 \times 0.07 = 3.01$

$E_B = 4 \times 0.26 + 2 \times 0.18 + 2 \times 0.05 + 3 \times 0.09 + 4 \times 0.13 + 2 \times 0.10 + 4 \times 0.12 + 3 \times 0.07 = 3.18$

若以 $A$ 航段为基准航段,根据式(4-2),则 $B$ 航段环境风险综合指数为:

$$E_{I(B)} = E_B / E_A = 3.18/3.01 = 1.06$$

3)事故后果综合值

事故后果主要考虑人员伤亡、经济损失、环境污染、社会影响四项指标,其评级和评分依据相关规定和项目[30-33]专家意见(表 4.10),事故后果综合值($C$)计算见式(4-6)。

表 4.10  水上交通安全事故后果指标分值判定标准

| 后果衡量指标 | 判定标准 | 分值 |
|---|---|---|
| 人员伤亡<br>($C_a$) | 事故造成 30 人以上死亡 | 1.0 |
|  | 事故造成 30 人以下 3 人以上死亡 | 0.8 |
|  | 事故造成 1 至 2 人死亡 | 0.6 |
|  | 事故造成人员重伤 | 0.4 |
|  | 事故中无人重伤 | 0.2 |
| 经济损失<br>($E_l$) | 事故造成 1 亿元以上的直接经济损失 | 1.0 |
|  | 事故造成 1 亿元以下 500 万元以上的直接经济损失 | 0.8 |
|  | 事故造成 500 万元以下 300 万元以上的直接经济损失 | 0.6 |
|  | 事故造成 300 万元以下 50 万元以上的直接经济损失 | 0.4 |
|  | 事故造成 50 万元以下的直接经济损失 | 0.2 |
| 环境污染<br>($E_p$) | 在附近水域造成大面积的、长期的生态系统破坏 | 1.0 |
|  | 严重环境污染 | 0.6 |
|  | 小规模、局部环境污染 | 0.3 |

**续表 4.10**

| 后果衡量指标 | 判定标准 | 分值 |
|---|---|---|
| 社会影响<br>（$S_i$） | 在国内外产生很大影响 | 1.0 |
| | 在国内产生较大影响 | 0.6 |
| | 较小影响 | 0.3 |

注:无人员伤亡、无经济损失或无环境污染时,分值为 0。

（1）人员伤亡（$C_a$）

人员伤亡评定标准等级参考了《水上交通事故统计办法》中事故分级标准中的人员伤亡判定标准,分值采取等差数列,最高值为 1.0,如确定无人员伤亡可取 0。

（2）经济损失（$E_l$）

经济损失评定标准等级参考了《水上交通事故统计办法》中事故分级标准中的直接经济损失部分（船舶类型取用最高等级）,分值采取等差数列,最高值为 1.0,如确定无直接经济损失可取 0。

（3）环境污染（$E_p$）

环境污染可根据事故的类型、所载货物等方面的描述判别事故对环境的污染程度,分值最高为 1.0,如确定事故不会对环境造成污染可取 0。

（4）社会影响（$S_i$）

社会影响可根据事故的类型、事故发生后的处理措施等评判对社会的影响,分值最高为 1.0。

计算事故后果综合值时,首先依据表 4.10,分别得到人员伤亡、经济损失、环境污染和社会影响四个指标的分值,然后相加求和再除以 4,取其平均值,得到事故后果综合值（$C$）,即：

$$C = \frac{1}{4}(C_a + E_l + E_p + S_i) \qquad (4\text{-}6)$$

### 4.2.3　ARERAC 风险评估及结果分析

运用 ARERAC 模型对 2011—2013 年长江干线芜湖航段的水上交通安全进行综合风险评估。

1）评估过程

（1）事故发生概率（$A$）计算

收集整理 2011—2013 年芜湖航段船舶交通流及安全事故统计数据,根据式(4-3)得出 2011—2013 年芜湖段 3 年的事故发生率。见表 4.11。

**表 4.11　2011—2013 年芜湖航段交通流量及事故数**

| 年份 | 2011 | 2012 | 2013 |
|---|---|---|---|
| 交通流量(艘次) | 554490 | 529830 | 518885 |
| 险情事故数(件) | 19 | 24 | 30 |
| 事故发生率(件/10 万艘次) | 3.43 | 4.53 | 5.78 |

(2)环境风险综合值($E$)计算

①交通流量

根据交通流量统计数据,计算 2011—2013 年芜湖段日均交通流量;依据环境因素风险等级阈值划分及评分表 4.6,计算得知 2011—2013 年交通流量因素的风险值,见表 4.12。

**表 4.12　2011—2013 年芜湖航段交通流量因素风险值**

| 年份 | 2011 | 2012 | 2013 |
|---|---|---|---|
| 交通流量(艘次/天) | 1519.2 | 1451.6 | 1421.6 |
| 风险值(分) | 3 | 2 | 2 |

②能见度不良

通过查询芜湖海事局网站[34]数据,结合芜湖市当地天气预报调查,获取 2011—2013 年芜湖航段年能见度不良天数,依据表 4.6,可得知 2011—2013 年能见度因素的风险值,见表 4.13。

**表 4.13　2011—2013 年芜湖航段能见度不良因素风险值**

| 年份 | 2011 | 2012 | 2013 |
|---|---|---|---|
| 能见度(视距 1.5km 以内天数/年) | 21 | 26 | 33 |
| 风险值(分) | 3 | 3 | 4 |

③风力

通过查询芜湖海事局网站[34]数据,结合芜湖市当地天气预报调查,获取 2011—2013 年芜湖航段年标准风天数,依据表 4.6,可得知 2011—2013 年风力因素的风险值,见表 4.14。

**表 4.14　2011—2013 年芜湖航段风力因素风险值**

| 年份 | 2011 | 2012 | 2013 |
|---|---|---|---|
| 风力(标准风天数/年) | 69 | 80 | 71 |
| 风险值(分) | 3 | 3 | 3 |

④水流速度

由于芜湖段最大水流速度数据不全,故根据芜湖海事局网站[34]公布的长江主要港口水情流量数据,结合项目[30-33]调研,估算 2011—2013 年芜湖航段最大流速均小于 3m/s。依据表 4.6,2011—2013 年水流速度因素风险值均为 2。

⑤航道宽度

根据长江航道局公布的航道尺度数据,安庆皖河口至芜湖高安圩段(起讫点为 643.0~475.0km)航道宽度为 200m,芜湖高安圩至南京燕子矶段(起讫点为 475.0~337.0km)航道宽度为 500m;目前,长江干线航段通行船只最大宽度基本不超过 25m。依据表 4.6,航道宽度的风险评估指标 $B_0/B$ 均不小于 8,故 2011—2013 年芜湖航段航道宽度因素风险分值均为 1。

⑥航道弯曲度

经调查,芜湖航段有一处弯曲河段的弯曲度接近 90°,见图 4.2。芜湖水道上起山西嘴,下讫南外架,全长 9km;芜湖大桥水道上起南外架,下讫朱家桥,全长 4km。山西嘴为由东转北的急弯顶端,是白茆水道与芜湖水道的交界处,转折处水流湍急,且有大片回流花水。根据表 4.6,2011—2013 年芜湖段航道弯曲度因素风险值均为 5。

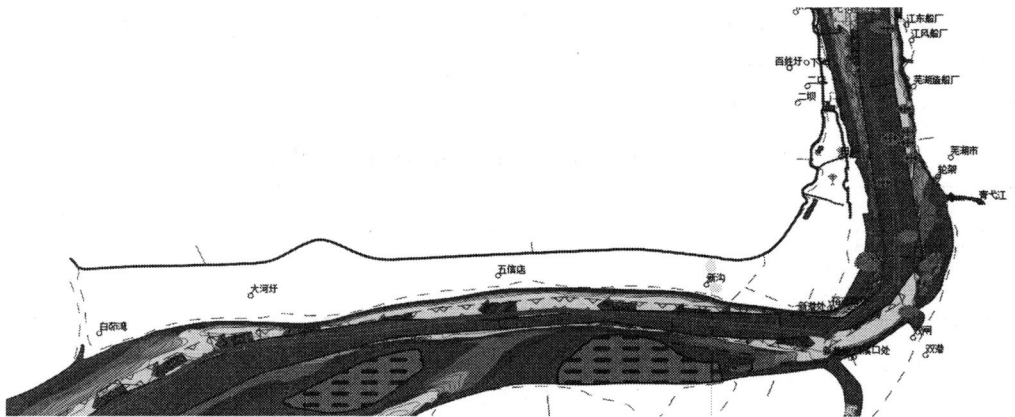

图 4.2　芜湖航段电子航道图

⑦航道水深

根据芜湖海事局网站[34]通航环境公示:2011 年安庆(皖河口)至芜湖长江大桥航道维护水深为 5m,芜湖长江大桥至南京(燕子矶)航道维护水深为 7.5m,取平均值 6 m 为 2011 年长江干线芜湖段航道水深;2012 年安庆(皖河口)至芜湖长江大桥航道维护水深为 5m,芜湖长江大桥至南京(燕子矶)航道维护水深为9m,故2012年芜湖段航道水深平均为7m;2013年安庆(皖河口)至芜湖长江大桥航道维护水深为6.5m,芜湖长江大桥至南京(燕子矶)航道维护水深为9m,故2013年芜湖段航道水深平均为7.8m。取该航段一般标准船型的设计水深为4m。依据表4.6,可计算得知2011—2013年航道水深因素的风险值,见表4.15。

表 4.15　2011—2013 年芜湖航段航道水深因素风险值

| 年份 | 2011 | 2012 | 2013 |
|---|---|---|---|
| 航道水深($H/d$) | $6/4=1.5$ | $7/4=1.75$ | $7.8/4=1.95$ |
| 风险值(分值) | 4 | 3 | 3 |

⑧航标完备率

目前还没有科学、准确的办法统计和考核航标完备率,根据项目[30]调研初步评估,2011—2013年芜湖航段航标完备率为90%~95%。依据表4.6,2011—2013年航标完备率因素的风险值均为2。

综合上述2011—2013年芜湖航段8个环境因素的风险值,根据不同环境因素风险的权重表4.7及式(4-5),可计算出2011—2013年芜湖航段的环境风险综合值,见表4.16。

表 4.16　2011—2013 年芜湖航段的环境风险综合值

| 环境因素指标 | 交通流量 | 能见度 | 风力 | 水流速度 | 航道宽度 | 航道弯曲度 | 航道水深 | 航标完备率 | 环境综合风险值 $E = \sum\limits_{i=1}^{8} V_i \cdot \omega_i$ |
|---|---|---|---|---|---|---|---|---|---|
| 权重($\omega_i$) | 0.26 | 0.18 | 0.05 | 0.09 | 0.13 | 0.10 | 0.12 | 0.07 | 1.00 |
| 2011 年($V_i$) | 3 | 3 | 3 | 2 | 1 | 5 | 4 | 2 | 2.90 |
| 2012 年($V_i$) | 2 | 3 | 3 | 2 | 1 | 5 | 3 | 2 | 2.52 |
| 2013 年($V_i$) | 2 | 4 | 3 | 2 | 1 | 5 | 3 | 2 | 2.70 |

(3)事故后果综合值($C$)计算

根据本评估方法中事故后果评估所需数据,统计整理2011—2013年芜湖航段水上交通安全事故数据,并根据水上交通安全事故后果指标分值判定标准表4.10和式(4-6),计算出2011—2013年芜湖段水上交通安全事故后果评估值,见表4.17。

表 4.17　2011—2013 年芜湖航段水上交通安全事故后果评估值

| 年份 | 2011 | 2012 | 2013 |
|---|---|---|---|
| 人员伤亡($C_a$) | 4.6 | 4.2 | 3.0 |
| 经济损失($E_l$) | 4.8 | 5.6 | 7.0 |
| 环境污染($E_p$) | 0.3 | 1.5 | 0.3 |
| 社会影响($S_i$) | 5.7 | 8.1 | 9.6 |
| 事故后果综合值($C$) | 3.85 | 4.85 | 4.98 |

2)评估结果分析

将上述事故发生概率、环境风险综合值及事故后果综合值计算结果带入到式(4-1)和式(4-2),得出芜湖航段 2011—2013 年水上交通综合风险值($R$)及综合风险指数($R_I$),见表 4.18。

表 4.18　2011—2013 年芜湖航段综合风险 ARERAC 评估值

| 风险值(指数)＼年份 | 2011 | 2012 | 2013 |
|---|---|---|---|
| $A$ | 3.43 | 4.53 | 5.78 |
| $E$ | 2.90 | 2.52 | 2.70 |
| $C$ | 3.85 | 4.85 | 4.98 |
| $R$ | 38.30 | 55.37 | 77.72 |
| $R_I$ | 1.0 | 1.45 | 2.03 |

注:综合风险指数计算以 2011 年为基准。

从表 4.18 中可以看出,2011—2013 年芜湖航段水上交通安全综合风险 ARERAC 评估值分别为 38.30、55.37 和 77.72,综合风险指数分别为 1.0、1.45 和 2.03,说明芜湖航段水上交通安全状况 2011 年最好,2012 年次之,2013 年最差。

从上述 ARERAC 评估过程可以看出:

1)事故发生率($A$)计算结果显示,2011 年事故发生率最低,2012 年次之,2013 年最高。2011 年芜湖航段交通流量在三年中最大(表 4.12),但发生的险情事故在三年之中最少,导致 2011 年事故率最低。2013 年芜湖航段交通流量在三年中为最少,相应发生的险情事故却最多,为 2011 年的 1.6 倍,进而导致 2013 年事故发生率明显高于前两年。

2)环境风险综合值($E$)计算结果显示,2012 年环境风险综合值最低,2011 年次之,2013 年最高。主要差异在"能见度"和"航道水深"两项指标(表 4.16)。

2013年能见度不良风险高于其他两年,2011年航道水深风险高于其他两年。说明同一航段的能见度不良和航道水深对水上交通安全影响较大。

3)事故后果综合值(C)计算结果显示,2011年事故后果综合值最低,2012年次之,2013年最高。2013年事故后果评估四项指标中,险情事故数明显高于其他两年(表4.17),且沉船数与2012年相当但高于2011年,人员伤亡和经济损失仅次于2012年高于2011年,使得2013年的事故后果综合值也相应的最高。

## 4.3 基于多因素耦合的浅险航段通航环境风险评估

### 4.3.1 浅险航段通航环境风险评估指标

长江属于天然河流,航道条件随着季节和水位的涨落而变化,其通航条件具有鲜明的季节特点。进入秋冬季后,随着上游和支流来水量的减少,其径流的流量减小,环流减弱,水流的挟砂能力亦随之减小,部分航段受河床条件、上游来水来砂量的变化、河床比降等因素的影响,导致浅滩淤积、河槽束窄,容易形成江心洲、浅滩、沙矶等碍航物,通航能力降低;此外,部分水域航道蜿蜒多变,又时值冬季寒潮低温、气候多变(风、雪、雾、霾等),这些航道在枯、中水期,因水位下降,航道缩窄,水深下降,船舶通航受到极大限制;洪水期又因河道弯曲、碍航物而形成的扫弯水、披头水、斜流和回流等不规则水流,对船舶的安全航行产生重大威胁。浅险航段是长江水上交通事故的多发水域。

浅险航段的航行风险主要有[35,36]:

(1)浅险航段一般出现在宽阔河道的分汊河段及上下口、放宽段、过渡段,或与支流汇合口的上方及架桥河段桥墩上游等处。在水位退落的最初阶段,水流分散,浅滩首先表现出"散乱浅滩"特征;河槽处于不稳定状态,在浅滩变迁过程中,航道也随之改变;活动泥沙往往在航道中形成沙包,它的位置和高度变迁不定,俗称"流动沙包",船舶航行至此随时有可能碰擦沙包,对船舶航行安全危害极大;可航范围减小,对船舶的船位控制提出了更高的要求。

(2)航道水深减小,航船的富余水深得不到保证,即便保持在规定富余水深范围内,亦将出现明显的浅水效应,航船吃水进一步增加、舵效降低、容易偏航跑舵甚至倒头失控。

当船舶驶进浅窄航段且剩余水深小于吃水的1/3时,将会产生浅水效应,如船舷水花声骤然减小;航速降低,有走不动的感觉;船体下沉并发生节律性的振动;船尾泥沙翻滚或卵石冲击船底;舵效明显降低,有向深水一侧跑舵现象;主机负荷增大,并有异常振动;船尾出现拖浪;顶推船队,驳船起伏跳动,缆绳发出响声等。

(3)由于浅滩的存在,航道必然弯曲。当弯曲度较大且弯曲方向又多变时,船舶操纵难度进一步增大。

(4)不正常水流增多,航船易出现航向不稳现象,若舵力不足以稳船则易发生失控事故,即使能够稳舵航行,船位也会在横流作用下发生漂移,很难操纵船舶行驶在预定航线上。

(5)浅险区漕口水流流速增大,船舶航行阻力增大航速降低,航船需加大航速,主机负荷较大,一些载货量大的慢速船通过困难。

(6)由于漕口流速大,加上航漕束窄,碰擦浮标事件时有发生,所以漕口航段时常发生浮标异常情况,这对判断航漕位置、正确选择航路非常不利。

(7)非法采砂、捕鱼活动和超载民船在浅漕内抢航、搁浅失控时有发生,影响正常的航行秩序;同时,由于搁浅船舶改变了漕内水流流态,泥沙运动发生改变,将进一步导致浅漕恶化。

通过浅险航段风险特征分析,结合专家意见和问卷调查,本书认为评估浅险航段水上交通环境风险主要有8个指标:能见度、航道水深、航道宽度、航道弯曲度、水流速度、风力、交通流量及航标完备率,其风险分级阈值划分见表4.19。

表 4.19  浅险航段风险评估指标等级阈值划分

| 风险等级(分值)<br>评估指标 | 一级<br>(5) | 二级<br>(4) | 三级<br>(3) | 四级<br>(2) | 五级<br>(1) | 其他<br>(0) |
|---|---|---|---|---|---|---|
| 能见度(m) | ≤50 | 50～200 | 200～500 | 500～800 | 800～1500<br>或夜航 | ＞1500 |
| 航道水深 $H/d$ | ≤1.2 | 1.2～1.5 | 1.5～2.0 | 2.0～3.0 | 3.0～4.0 | ＞4.0 |
| 航道宽度 $B_0/B$ | ≤2 | 2～3 | 3～4 | 4～6 | 6～8 | ＞8 |
| 航道弯曲度(°) | ≥50 | 35～50 | 20～35 | 10～20 | 5～10 | ＜5 |
| 水流速度(m/s) | ≥5 | 4～5 | 3～4 | 2～3 | 1～2 | ＜1 |
| 风力(级) | ≥12 | 10～12 | 8～10 | 6～8 | 4～6 | ＜4 |
| 交通流量(艘次/天) | ≥2000 | 1750～2000 | 1500～1750 | 1250～1500 | 500～1250 | ＜500 |
| 航标完备率(%) | ≤70 | 70～80 | 80～90 | 90～95 | 95～100 | 100 |

### 4.3.2 基于结构方程的通航环境风险评估模型

通过分析 2001—2012 年长江浅险航段水上交通安全事故和险情的详细资料,选取其中 100 例事故和险情的数据作为模型构建的基础样本数据。

1)单指标风险评估

根据基于单因素突变的风险评估模型式(3-1)和表 4.19,对事故案例的 8 个风险指标变量进行单因素风险评估,计算得出 8 个单指标变量风险值,从而实现指标的正向处理。

2)模型构建

根据多指标多因素结构方程模型 MIMIC 的原理,在浅险航段风险评估指标变量的基础上,以 MIMIC 结构方程模型量化潜变量与可观测变量之间,以及潜变量与潜变量之间的结构关系。本书确定浅险航段通航环境综合风险 $y$ 为内生变量(唯一潜变量),各风险指标 $x_1 \sim x_8$ 为外生变量,则浅险航段通航环境多因素耦合风险结构方程模型结构见图 4.3。

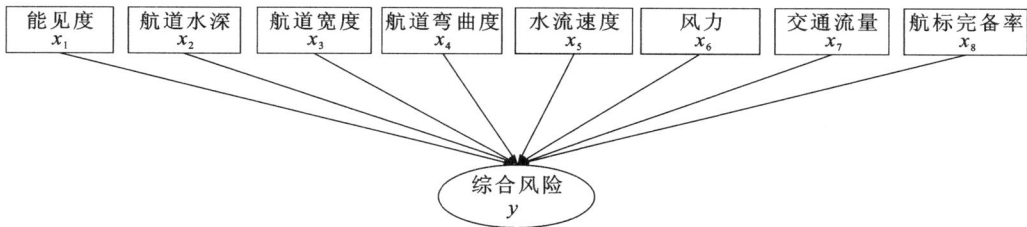

**图 4.3 浅险航段通航环境风险评估结构方程模型结构**

根据基于结构方程的加权多因素耦合风险评估模型式(3-6),浅险航段基于结构方程的多因素耦合风险评估模型为:

$$y = \alpha_1 x_1 + \alpha_2 x_2 + \alpha_3 x_3 + \alpha_4 x_4 + \alpha_5 x_5 + \alpha_6 x_6 + \alpha_7 x_7 + \alpha_8 x_8 \quad (4\text{-}7)$$

式中    $y$ ——浅险航段通航环境综合风险;

       $x_1$ ——能见度指标变量;

       $x_2$ ——航道水深指标变量;

       $x_3$ ——航道宽度指标变量;

       $x_4$ ——航道弯曲度指标变量;

       $x_5$ ——水流速度指标变量;

       $x_6$ ——风力指标变量;

       $x_7$ ——交通流量指标变量;

       $x_8$ ——航标完备率指标变量;

$\alpha_1 \sim \alpha_8$——各风险因素(指标变量)权重,为$[0,1]$数值。

3)模型参数计算与检验

首先,采用基于单因素突变的风险评估模型式(3-1),并根据表 4.19,对 100 例样本的 8 个风险指标变量进行单因素风险评估,得到 100 例样本的 8 个风险指标变量 $x_1 \sim x_8$ 值;同时,根据 100 例样本的事故险情分析,得到 100 例样本的 $y$ 状态值。然后,根据所构建的浅险航段结构方程的多因素耦合风险评估模型式(4-7),将所得到的 100 例样本的 $x_1 \sim x_8$ 及 $y$ 值作为输入数据,运用 AMOS 软件进行结构方程模型求解,其结构方程路径图见图 4.4。

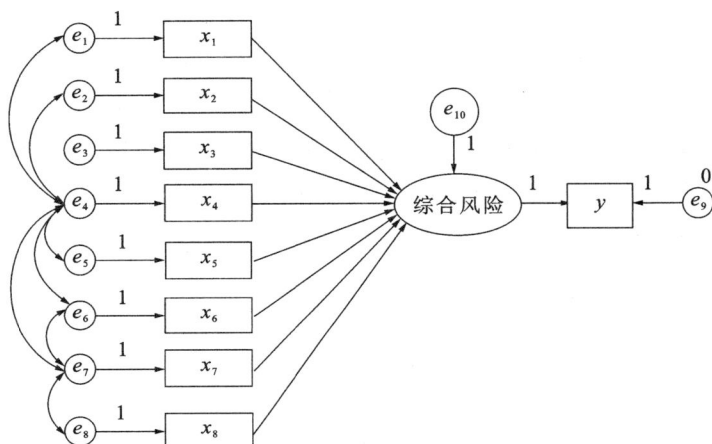

**图 4.4　AMOS 软件中构建的结构方程路径图**

通过 AMOS 软件的结构方程模型的模拟运算,得出各指标变量 $x_1 \sim x_8$ 对综合风险度 $y$ 之间的路径系数,见表 4.20。

**表 4.20　浅险航段结构方程模型的参数估计值**

| | 未标准化回归系数 | 标准化回归系数 |
| --- | --- | --- |
| 综合风险度←$x_1$ | 0.552 | 0.798 |
| 综合风险度←$x_2$ | 0.489 | 0.786 |
| 综合风险度←$x_3$ | 0.398 | 0.693 |
| 综合风险度←$x_4$ | 0.454 | 0.713 |
| 综合风险度←$x_5$ | 0.469 | 0.765 |
| 综合风险度←$x_6$ | 0.480 | 0.782 |
| 综合风险度←$x_7$ | 0.387 | 0.680 |
| 综合风险度←$x_8$ | 0.127 | 0.323 |
| $y$←综合风险度 | 1.000 | 1.000 |

表 4.20 中的回归系数表示各观测变量能被其潜在变量所解释的程度,即各风险影响指标变量 $x_1 \sim x_8$ 对综合风险度 $y$ 的反映值。在 8 个指标变量中,能见度 $x_1$ 对综合风险 $y$ 的影响最大,按影响大小排序依次是:能见度 $x_1$、航道水深 $x_2$、风力 $x_6$、水流速度 $x_5$、航道弯曲度 $x_4$、航道宽度 $x_3$、交通流量 $x_7$、航标完备率 $x_8$,这与长江水上交通安全事故致因的实际情况基本相符。

根据标准化回归系数,浅险航段基于结构方程的多因素耦合风险评估模型为:

$$y = 0.798x_1 + 0.786x_2 + 0.693x_3 + 0.713x_4 + 0.765x_5 + 0.782x_6 + 0.680x_7 + 0.323x_8 \tag{4-8}$$

式中　　$y$——浅险航段通航环境综合风险值;$y \geq 5$ 为一级风险;$4 \leq y < 5$ 为二级风险;$3 \leq y < 4$ 为三级风险;$2 \leq y < 3$ 为四级风险;$1 \leq y < 2$ 为五级风险;

　　　　$x_1$——能见度;

　　　　$x_2$——航道水深;

　　　　$x_3$——航道宽度;

　　　　$x_4$——航道弯曲度;

　　　　$x_5$——水流速度;

　　　　$x_6$——风力;

　　　　$x_7$——交通流量;

　　　　$x_8$——航标完备率。

$x_1 \sim x_8$ 值为 5(一级风险),4(二级风险),3(三级风险),2(四级风险),1(五级风险)。

模型适配度的相关统计量见表 4.21。

表 4.21　浅险航段多因素耦合风险评估结构方程模型适配度检验摘要表

| 统计检验量 | 适配的标准或临界值 | 检验结果 | 模型适配判断 |
|---|---|---|---|
| 绝对适配度指数 | | | |
| $\chi^2$ 值 | $P > 0.05$ | $17.201(P = 0.699 > 0.05)$ | 是 |
| RMR 值 | $< 0.05$ | 0.070 | 否 |
| RMSEA | $< 0.05$ 优良;$< 0.08$ 良好 | 0 | 是 |
| GFI | $> 0.9$ 以上 | 0.968 | 是 |
| AGFI | $> 0.9$ 以上 | 0.931 | 是 |

**续表 4.21**

| 统计检验量 | 适配的标准或临界值 | 检验结果 | 模型适配判断 |
|---|---|---|---|
| 增值适配度指标 | | | |
| NFI | >0.9 以上 | 0.947 | 是 |
| RFI | >0.9 以上 | 0.911 | 是 |
| IFI | >0.9 以上 | 1.053 | 是 |
| TLI 值(NNFI 值) | >0.9 以上 | 1.031 | 是 |
| CFI | >0.9 以上 | 1.000 | 是 |
| 简约适配度指数 | | | |
| PGFI | >0.50 | 0.556 | 是 |
| PNFI | >0.50 | 0.567 | 是 |
| PCFI | >0.50 | 0.592 | 是 |
| CN | >200 | 198 | 否 |
| $\chi^2$ 自由度比 | <2.00 | 0.821 | 是 |
| AIC | 理论模型值小于独立模型值,且同时小于饱和模型值 | 64.312<324.537<br>64.312<90.000 | 是 |
| CAIC | 理论模型值小于独立模型值,且同时小于饱和模型值 | 151.231<356.983<br>151.231<252.233 | 是 |

模型式(4-8)的自由度为 21,整体适配度的卡方值等于 17.201,显著性概率值 $P=0.699>0.05$,接受虚无假设,则表明总体方差协方差 $\sum$ 矩阵与 $\sum(\theta)$ 矩阵的差异显著性为 0,则构建的理论模型与实际数据可以契合。从其他适配度指标来看,卡方自由度比值为 $0.821<2.00$,RMSEA 值为 $0<0.05$,GFI 值为 $0.968>0.90$,AGFI 值为 $0.931>0.90$,NFI 值为 $0.947>0.90$,RFI 值为 $0.911>0.90$,TLI 值 $1.031>0.90$,CFI 值为 $1.000>0.90$,均达到模型可以接受的标准。整体来说,从主要适配度统计量来看,构建的浅险航段多因素耦合风险评估结构方程模型与实际数据可以适配。

用上述浅险航段多因素耦合风险评估模型式(4-8)对 100 起长江浅险航段事故险情进行风险评估,100 起案例中有 92 起案例风险评估的计算值与实际值一致,可靠率为 92%。

### 4.3.3　基于 BP 人工神经网络的通航环境风险评估模型

1)网络构建

根据基于单因素突变的风险评估模型式(3-1),并根据表 4.19,对 8 个浅险航段风险指标变量进行单因素风险评估,可得到 8 个单指标变量风险值。在此基础上,以多例水上交通事故险情案例为样本,构建输入 $X_k = \{x_i:$ 浅险航段通航环境各风险因素(指标)风险值, $i = 1,2,\cdots,8\}$ ,输出 $Y_k = \{y:$ 浅险航段通航环境综合风险值} 的 BP 人工神经网络的多因素耦合风险评估模型,即:输入神经元数为 8 个,输出神经元数为 1 个,隐含层神经元数为 20 个(多次测算),即构成一 $8 \times 20 \times 1$ 的三层 BP 人工神经网络模型(图 4.5)。其中, $y$ 和 $x_1 \sim x_8$ 的取值同式(4-8)。

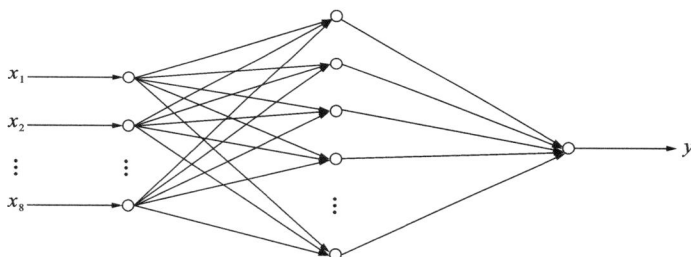

**图 4.5　通航环境风险评估 BP 人工神经网络模型**

输入层神经元传递函数采用 S 型正切函数 tansig,隐含层神经元的传递函数采用 S 型正切函数 tansig,输出层神经元传递函数采用 purelin 函数,训练函数采用 trainlm,学习函数采用 learngdm,性能函数采用 mse。

2)网络训练

通过分析 2001—2012 年长江浅险航段水上交通安全事故和险情的详细资料,选取其中 100 例事故和险情的数据作为模型样本数据。采用 MAT-LAB 编写相应程序,实现模型构建。网络训练的次数初步设定为 50000,并设定每 1000 轮回显示一次结果,学习速率设定为 0.05;进行训练,当第 3943 次训练后,网络性能达到要求。网络的学习曲线如图 4.6 所示,可以看出网络训练所得的误差很小,达到目标值。

3)仿真运算

应用 sim()函数对 100 个典型事故案例进行仿真。仿真值与实际值的绝对误差均较小,相对误差率均低于 10%,且有 56% 的案例相对误差率低于1%,见本书附录一。图 4.7 为网络仿真输出结果与案例实际结果对比图。

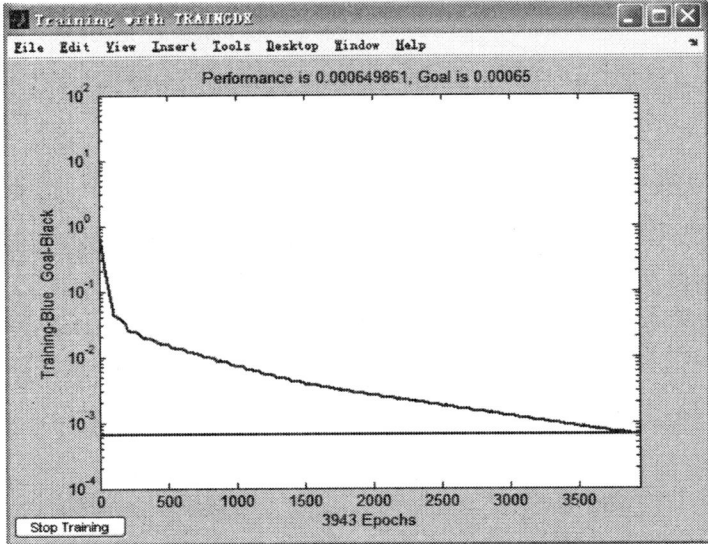

**图 4.6　浅险航段风险评估 BP 人工神经网络训练结果**

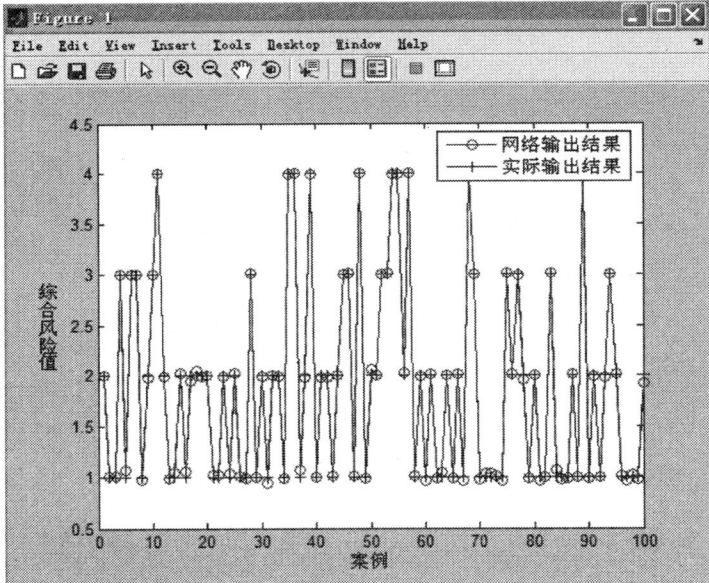

**图 4.7　BP 人工神经网络模型输出数据与实际数据对比图**

由此表明,所构建的 $8\times20\times1$ 三层 BP 人工神经网络风险评估模型(图 4.5)性能好,可应用于长江浅险航段水上交通多因素耦合风险评估。

利用训练好的 BP 网络模型(图 4.5)对样本之外的两个浅险航段事故数据进行仿真,其运算程序及输出结果为:

```
％利用训练好的网络进行训练
％当用训练好的网络对新数据 pnew 进行预测时,也应作相应处理
pnew＝[0 0 1 1 0 0 1 0；3 2 0 0 0 0 0 1]′;        ％新的事故数据
anew＝sim(net,pnew);                             ％仿真
MATLAB 网络输出为:
    anew ＝2.097    4.302
```

对应的两个事故的实际风险值为 2.097(四级)、4.302(二级),模型仿真评估值与实际值一致。

### 4.3.4　两种模型事故案例验证比较分析

为验证所构建的浅险航段结构方程风险评估模型与 BP 人工神经网络风险评估模型的可行性与实用性,选取中华人民共和国长江海事局编著的《长江水上交通事故典型案例(2001—2005)》[37]和《长江水上交通事故典型案例(2006—2010)》[38]中的若干事故案例进行模型验证。

1)案例一:典型浅险航段船舶搁浅事故——2003 年枝江"2·11"鄂石 602 油船队搁浅事故

(1)事故基本情况[37]

2003 年 2 月 11 日约 02:20 时,湖北石油汉通运输有限责任公司所属"鄂石 602"油船队在长江中游枝江水道陈家渡水域(长江中游航道里程 539km 处)触沙包搁浅。自救过程中,船队失控倒头困边,所拖"中南石 1001"驳船左舷尾 7 号舱破裂,少量汽油渗漏,对通航造成较大影响。

航道内水深不足是事故发生的客观原因。事发时,枝江水道严重出浅,影响船舶航行安全,航道部门已连续多日进行施工维护,但航道内有浅点,实际水深未达到维护水深。

(2)船舶情况

"鄂石 602"轮:所有人、经营人为湖北石油汉通运输有限责任公司,船籍港:武汉,船舶种类:油船,船体材料:钢质,总长 35.00m,型宽 8.40m,型深3.10m,船舶前吃水 2.20m、后吃水 2.40m,总吨 389t,净吨 116t,主机功率 397kW。船舶适航证书有效期至 2003 年 5 月 9 日止,建造完工日期为 1995 年 5 月 18 日。

"中南石 1001"油驳:所有人中国石化集团湖北石油总公司,船舶经营人湖北石油汉通运输有限责任公司,船籍港:武汉,船舶种类:油驳,总长66.00m,型宽 11.00m,型深 3.20m,船舶前吃水 2.20m、后吃水 2.20m,总吨

695t,净吨 584t。船舶适航证书有效期至 2003 年 12 月 7 日止,建造完工日期为 1995 年 1 月 1 日。

（3）事发时通航环境情况

枯水期,枝江水道是长江中游著名浅窄弯曲航段。事发时,枝江水道严重出浅,影响船舶航行安全,航道部门已连续多日进行施工维护,当天航道部门对外公布的维护尺度为 2.8 m(或 2.9 m)×60m,该船队实际吃水为 2.4m,留有足够的富余水深。该船队在航标标示的主航道内搁浅,表明航道内有浅点,实际水深未达到维护水深,船舶通过实施单向通航控制。

事发水域水流流速较大,流向与航道走向有一定夹角,水流扫向南岸。

事发时,船舶夜航,能见度受到影响。

（4）单指标风险评估值

根据基于单因素突变的风险评估模型式（3-1）和表 4.19,对本案例进行单因素风险评估,可得到 8 个单指标风险值,见表 4.22。

**表 4.22　案例一单指标风险值**

| 风险指标变量 | 风险状态 | 风险值 |
|---|---|---|
| 能见度 $x_1$ | 事发时,船舶夜航 | 1 |
| 航道水深 $x_2$ | 事发时,枝江水道严重出浅 | 5 |
| 航道宽度 $x_3$ | 约 60m,为油驳宽度的 5.45 倍 | 2 |
| 航道弯曲度 $x_4$ | 枝江水道是长江中游著名浅窄弯曲航段 | 2 |
| 水流速度 $x_5$ | 水流流速较大 | 2 |
| 风力 $x_6$ | 无影响 | 0 |
| 交通流量 $x_7$ | 事发时,船舶密度低 | 0 |
| 航标完备率 $x_8$ | 100% | 0 |

（5）综合风险评估结果

根据前述所构建的结构方程多因素耦合风险评估模型式（4-8）和 BP 人工神经网络多因素耦合风险评估模型（图 4.5）,计算本案例综合风险值,结果见表 4.23。

**表 4.23　案例一两种模型综合风险评估值**

| | 结构方程多因素耦合<br>风险评估模型 | BP 人工神经网络多因素<br>耦合风险评估模型 |
|---|---|---|
| 模型计算 Y 值 | 9.070 | 9.102 |
| 风险等级 | 一级 | 一级 |

由表4.23可知,两个多因素耦合风险评估模型对本案例的评估结果差异不大。事故发生时,航道内水深不足是事故发生的主要客观原因;此外,该水域是长江中游著名浅窄弯曲航段,且水流流速较大并与航道走向有一定夹角,而船员对事发水域的特殊情况不够熟悉,及时应变不够。航段综合风险评估等级为一级。

2)案例二:典型浅险航段船舶触礁事故——2006年鄂州"12·8"鄂州货0333轮触礁事故

(1)事故基本情况[38]

2006年12月8日00:05时,湖北长泰航运有限公司"鄂州货0333"轮在长江下游沙洲水道观音阁水域(长江下游航道里程947.2km处)触礁,船体艏部、中部底板、舭板多处破损,车、尾轴系、舵系变形。

沙洲水道是长江著名的浅险水域,气象因素和事发水域航行条件复杂是事故发生的客观原因。事发时,鄂州港阵风达6级,"鄂州货0333"轮吃水浅、干舷高,船体受风面积大,加大了船舶控制难度。熊家沟码头处在鄂黄大桥桥区水域内,外有礁石群,礁石群以南只有约50m宽的可航安全水域,船舶操作稍有不当,易发生触礁事故。驾驶人员对事发水域环境和状况不熟悉,错误选择航路,使船舶进入了礁石群危险区,造成本次事故。

(2)船舶情况

"鄂州货0333"轮:所有人、经营人为湖北长泰航运有限公司,2001年7月8日建造完工,船籍港:湖北鄂州,船舶总长60.00m,型宽11.90m,型深3.90m,总吨562t,净吨315t,主机功率2×202kW。

(3)事发时通航环境情况

水文情况:汉口水位3.79m(落);黄石水位3.16m(落)。

气象情况:事发时小雨,气温4～6℃,阵风达6级,船舶夜航。

航道情况:沙洲水道观音阁水域江面宽阔,观音阁下游为鄂黄长江公路大桥。鄂黄长江公路大桥上游500～2000m、距右岸水沫线约150m范围为大脚石礁石群和观音阁礁石群,枯水期部分礁石露出水面;礁石群与右岸间宽约50m水域可通航小型船舶,内有鄂州市熊家沟码头等多座浮式码头。主航道右岸一侧自上游至下游设有观音阁红灯船和3座大桥桥区引航道红浮,主航道及礁石群与右岸间可航水域水流较平缓,暗礁上有泡漩和花水。

事发时,航标灯光正常,水流较为平稳。

事故发生时,通航秩序正常。

（4）单指标风险评估值

根据基于单因素突变的风险评估模型式（3-1）和表 4.19，对本案例进行单因素风险评估，可得到 8 个单指标风险值，见表 4.24。

**表 4.24　案例二单指标风险值**

| 风险指标变量 | 风险状态 | 风险值 |
|---|---|---|
| 能见度 $x_1$ | 能见距离 1000m 左右，夜航 | 1 |
| 航道水深 $x_2$ | 航段暗礁多，且枯水期部分礁石露出水面 | 2 |
| 航道宽度 $x_3$ | 航段江面宽阔，但礁石群、浮式码头、浮标较多 | 1 |
| 航道弯曲度 $x_4$ | 弯曲度不大 | 0 |
| 水流速度 $x_5$ | 水流平稳 | 0 |
| 风力 $x_6$ | 阵风 6 级 | 2 |
| 交通流量 $x_7$ | 船舶密度小，通航秩序正常 | 0 |
| 航标完备率 $x_8$ | 100% | 0 |

（5）综合风险评估结果

根据前述所构建的结构方程多因素耦合风险评估模型式（4-8）和 BP 人工神经网络多因素耦合风险评估模型（图 4.5），计算本案例综合风险值，结果见表 4.25。

**表 4.25　案例二两种模型综合风险评估值**

| | 结构方程多因素<br>耦合风险评估模型 | BP 人工神经网络多因素<br>耦合风险评估模型 |
|---|---|---|
| 模型计算 Y 值 | 4.627 | 4.714 |
| 风险等级 | 二级 | 二级 |

由表 4.25 可知，两个多因素耦合风险评估模型对本案例的评估结果差异不大。事故发生时，水道浅险和气象因素是事故发生的主要客观原因。航段综合风险等级为二级。

3）案例三：典型弯曲繁忙航段船舶碰撞事故——2004 年岳阳"10·11"鄂浠水拖 0085 船队与湘岳渔 101 渔船碰撞事故

（1）事故基本情况[37]

2004 年 10 月 11 日约 05:50 时，湖北浠水县巴河镇马骑山村个体所有"鄂浠水拖 0085"船队与正在捕捞作业的个体渔船"湘岳渔 101-070214"在长江中游城陵矶三江口水域（长江中游航道里程 231.2km 处）发生碰撞，"湘岳渔 101-070214"渔船翻覆,1 人失踪,见图 4.8。

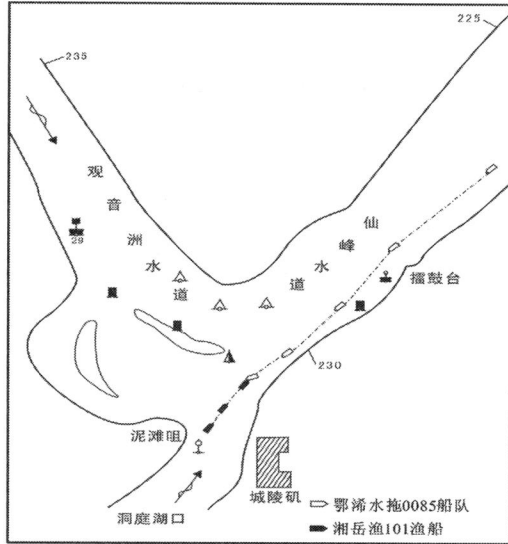

**图 4.8　"鄂浠水拖 0085"船队与"湘岳渔 101"渔船碰撞事故示意图**

城陵矶三江口水域是长江干线与洞庭湖的交汇处,是通航环境较为复杂的航段。该水域航道弯曲、水流紊乱,船舶流量大,是事故、险情多发水域。此外,事故发生时,大雾,能见度低。在此条件下,船舶冒险航行,未按规定鸣放雾号,且疏忽瞭望,导致了事故发生。

(2)船舶情况

"鄂浠水拖 0085"船队:湖北省浠水县巴河镇个体所有,由拖船"鄂浠水拖0085"及"浠水驳 0338""浠水驳 0339"组成,两驳并列,左梭编队。"鄂浠水拖0085"拖船,总长 24.5m,船宽 6.2m,型深 2.00m,满载吃水 1.5m,总吨 101t,净吨 30t,主机功率 176.4kW(2×88.2 kW),适航证书有效期至 2004 年 12 月20 日止。

湘岳渔 101-070214 渔船:湖南常德市澧县张某所有,木质捕捞渔船,船籍港:岳阳;船长 8m,船宽 1.7m,船深 0.5m,总吨 3t,主机功率 3.5kW,操舵装置挂机;证书有效期:2004 年 9 月 20 日—2005 年 9 月 19 日止。

(3)事发时通航环境情况

事发当日有雾,能见度不足 200m。

城陵矶水位 9.53m,退水,水流平缓。

事发时,水域船舶流量大,特别是进出洞庭湖口超载运砂船舶、运煤船、芦苇船较多,另有港区作业船和观音洲 4 艘渡船横江渡运。

（4）单指标风险评估值

根据基于单因素突变的风险评估模型式（3-1）、表 4.19，对本案例进行单因素风险评估，可得到 8 个指标变量风险值，见表 4.26。

表 4.26　案例三单指标风险值

| 风险指标变量 | 风险状态 | 风险值 |
|---|---|---|
| 能见度 $x_1$ | 能见度不足 200m，夜航 | 4 |
| 航道水深 $x_2$ | 事发时，航道水深充足 | 0 |
| 航道宽度 $x_3$ | 航道宽度充足 | 0 |
| 航道弯曲度 $x_4$ | 水域航道弯曲度大 | 5 |
| 水流速度 $x_5$ | 水流平稳 | 0 |
| 风力 $x_6$ | 无影响 | 0 |
| 交通流量 $x_7$ | 船舶密度大 | 2 |
| 航标完备率 $x_8$ | 100% | 0 |

（5）综合风险评估结果

根据前述所构建的结构方程多因素耦合风险评估模型式（4-8）和 BP 人工神经网络多因素耦合风险评估模型（图 4.5），计算本案例综合风险值，结果见表 4.27。

表 4.27　案例三两种模型综合风险评估值

| | 结构方程多因素耦合风险评估模型 | BP 人工神经网络多因素耦合风险评估模型 |
|---|---|---|
| 模型计算 Y 值 | 8.117 | 8.154 |
| 风险等级 | 一级 | 一级 |

由表 4.27 可知，两个多因素耦合风险评估模型对本案例的评估结果差异不大。事故发生时，大雾，能见度不良，加之该航段水域航道弯曲、水流紊乱，纵向和横向船舶流量均很大，航段通航环境综合风险高，为一级风险。

4）案例四：典型弯曲狭窄航段货物落江事故——2009 年宜昌"8·10"航龙 518 轮集装箱落江事故

（1）事故基本情况[38]

2009 年 8 月 10 日 23：20 时许，重庆市丰都航龙船务有限公司"航龙 518"轮载 176 标箱，下行至石牌水域（长江上游航道里程 23.0km 处）发生船舶严重倾斜，62 个集装箱落入江中（其中危险品集装箱 12 个），23 个集装箱箱体不同程度受损,见图4.9。

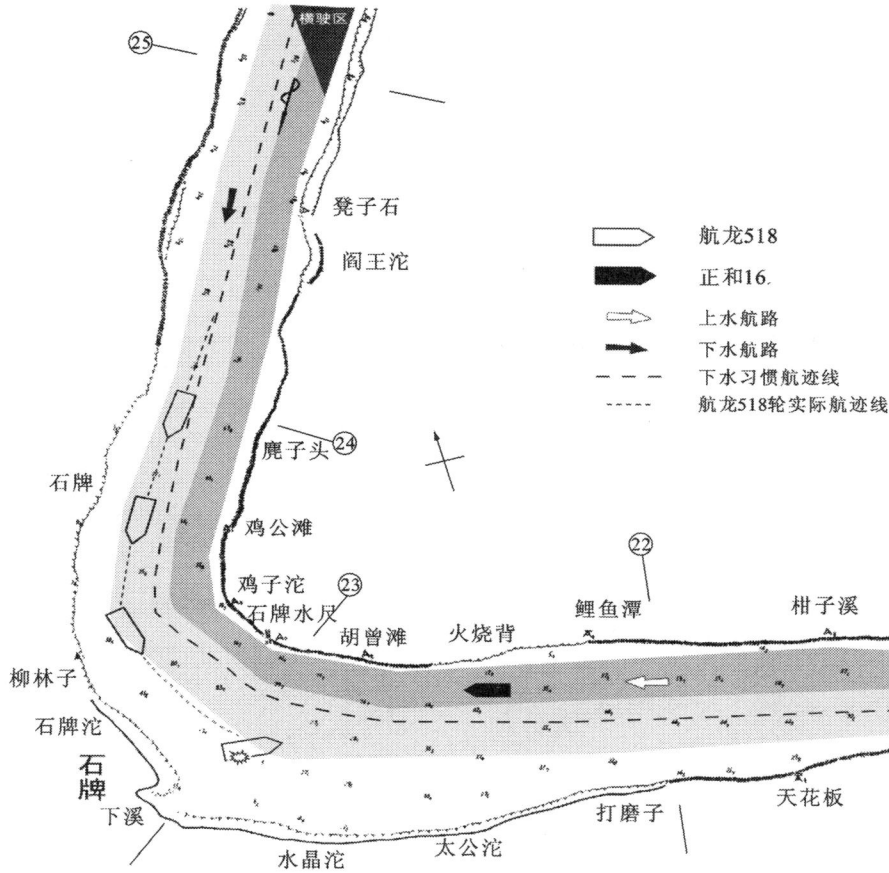

**图 4.9　航龙 518 轮集装箱落江事故示意图**

事发水域航行条件复杂是事故发生的客观原因。石牌弯道属川江山区急弯航段,曲率半径约 750m,河床极不规则。事发时,三峡大坝下泄流量大,石牌河段泡喷强劲,流态紊乱,扫弯水强,船舶航行较困难,客观上加大了船舶操纵难度。在此情况下,船员对复杂航段操作和应急处置能力较差,对集装箱的系固是否仍能满足安全需要估计不足,导致事故发生。

(2)船舶情况

"航龙 518"轮:所有人为重庆市丰都航龙船务有限公司、经营人为民生轮船有限公司,2004 年 12 月 30 日建造完工,船籍港:重庆丰都,船舶总长 91.38m,型宽 13.80m,型深 4.70m,总吨 2086t,净吨 1168t,主机功率 2×220kW,证书齐全有效。

该轮允许装载 176 标箱,箱位共分 11 排 4 列 4 层,其中舱内 2 层,舱口以

上 2 层,每层可装载 44 标箱。事发时,航龙 518 轮实际载货 155 个集装箱
(20′F　134 个;40′F　21 个)计 176 标箱,各层分别装载 44 标箱,共装载塑
料、玻璃纤维、日用品、摩托车、榨菜及危险货物高锰酸钾等 3256t,其中,载有
20′F　24 个危险品集装箱(高锰酸钾集装箱 9 个,高锰酸钠集装箱 2 个,氢氧
化钾集装箱 7 个,碳酸钡集装箱 4 个,磷酸集装箱 2 个)。

（3）事发时通航环境情况

水文情况:2009 年 8 月 10 日 22:00 时,三峡出库流量 32590m³/s,石牌水
位 67.07m;24:00 时,三峡出库流量 31892m³/s,石牌水位 66.87m。

气象情况:水域晴天,能见度 1200m,气温 29.9～26.7℃,无风。船舶
夜航。

航道情况:事发水域地处石牌弯道,江面弯曲狭窄,属川江山区航道;河
床为岩石地质,河段内平面形态呈 90°急弯,曲率半径约 750m,河床两岸岸
嘴、石盘突出,岸线极不规则。葛洲坝坝上水位 66.0m 时,进口段和出口段附
近的河面宽度约为 360m,弯道顶点处河面宽度约为 450m。水流流速在三峡
大坝下泄流量 30000m³/s 时,约 2.0m/s,流态紊乱,泡喷强劲,石牌水尺处斜
流直冲南岸,形成扫弯水。

事发时,石牌水域附近航标正常,水域通航秩序正常。

（4）单指标风险评估值

根据基于单因素突变的风险评估模型式(3-1)、表 4.19,对本案例进行单
因素风险评估,可得到 8 个风险指标变量值,见表 4.28。

表 4.28　案例四单指标风险值

| 风险指标变量 | 风险状态 | 风险值 |
| --- | --- | --- |
| 能见度 $x_1$ | 夜航 | 1 |
| 航道水深 $x_2$ | 事发时航段水深良好 | 0 |
| 航道宽度 $x_3$ | 航段宽度充足 | 0 |
| 航道弯曲度 $x_4$ | 90°急弯,俗称"大拐" | 5 |
| 水流速度 $x_5$ | 2.0m/s,流态紊乱 | 1 |
| 风力 $x_6$ | 无风 | 0 |
| 交通流量 $x_7$ | 上、下行船舶密度小 | 0 |
| 航标完备率 $x_8$ | 100% | 0 |

（5）综合风险评估结果

根据前述所构建的结构方程多因素耦合风险评估模型式（4-8）和 BP 人工神经网络多因素耦合风险评估模型（图 4.5），计算本案例综合风险值，结果见表 4.29。

**表 4.29　案例四两种模型综合风险评估值**

| | 结构方程多因素<br>耦合风险评估模型 | BP 人工神经网络多因素<br>耦合风险评估模型 |
| --- | --- | --- |
| 模型计算 Y 值 | 5.128 | 5.141 |
| 风险等级 | 一级 | 一级 |

由表 4.29 可知，两个多因素耦合风险评估模型对本案例的评估结果相差不大。事发的石牌弯道属川江山区"大拐"航段，河道极不规则，加之事发时三峡大坝下泄流量较大，流态紊乱，加大了船舶操纵难度。此外，事发时船舶夜航，能见度也受到了影响。航段通航环境综合风险评估为一级。

5）案例五：典型浅窄航段船舶触礁沉没事故——2003 年重庆"2·10"东风 6 号轮触礁沉没事故

（1）事故基本情况[37]

2003 年 2 月 10 日 17:32 时，重庆市涪陵区洪州船务有限公司"东风 6 号"轮在重庆反水碛水域（长江上游航道里程 572.7km 处）触礁，后收船至莲二沱水域沉没。

17:30 时"东风 6 号"轮在反水碛 2 号红浮右舷会过"飞达 2 号"轮。"东风 6 号"将到反水碛 2 号红浮时发现"广运 1 号"机驳出黄草峡峡口下行，用甚高频联系未听到回答后，仍然盲目上行，未考虑时值枯水期，龙蛇子到羊子石河段狭窄，船舶间会船困难，由此在反水碛 3 号红浮下造成与下行船间的会让紧迫局面，加之避让措施不当，造成触礁划舱。船舶中部大舱划破大量进水，在金彩背上角莲二沱水域沉没。

（2）船舶情况

"东风 6 号"轮：所有人为重庆市涪陵区洪州船务有限公司，船籍港：涪陵，罐装化学品船，2002 年 5 月 10 日建造完工；船长 45m，型宽 8.4m，型深 2.55m，总吨 310t，净吨 173t，主机功率 272kW，满载吃水 1.9m；证书有效，船舶适航。

（3）事发时通航环境情况

事发时，天气晴，能见度好，青岩子水位 0.4m（落）。

南岸反水碛、大头梁与北岸伸布之癞子石、马蜂堆、横梁马绊对峙,航道狭窄。枯水期主流由河心直冲反水碛脑受阻,偏北岸经癞子石至马蜂堆脑,移出河心直抵大梁偏南岸下,达大梁头尾由河心下流。反水碛淹没前有斜流,其下有夹堰掩塘。龙蛇子到羊子石不能会船,上行船应在龙蛇子下稳船等让。

（4）单指标风险评估值

根据基于单因素突变的风险评估模型式（3-1）、表 4.19,对本案例进行单因素风险评估,可得到 8 个指标变量风险值,见表 4.30。

表 4.30　案例五单指标风险值

| 风险指标变量 | 风险状态 | 风险值 |
|---|---|---|
| 能见度 $x_1$ | 能见度好 | 0 |
| 航道水深 $x_2$ | 枯水期,航道浅险 | 2 |
| 航道宽度 $x_3$ | 航段狭窄,枯水期不能会船 | 3 |
| 航道弯曲度 $x_4$ | 弯曲度不大 | 0 |
| 水流速度 $x_5$ | 水流速度不大 | 0 |
| 风力 $x_6$ | 无影响 | 0 |
| 交通流量 $x_7$ | 事发时,船舶流量不大 | 0 |
| 航标完备率 $x_8$ | 100% | 0 |

（5）综合风险评估结果

根据前述所构建的结构方程多因素耦合风险评估模型式（4-8）和 BP 人工神经网络多因素耦合风险评估模型（图 4.5）,计算本案例综合风险值,结果见表 4.31。

表 4.31　案例五两种模型综合风险评估值

|  | 结构方程多因素<br>耦合风险评估模型 | BP 人工神经网络多因素<br>耦合风险评估模型 |
|---|---|---|
| 模型计算 Y 值 | 3.651 | 3.723 |
| 风险等级 | 三级 | 三级 |

由表 4.31 可知,两个多因素耦合风险评估模型对本案例的评估结果差异不大。事故发生于长江上游枯水期不能会船的狭窄航段,由于当班驾驶员冒险航行,与下行船舶形成会让困难局面,致使事故发生。事故发生时,航段通航环境综合风险为三级。

## 4.4　基于多因素耦合的船舶航行风险评估

### 4.4.1　船舶航行风险评估指标

船舶航行过程中，如果船舶配备有足够称职的人员，并且船舶也具有良好的操作性能，则船舶航行安全就取决于周围环境的影响。船舶航行的客观环境包括航道条件、水流特性、气象因素等。近年来，随着长江航运业的快速发展，船舶交通流密度急剧增加，加之长江干线上跨河桥梁及其他水工建筑物增多，重大水上交通事故时有发生，其中碰撞事故约占水上交通事故的60％以上。由于船舶碰撞事故可能造成船舶和水上建筑的损失，所载货物的灭失及船员、旅客人身伤亡和财产损失等，且可能引起连带的经济赔偿纠纷或者水域环境污染，因此受到广泛的关注。目前，长江船舶航行过程中，除了气象、水流和水深条件等自然条件影响外，交通流密集、跨河桥梁和水工施工建筑物等因素也成为影响长江船舶操控安全的主要因素。

影响船舶航行环境风险的因素众多，为了对航行船只及时进行风险预警预控，选取其中主要、关键的影响因素作为评估指标。通过长江多例船舶航行操控事故分析，结合专家意见和问卷调查[30-33]，本书认为影响船舶航行安全的风险因素主要包括：

（1）雾、霾、暴（大）雨、夜航等影响船舶航行视域，选取"能见度"指标；

（2）大风浪对船舶的稳定性产生不利影响，可能导致船舶偏航、船体倾斜甚至倾覆，而大浪主要由大风引起，故选取"风力"指标；

（3）水流特性是影响船舶操控的关键因素之一，为了简便，选取"水流速度"指标；

（4）衡量航道水深风险选取"安全富余水深"指标。"安全富余水深"为航道水深与船舶吃水之差（船底与航道水底间的安全距离值）。由于影响富余水深的因素较多且具有一定的不确定性，很难做到精确测算，如果富余水深保留过多，船运经济上将会受到一定的损失。因此，用船舶通过浅点、航道时的富余水深值来保证船舶航行安全是行之有效的。

（5）衡量航行船舶碰撞桥墩、水上施工建筑物、岸标等障碍物的风险，选取船舶与障碍物之间的"船物安全间距（船物间距/船宽）"为指标，一般航行船舶与障碍物间的距离小于1倍船宽时，船舶碰撞障碍物的风险增大。

（6）交通流密度大导致船舶间的平均间距小。船舶在对遇、追越和穿越时,由于存在兴波,二者之间会产生船吸效应;船速越大,船间距离越小,航行船舶之间的船吸效应越强烈。船吸效应是发生水上交通事故的重要诱因之一。目前,针对不同水域、不同船型和航速的最近会遇距离(DCPA)的精确计算有不同的认识和争议,本书选择相遇船舶的"船船安全间距(船舶间距/船长)"作为衡量航行船舶会遇风险的指标。一般,长江船舶避撞安全间距应该保证船舶停车后仍然能够掉头转向不受他船的限制,或预防他船不可预见动作的最小安全空间,安全半径可定为2倍船长。当船舶间距小于2倍船长时,船舶碰撞的风险增大。

(7)客(渡)船发生事故容易造成群死群伤,装载危化品的船舶发生事故对生态安全的负面影响更大,故选取"船载属性"为风险评估指标之一。

综上所述,结合多例长江航行船舶事故分析和问卷调查,本书认为船舶航行风险评估主要有7个指标,其风险分级及阈值划分见表4.32。

**表 4.32　船舶航行风险评估指标等级阈值划分**

| 风险等级(分值) 评估指标 | 一级 (5) | 二级 (4) | 三级 (3) | 四级 (2) | 五级 (1) | 其他 (0) |
|---|---|---|---|---|---|---|
| 能见度(m) | ≤50 | 50~200 | 200~500 | 500~800 | 800~1500 或夜航 | >1500 |
| 风力(级) | ≥12 | 10~12 | 8~10 | 6~8 | 4~6 | <4 |
| 水流速度(m/s) | ≥5 | 4~5 | 3~4 | 2~3 | 1~2 | <1 |
| 安全富余水深(m) | ≤0.2 | 0.2~0.4 | 0.4~0.6 | 0.6~0.8 | 0.8~1.0 | >1.0 |
| 船物安全间距(船物间距/船宽) | ≤1.0 | 1.0~1.2 | 1.2~1.4 | 1.4~1.7 | 1.7~2.0 | >2.0 |
| 船船安全间距(船舶间距/船长) | ≤2.0 | 2.0~2.2 | 2.2~2.4 | 2.4~2.7 | 2.7~3.0 | >3.0 |
| 船载属性 | — | — | 装载旅客 | 装载危化品 | 装载其他货物 | 无货载 |

### 4.4.2　基于结构方程的船舶航行风险评估模型

通过分析2001—2012年长江船舶水上交通安全事故和险情的详细资料,选取其中100例事故和险情的数据作为模型构建的基础样本数据。

1)单指标风险评估

根据基于单因素突变的风险评估模型式(3-1)和表4.32,对事故案例的7个风险指标变量进行单因素风险等级评估,可计算得出7个单指标变量风险值。

2)模型构建

根据多指标多因素结构方程模型 MIMIC 的原理,本书确定船舶航行综合风险 $y$ 为内生变量,各风险指标 $x_1 \sim x_7$ 为外生变量,则船舶航行风险结构方程模型结构见图 4.10。

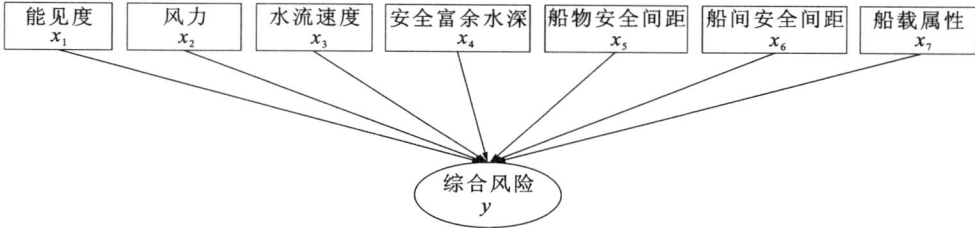

**图 4.10　船舶航行风险评估结构方程模型结构**

基于结构方程的船舶航行多因素耦合风险评估模型为:

$$y = \alpha_1 x_2 + \alpha_2 x_2 + \alpha_3 x_3 + \alpha_4 x_4 + \alpha_5 x_5 + \alpha_6 x_6 + \alpha_7 x_7 \qquad (4\text{-}9)$$

式中　$y$——船舶航行综合风险;

　　　$x_1$——能见度指标变量;

　　　$x_2$——风力指标变量;

　　　$x_3$——水流速度指标变量;

　　　$x_4$——安全富余水深指标变量;

　　　$x_5$——船物安全间距指标变量;

　　　$x_6$——船船安全间距指标变量;

　　　$x_7$——船载属性指标变量;

　　　$\alpha_1 \sim \alpha_7$——各风险因素(指标变量)权重,为 $[0,1]$ 数值。

运用 AMOS 软件对 100 例案例数据进行处理,得到结构方程模型为:

$$y = 0.811x_1 + 0.759x_2 + 0.766x_3 + 0.663x_4 + 0.788x_5 +$$
$$0.807x_6 + 0.652x_7 \qquad (4\text{-}10)$$

式中　$y$——船舶航行综合风险值,$y \geqslant 5$,为一级风险;$4 \leqslant y < 5$,为二级风险;$3 \leqslant y < 4$,为三级风险;$2 \leqslant y < 3$,为四级风险;$1 \leqslant y < 2$,为五级风险;

　　　$x_1$——能见度;

　　　$x_2$——风力;

　　　$x_3$——水流速度;

　　　$x_4$——安全富余水深;

　　　$x_5$——船物安全间距;

　　　$x_6$——船船安全间距;

$x_7$——船载属性。

$x_1 \sim x_7$ 值为 5(一级风险),4(二级风险),3(三级风险),2(四级风险),1(五级及以下风险)。

用上述结构方程模型式(4-10)对 100 起长江船舶航行安全事故险情进行风险评估,100 起案例中有 91 起案例的风险评估的计算值与实际值一致,可靠率为 91%。

### 4.4.3　基于 BP 人工神经网络的船舶航行风险评估模型

1)网络构建

根据基于单因素突变的风险评估模型式(3-1)和表 4.32,对 7 个船舶航行风险指标变量进行单因素风险评估,可得到 7 个单指标变量风险值。在此基础上,以多例水上交通事故险情案例为样本,构建输入 $X_k = \{x_i:$船舶航行各风险因素(指标)风险值,$i = 1, 2, \cdots, 7\}$,输出 $Y_k = \{y:$船舶航行综合风险值$\}$ 的 BP 人工神经网络的多因素耦合风险评估模型,即:输入神经元数为 7 个,输出神经元数为 1 个,隐含层神经元数为 20 个(多次测算),即构成一 $7 \times 20 \times 1$ 的三层 BP 人工神经网络模型图 4.11。其中,$y$ 和 $x_1 \sim x_7$ 的取值同式(4-10)。

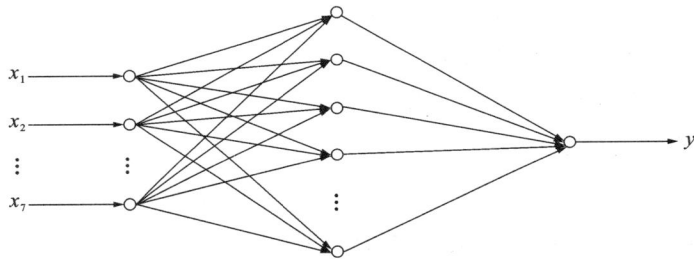

**图 4.11　船舶航行风险评估 BP 人工神经网络模型**

输入层神经元传递函数采用 S 型正切函数 tansig,隐含层神经元的传递函数采用 S 型正切函数 tansig,输出层神经元传递函数采用 purelin 函数,训练函数采用 trainlm,学习函数采用 learngdm,性能函数采用 mse。目标输出 $y$ 分别对应一级、二级、三级、四级、五级风险等级值的期望输出。

2)网络训练

通过分析 2001—2012 年长江船舶水上交通安全事故和险情的详细资料,选取其中 100 例事故和险情的数据作为模型构建的训练样本。采用 MAT-LAB 编写相应程序,实现模型构建。网络训练的次数初步设定为 50000,并设定每 1000 轮回显示一次结果,学习速率设定为 0.05;进行训练,当第 8710 次训练后，网络性能达到要求。网络的学习曲线如图 4.12 所示。

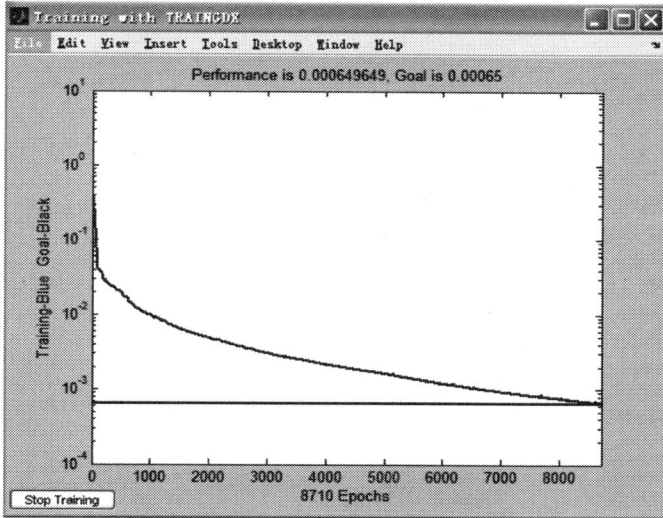

**图 4.12　船舶航行风险评估 BP 人工神经网络模型训练结果**

3）仿真运算

应用 sim()函数对 100 个典型事故案例进行仿真。仿真值与实际值的绝对误差均较小，且相对误差率均低于 10%，其中有 72% 的案例相对误差率低于 1%，表明构建的 BP 网络性能优良，将其应用于长江船舶航行综合风险评估可行。图 4.13 为网络仿真输出结果与案例实际结果对比图。

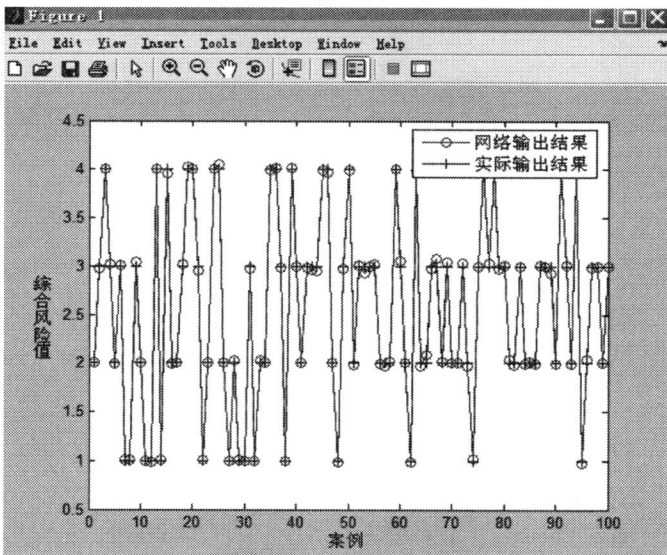

**图 4.13　BP 人工神经网络模型输出数据与实际数据对比图**

### 4.4.4 两种模型事故案例验证比较分析

为验证所构建的船舶航行结构方程风险评估模型与 BP 人工神经网络风险评估模型的可行性与实用性，选取中华人民共和国长江海事局编著的《长江水上交通事故典型案例（2001—2005）》[37] 和《长江水上交通事故典型案例（2006—2010）》[38] 中的若干事故案例进行模型验证。

1）案例一：客货船夜航碰撞事故——2008 年长寿"3·10"渝客 8 号轮与"民生"轮碰撞事故

（1）事故基本情况[37]

2008 年 3 月 10 日 20：19 时，重庆市客轮总公司短途客船"渝客 8 号"轮与重庆民生轮船有限公司滚装船"民生"轮在长寿强盗庙河心水域（长江上游航道里程 589.6km 处）发生碰撞，"渝客 8 号"轮部分客舱和船体破损，3 人死亡，13 人受伤；"民生"轮船艏部左舷局部破损，部分栏杆、船艏探照灯损坏，右锚丢失。

事发时，"渝客 8 号"轮发现与"民生"轮逼近时，采取双慢车（左右车速约 1000 转/min），用探照灯左右扫扫，以引起"民生"轮注意，希望对方主动避让，而未主动履行让路船、及早采取停车、倒车和右舵调顺船身等避让措施，导致紧迫局面出现。

（2）船舶及装载情况

"渝客 8 号"轮：所有人、经营人为重庆市客轮总公司，短途客船，船籍港：重庆，2000 年 1 月 20 日建造完工；船舶总长 44.8m，船宽 5.8m，型深 1.95m，总吨位 296t，净吨位 177t，满载排水量 144.158t，空载排水量 110.108t，主机功率 2×220kW；当班船员张某持内河三等驾驶员职务适任证书，航线：重庆至万州；事发时，装载乘客 75 人。

"民生"轮：所有人、经营人为重庆民生轮船有限公司，滚装船，船籍港：重庆，2000 年 5 月 7 日建造完工；船舶总长 76.80m，船宽 11.40m，型深 3.40m，总吨位 2408t，净吨位 1348t，满载排水量 1017.85t，空载排水量 628.55t，主机功率 2×551kW。经查，该轮所持船舶证书齐全有效。当班船员万某持内河一等大副适任证书，航线：重庆至上海黄浦江。事发时，装载商品车 262 辆。

（3）事发时通航环境情况

水文情况：骑马桥当地水位 5.5m。

气象情况：天气多云，气温 15.7℃；20：00 时，极大风速 1.6m/s（2 级）；能见距离 2000m；船舶夜航。

　　航道情况:事发水域航道较顺直,水流平缓;事发水域上下各 1000m 范围内分别有白鹭嘴与担子石、强盗庙与灶门子、田家滩与菜子滩等石嘴束窄航道,强盗庙与灶门子航宽约 150m。事发时,强盗庙水域附近航标设置正常。

　　事发水域通航秩序:上行船沿北岸一侧上行,下行船沿航道中心下行,互会左舷。事发时,强盗庙水域通航秩序正常。

　　(4)单指标风险评估值

　　根据基于单因素突变的风险评估模型式(3-1)和表 4.32,对本案例"渝客 8 号"轮航行风险进行单因素风险评估,可得到 7 个单指标风险值,见表 4.33。

表 4.33　"渝客 8 号"轮单指标风险值

| 风险指标变量 | 风险状态 | 风险值 |
|---|---|---|
| 能见度 $x_1$ | 能见距离 2000m,船舶夜航 | 1 |
| 风力 $x_2$ | 极大风速 1.6m/s(2 级) | 0 |
| 水流速度 $x_3$ | 水流平缓 | 0 |
| 安全富余水深 $x_4$ | 事发时,航段水深充足 | 0 |
| 船物安全间距 $x_5$ | 事发时,无近距离障碍物 | 0 |
| 船船安全间距 $x_6$ | 与他船会遇时,未减航速,形成紧迫局面 | 4 |
| 船载属性 $x_7$ | 装载乘客 75 人 | 3 |

　　(5)综合风险评估结果

　　根据前述所构建的结构方程多因素耦合风险评估模型式(4-10)和 BP 人工神经网络多因素耦合风险评估模型(图 4.11),计算本案例"渝客 8 号"航行综合风险值,结果见表 4.34。

　　由表 4.34 可知,两个多因素耦合风险评估模型的评估结果基本一致。事故发生时为晚间,"渝客 8 号"轮发现与"民生"轮逼近,均希望对方主动避让,而未主动履行让路船及早减航速、果断采取停车、倒车和右舵调顺船身等避让措施,导致紧迫局面出现。此外,"渝客 8 号"轮载有多名乘客,使得船舶装载风险增大。"渝客 8 号"轮航行综合风险评估等级为一级。

表 4.34　"渝客 8 号"航行风险两种模型综合评估值

| | 结构方程多因素<br>耦合风险评估模型 | BP 人工神经网络多因素<br>耦合风险评估模型 |
|---|---|---|
| 模型计算 $Y$ 值 | 5.995 | 5.997 |
| 风险等级 | 一级 | 一级 |

2)案例二:船队夜航触损事故——2010年宜昌"9·10"万港698船队触损事故

(1)事故基本情况[38]

2010年9月10日21:35时,重庆市万州港货运有限责任公司"万港698"轮拖带驳船"万港甲1006",共载矿石(巴西粗粉)2516t,上行至三峡船闸引航道里程4.22km(长江上游航道里程约44.0km)处,触碰北线船闸导航墙,导致驳船和拖带船舶先后倾覆,船队11名船员全部落水,其中6人获救,5人死亡,所载矿石全部倾入江中。

事发时,"万港698"船队驶入船闸引航道后,当班驾驶员未能有效操纵船舶、保持正确航向,当船舶驶近北线船闸导航墙时未及时调顺船身,大角度触碰导航墙,是导致事故发生的直接原因。船队所载货物装载不合理,触碰后受外力作用导致货物发生偏移,船舶失去平衡,致使船舶翻覆,船员全部落水,是导致人员伤亡的主要原因。见图4.14。

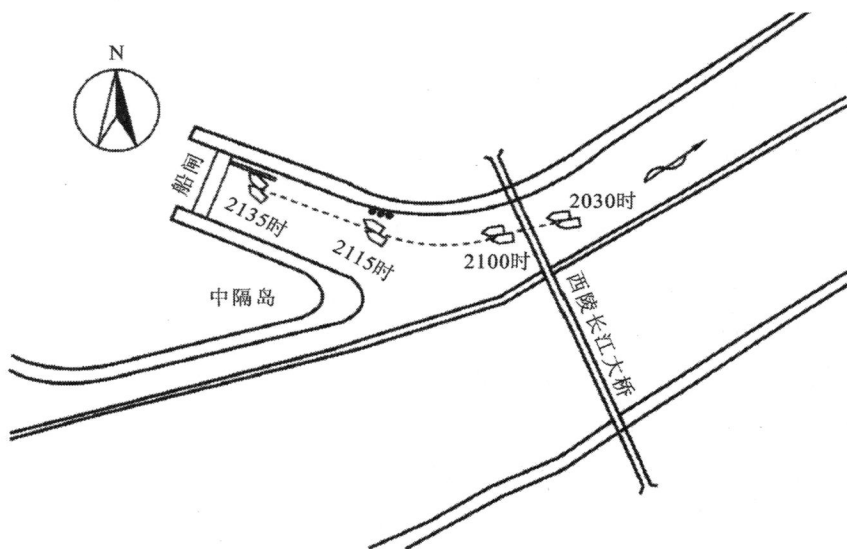

**图 4.14　"万港 698"船队触损事故示意图**

(2)船舶及装载情况

"万港698"轮:经营人重庆市万州港货运有限责任公司,干货船,《内河船舶适航证书》载明可绑拖一般干货驳一艘,2003年7月6日建造完工,船籍港:重庆万州;船舶总长69.60m,型宽11.60m,型深3.6m,总吨1090t,净吨563t,主机功率308.0kW。当班船员龚某持有效的内河船员职务适任证书。

"万港甲1006"轮:经营人重庆市万州港货运有限责任公司,钢质驳船,

1995 年 4 月 1 日建造完工,船籍港:重庆万州;船舶总长 70.65m,型宽 11.00m,型深 3.5m,总吨 878t,净吨 418t,船舶证书有效。

船队离港时呈右梭队形,装载矿石,载货物未超过其《内河船舶检验证书簿》核定的参考载货量。

(3)事发时通航环境情况

水文情况:三峡三斗坪水位 66.17m。

气象情况:三峡枢纽水域晴天,无风,无浪;船舶夜航。

航道情况:事故水域为三峡船闸下引航道,距三峡船闸北线闸门约 170m,航道顺直,基本无流速,航标标位及灯光正常。

事发时,通航秩序良好,无他船影响。

(4)单指标风险评估值

根据基于单因素突变的风险评估模型式(3-1)和表 4.32,对本案例"万港 698"船队航行风险进行单因素风险评估,可得到 7 个单指标风险值,见表 4.35。

表 4.35 "万港 698"船队单指标风险值

| 风险指标变量 | 风险状态 | 风险值 |
|---|---|---|
| 能见度 $x_1$ | 夜航 | 1 |
| 风力 $x_2$ | 无风 | 0 |
| 水流速度 $x_3$ | 基本无流速 | 0 |
| 安全富余水深 $x_4$ | 水深充足 | 0 |
| 船物安全间距 $x_5$ | 未及时调顺船身,逼近船闸导航墙 | 5 |
| 船船安全间距 $x_6$ | 无他船影响 | 0 |
| 船载属性 $x_7$ | 矿砂 | 1 |

(5)综合风险评估结果

根据前述所构建的结构方程多因素耦合风险评估模型式(4-10)和 BP 人工神经网络多因素耦合风险评估模型(图 4.11),计算本案例"万港 698"船队航行综合风险值,结果见表 4.36。

表 4.36 "万港 698"船队航行风险两种模型综合评估值

| | 结构方程多因素耦合风险评估模型 | BP 人工神经网络多因素耦合风险评估模型 |
|---|---|---|
| 模型计算 Y 值 | 5.403 | 5.408 |
| 风险等级 | 一级 | 一级 |

由表 4.36 可知,两个多因素耦合风险评估模型的评估结果基本相同。事故发生时,船舶夜航,能见度不良,加之驾驶员不当操作使得船舶触碰导航墙,导致事故的发生。此外,货物的装载、保管不当导致船翻沉和人亡的严重后果。"万港 698"船队航行综合风险评估等级为一级。

3)案例三:客货船雾航碰撞事故——2000 年九江"12·27"皖湾汇货 0059轮与无名小机船碰撞事故

(1)事故基本情况[37]

2000 年 12 月 27 日约 08:10 时,江西省九江县个体无名小机船与安徽省芜湖县台联水运公司"皖湾汇货 0059"轮在长江下游张南水道张南 6 号红浮上 300m、距北岸 500m 处(长江下游航道里程约 776km)发生碰撞,小机船翻沉,6 人死亡、3 人失踪。

小机船属"三无"船,无助航设施,存在重大结构缺陷,处于严重不适航状态;但是,该船却非法私自渡客 12 人,是导致本次重大人员伤亡事故的主要原因。事发时,小机船船主徐某在能见度极低的情况下违章冒雾航行,浓雾中仅凭指南针导航,冒险载客渡江,以至紧迫局面形成时才发现"皖湾汇货 0059"轮,导致事故不可避免。

"皖湾汇货 0059"轮冒雾航行,在看不清船首的情况下仍冒险行驶,且未按规定鸣放雾号,未使用安全航速,整个过程中速航行,致使小机船在发现"皖湾汇货 0059"轮后无法避免碰撞。此外,该轮虽配有雷达设备但未能运用一切有效手段进行瞭望,在小机船临近时也没发现。

(2)船舶及装载情况

"皖湾汇货 0059"轮:安徽省芜湖县台联水运公司所有,船籍港:芜湖,1999 年建造;船长 63.15m,船宽 10.80m,型深 4.75m,总吨 872t,净吨 488t,满载排水量 1600t,船舶适航证书有效期至 2001 年 5 月 24 日止。事发时,未装载货物。

无名小机船:无船名船号,徐某于 2000 年 8 月 7 日购得,购回后自己在家中对船舶进行改造,增加了木质棚舱,于 2000 年 10 月中旬改造完毕下水营运,但未向船检部门申请检验,也未到其他有关部门办理任何手续,属"三无"船舶。船长 9.57m,船宽 2.15m,型深 0.70m,最大功率 6.18kW。事发时,载客 12 人。

(3)事发时通航环境情况

水文情况:水流速度 1.50m/s,九江水位 3.46m,属枯水位。

气象情况:江面浓雾,能见度不足 50m。

航道情况：事故水域位于张南水道上口、新港油轮锚地以北，航道宽750m，水域宽 1500m。

（4）单指标风险评估值

根据基于单因素突变的风险评估模型式（3-1）和表 4.32，对本案例"皖湾泩货 0059"轮航行风险进行单因素风险评估，可得到 7 个单指标风险值，见表4.37。

表 4.37 "皖湾泩货 0059"轮航行单指标风险值

| 风险指标变量 | 风险状态 | 风险值 |
|---|---|---|
| 能见度 $x_1$ | 浓雾，能见度不足 50m | 5 |
| 风力 $x_2$ | 无影响 | 0 |
| 水流速度 $x_3$ | 1.50m/s | 1 |
| 安全富余水深 $x_4$ | 水深条件相对于船舶无影响 | 0 |
| 船物安全间距 $x_5$ | 无近距离障碍物 | 0 |
| 船船安全间距 $x_6$ | 与他船会遇，未减航速，形成紧迫局面 | 4 |
| 船载属性 $x_7$ | 普通货船，事发时未装货 | 0 |

（5）综合风险评估结果

根据前述所构建的结构方程多因素耦合风险评估模型式（4-10）和 BP 人工神经网络多因素耦合风险评估模型（图 4.11），计算"皖湾泩货 0059"轮航行综合风险值，结果见表 4.38。

由表 4.38 可知，两个多因素耦合综合风险评估模型的结果差异不大。虽然"三无"小机船严重不适航状态、非法私自渡客是导致本次重大人员伤亡事故的主要原因，但"皖湾泩货 0059"轮冒浓雾航行，未鸣放雾号，未减速航行，甚至未发现临近的小机船，也是事故发生的重要原因。"皖湾泩货 0059"航行综合风险等级为一级。

表 4.38 "皖湾泩货 0059"轮航行两种模型综合评估值

| | 结构方程多因素<br>耦合风险评估模型 | BP 人工神经网络多因素<br>耦合风险评估模型 |
|---|---|---|
| 模型计算 Y 值 | 8.049 | 8.061 |
| 风险等级 | 一级 | 一级 |

4）案例四：恶劣气况客渡船沉没事故——2008 年枝江"6·3"鄂枝江渡

0018 轮风灾沉没事故

（1）事故基本情况[38]

2008 年 6 月 3 日约 18:25 时，湖北省枝江市百里洲镇付家渡村村民李某等人共有的"鄂枝江渡 0018"轮，从右岸付家渡渡口驶往左岸枝江马家店三码头，航行至枝江马家店三码头（长江中游航道里程约 536.5km）、横距左岸水沫线约 250m 处时，因遭遇突发冰雹大风而倾覆沉没，船上 12 人全部落水，其中 6 人获救，5 人死亡，1 人失踪。

"鄂枝江渡 0018"轮开航时天气晴朗、微风，能见度良好；开航约 15min后，突遇来势迅猛的突发冰雹风雨，能见度急剧下降，九级左右瞬间大风将船舶向右掀翻，船上 10 名乘客及 2 名船员全部落水，随后船舶沉入江中。

（2）船舶及装载情况

"鄂枝江渡 0018"轮属渡船，枝江市百里洲镇李某等 6 人共有，由李某经营长江干线枝江段右岸付家渡渡口至左岸马家店三码头渡口渡运业务。该轮 1993 年 7 月 20 日建造完工，船舶总长 20.20m，型宽 4.50m，型深 1.00m，总吨 37t，净吨 22t，主机功率 32kW。当班船员李某，持内河五等驾机员职务适任证书和内河船舶船员特殊培训合格证（客船）。该轮核定乘客定额为散席 60 人，事发时，实际载乘客 10 人，自行车 1 辆，电动助力车 1 辆，三轮摩托车 1 辆。

（3）事发时通航环境情况

水文情况：宜昌水位 3.80m（涨）；沙市水位 3.10m（涨）。

气象情况：2008 年 6 月 3 日 18:20 开始闻雷；18:24 至 18:27 出现冰雹大风，冰雹最大直径 9mm，极大风速 23.6m/s（九级）；18:20 至 19:48 降水量 37.5mm。事发时，暴风雨、冰雹袭来，能见度急剧下降，能见距离不足 10m（驾驶员从驾驶室看不到上甲板）。

航道情况：事发水域在长江中游枝江水道，该水道河床底质为卵石、沙，江心有水陆洲，洲南为主航道，洲北为董市夹。在枯水期，当水陆洲尾与张家桃园边滩相连形成浅埂时，致使过河段水流分散，航漕不易形成，且航道上下摆动，弯曲狭窄，船舶行经此处须谨慎驾驶，不易会船。中水位时，该水道水流平缓，水域开阔，航行条件较好。

事发时，水域通航秩序正常。

（4）单指标风险评估值

根据基于单因素突变的风险评估模型式（3-1）和表 4.32，对本案例"鄂枝江渡 0018"轮航行进行单因素风险评估，可得到 7 个单指标风险值，见表 4.39。

表 4.39　"鄂枝江渡 0018"轮航行单指标风险值

| 风险指标变量 | 风险状态 | 风险值 |
|---|---|---|
| 能见度 $x_1$ | 暴风雨、冰雹,能见距离不足 10m | 5 |
| 风力 $x_2$ | 风速 23.6m/s(九级) | 3 |
| 水流速度 $x_3$ | 水流速度无大影响 | 0 |
| 安全富余水深 $x_4$ | 事发时,航段水深良好 | 0 |
| 船物安全间距 $x_5$ | 事发时水域开阔,无近距离障碍物 | 0 |
| 船船安全间距 $x_6$ | 无近距离船舶 | 0 |
| 船载属性 $x_7$ | 装载乘客 10 人 | 3 |

(5)综合风险评估结果

根据前述所构建的结构方程多因素耦合风险评估模型式(4-10)和 BP 人工神经网络多因素耦合风险评估模型(图 4.11),计算"鄂枝江渡 0018"轮航行综合风险值,结果见表 4.40。

表 4.40　"鄂枝江渡 0018"轮航行风险两种模型综合评估值

| | 结构方程多因素耦合风险评估模型 | BP 人工神经网络多因素耦合风险评估模型 |
|---|---|---|
| 模型计算 Y 值 | 8.288 | 8.295 |
| 风险等级 | 一级 | 一级 |

由表 4.40 可知,两个多因素耦合风险评估模型对本案例的评估结果相差不大。夏季长江干线突发大风、暴雨天气多发,对小型船舶和客(渡)船航行安全构成较大威胁。事发时,突遇来势迅猛的大风、冰雹和暴雨,导致渡船翻沉,人员重大伤亡。客(渡)船及小型船舶应注意及时收集天气信息,避免盲目航行造成恶性事故发生。"鄂枝江渡 0018"轮航行综合风险等级为一级。

5)案例五:货船夜航碰撞事故——2009 年武穴"8·16"武穴机 90 号轮与鄂浠水货 0727 轮碰撞事故

(1)事故基本情况[38]

2009 年 8 月 16 日 04:20,湖北武穴市个体船"武穴机 90 号"轮(登记船名"赣九江货 0434")与湖北浠水县个体船"鄂浠水货 0727"轮在长江下游武穴水道武穴港 1# 白浮处水域(长江下游航道里程 840.7km)发生碰撞,"鄂浠水货 0727"轮沉没,所载货物全损,船上 5 人失踪,"武穴机 90 号"轮部分受损。

事发时,"武穴机 90 号"轮和"鄂浠水货 0727"轮疏忽瞭望,临危处置不当是造成本次事故的主要原因。"武穴机 90 号"轮在与"鄂浠水货 0727"轮相距约 100m 时才发现对方,在紧迫局面形成时尽管采取了减速及要求互会左舷等避让措施,但在双方进一步临近形成紧迫危险时,盲目采取操左舵的避让措施,致使两船发生碰撞。疏忽瞭望,未及早采取有效的避让措施,也是造成本次事故的重要原因之一。"鄂浠水货 0727"轮在与"武穴机 90 号"轮相距约 300m 时才发现对方,且未及早采取有效的措施避让。

(2)船舶及装载情况

"武穴机 90 号"轮("赣九江货 0434"轮):一般干货船,船籍港:九江,1983 年 12 月 1 日建造完工,1990 年 7 月 3 日改建。船舶总长 37.50m,船宽 7.50m,型深 1.70m,总吨位 198t,净吨位 69t,主机功率 2×32.4kW。2007 年 9 月 9 日,周某购"赣九江货 0434"轮并自命名"武穴机 90 号",但未申请办理船舶变更登记手续和船舶检验,证书已过期。2008 年 7 月 15 日,周某将砂场连同所属设施设备(包括"武穴机 90 号")租赁给程某经营。事发时,装载黄沙。

"鄂浠水货 0727"轮:所有人、经营人为湖北省浠水郜某,一般干货船,船籍港:黄冈,1993 年 10 月 20 日建造完工。船舶总长 51.80m,船宽 9.30m,型深 4.10m,总吨位 494t,净吨位 277t,主机功率 2×180kW。所持证书有效。事发时,装载煤炭。

(3)事发时通航环境情况

水文情况:九江水位 10.56m(涨),流速约 2.5m/s。

气象情况:晴天到多云,气温 33℃,偏北风 2~3 级。船舶夜航。

航道情况:事故水域位于武穴水道上端武穴港区内,水域开阔,航道顺直,水流流态较好。武穴港区上游设有武穴港 1#、2# 白浮,主航道偏右岸,航道宽约 610m。

事发时,该水域通航秩序正常。

(4)单指标风险评估值

根据基于单因素突变的风险评估模型式(3-1)和表 4.32,对本案例"武穴机 90 号"轮航行风险进行单因素风险评估,可得到 7 个单指标风险值,见表 4.41。

**表 4.41 "武穴机 90 号"轮单指标风险值**

| 风险指标变量 | 风险状态 | 风险值 |
|---|---|---|
| 能见度 $x_1$ | 夜航 | 1 |
| 风力 $x_2$ | 2~3 级 | 0 |

| 风险指标变量 | 风险状态 | 风险值 |
|---|---|---|
| 水流速度 $x_3$ | 2.5m/s | 2 |
| 安全富余水深 $x_4$ | 事发时，水深充足 | 0 |
| 船物安全间距 $x_5$ | 无近距离障碍物 | 0 |
| 船船安全间距 $x_6$ | 未及时发现会遇船舶，形成紧迫局面 | 4 |
| 船载属性 $x_7$ | 装载黄沙 | 1 |

（5）综合风险评估结果

根据前述所构建的结构方程多因素耦合风险评估模型式（4-10）和 BP 人工神经网络多因素耦合风险评估模型（图 4.11），计算本案例"武穴机 90 号"轮航行综合风险值，结果见表 4.42。

表 4.42 "武穴机 90 号"轮航行风险两种模型综合评估值

| | 结构方程多因素<br>耦合风险评估模型 | BP 人工神经网络多因素<br>耦合风险评估模型 |
|---|---|---|
| 模型计算 $Y$ 值 | 6.223 | 6.230 |
| 风险等级 | 一级 | 一级 |

由表 4.42 可知，两个多因素耦合风险评估模型的评估结果差异不大。事故发生时为夜间，能见度不良，加之"武穴机 90 号"轮不适航（无甚高频电话、号灯和声响器具）且疏忽瞭望，未及时发现会遇船舶，导致恶性事故发生。"武穴机 90 号"轮航行综合风险等级为一级。

# 5　长江干线水上交通安全预警管理模式

　　管理模式是在管理理念指导下建构起来的，由管理方法、管理模型、管理制度、管理工具、管理流程组成的管理行为体系结构，是决定管理功效的核心问题。长江干线水上交通安全预警管理模式，是吸收灾害学、安全科学、复杂科学等学科的最新成果，将预警管理理论应用于水上交通安全管理领域的一种崭新的管理行为模式，是在现有安全管理模式中增加预警预控管理职能，并使之制度化和系统化。本章在阐述安全预警管理内涵的基础上，提出"四级预警、三级发布"的长江干线水上交通安全预警管理模式，并研究预警管理组织运作模式、预控管理对策库的构建、水上交通安全预警管理与应急管理的关系，以及水上交通安全预警管理绩效评价的方法。

## 5.1　水上交通安全预警管理内涵和机制

### 5.1.1　安全预警管理内涵

1）预警管理的内涵

　　水上交通安全预警管理指水上交通安全管理机构通过对水上交通系统的日常监测，根据系统外部环境及内部条件的变化，运用逻辑推理和科学分析方法对系统未来可能发生的安全风险进行预测，发出确切的警示信息，并研究防范对策，采用既定的组织方法干涉和调控系统运行过程，以减少或防止交通险情发生和扩散，降低事故损失。

　　水上交通安全预警管理功能不仅要保持水上交通安全管理的常规功能，还要产生新的预警预控功能及形成防错纠错新机制。其目的是对水上交通系统中不安全因素进行早期的监测、诊断、矫正，使它们的发生频度、强度、幅度及其相互关系处于控制之下，使水上交通的运转状态、内部的运营管理行为和运转管理系统功能秩序处于可靠的安全状态中，从而预防或阻止交通事故发生。

　　水上交通安全预警管理系统包括预警分析、预控管理、组织及绩效管理三个子系统，见图5.1。预警分析是水上交通安全管理部门通过信息监测平台对诱发交通事故的人、船、环境及管理等各种风险因素进行监控、识别与诊断,输出系统风险评估的信息,以此判断是否有警情信息及是否进入预控阶段。预控管理是交通安全管理部门根据预警分析的结果,针对可能出现的险情发布警情信息和预控对策,并组织实施预控对策,从而达到对事故诱因的早期征兆进行及时矫正、避防与控制的目的。组织及绩效管理包括预警管理组织体系的构建和预控对策库的建设、进行预警管理绩效评估、相关信息资料的归档等。整个预警管理系统基于一个共同的信息系统平台,实现信息的统一组织和管理。

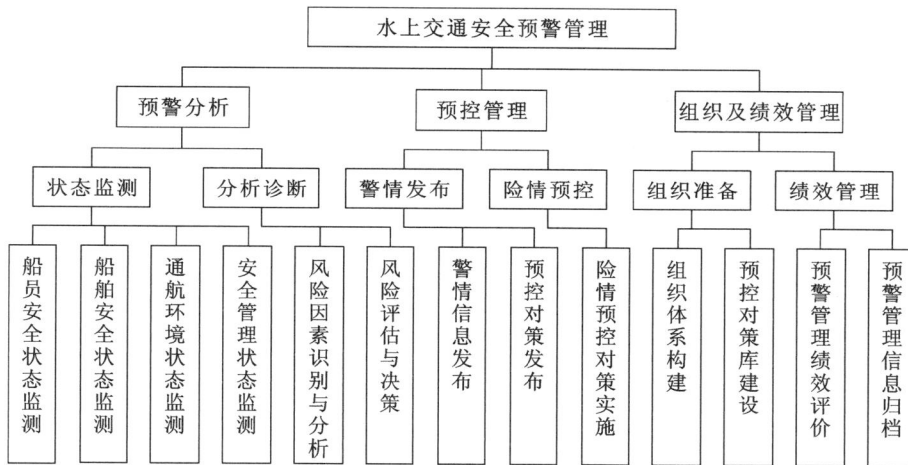

**图 5.1　水上交通安全预警管理主要内容**

2)预警管理系统建设的内容

根据长江干线水上交通安全监管现状,预警管理机制建设是在现有安全管理模式中,增加预警预控管理职能,使之制度化和系统化。根据预警管理原理,在确定水上交通安全风险类别、等级和评判标准的基础上,建立水上交通安全预警管理长效机制,提高水上交通安全预防工作的超前性和针对性,保障水上交通安全、畅通、有序。

长江干线水上交通安全预警管理就是建立预警管理组织系统,通过对船舶航行安全状态的监测,采集人、船、环境和管理等各方面信息,运用风险识别和诊断技术综合分析各方面信息,在确认有险情征兆的情况下输出警情信号,确定预控对策方案,并组织实施风险预控。此外,还应对预警管理绩效进行评价。因此,预警管理系统建设重点主要有以下几个方面:

①预警管理组织系统,包括组织系统构建及运行流程的设计;

②预警决策关键技术,包括预警指标体系的构建、风险类别和等级确定、

风险评估技术及相应软件的开发；

③预控管理对策库的构建；

④预警管理信息化系统，包括预警信息采集、处理及发布的信息系统构建；

⑤预警管理绩效评价。

### 5.1.2 "四级预警、三级发布"的预警管理机制

1）安全预警管理机制

机制是指构成系统的结构和相互关系，分为两个层次：第一个层次是要素，第二个层次是要素之间的联系规则。安全预警管理机制是在事故实际发生之前对风险预报、预测及提供预先处理操作的重要机制。水上交通安全预警管理机制就是建立预警预控管理组织系统，通过对船舶航行安全状态的监测，采集各类风险信息，运用风险识别和诊断技术评估风险，在确认有险情征兆的情况下输出警情信号，确定风险预控对策，并组织实施预控方案。主要包括安全状态监测、预警分析与诊断、警情信号发布、险情预控、预警效果反馈等环节，见图 5.2。

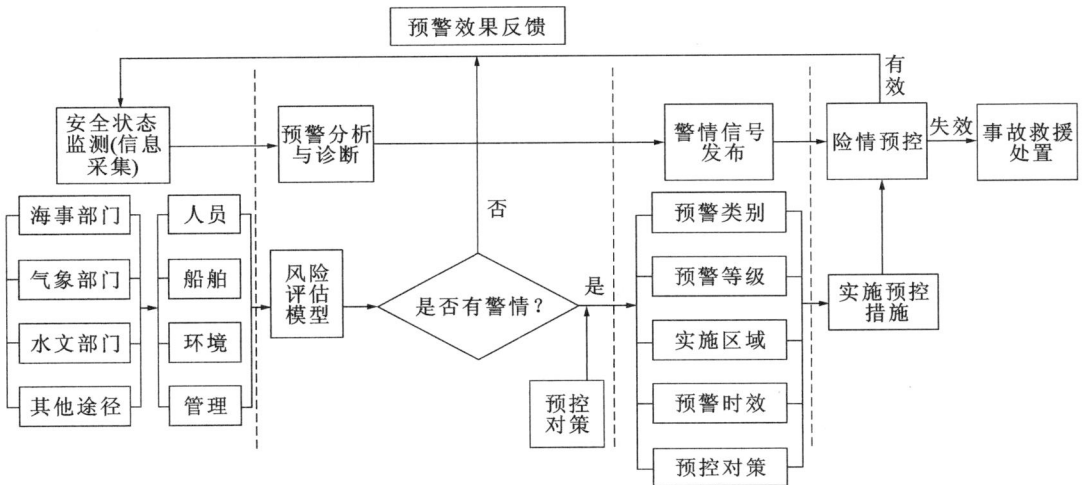

**图 5.2 水上交通安全预警管理环节**

预警管理是应急管理的组成部分。根据事故险情发生和处理流程，应急管理主要内容包括预警管理、事故救援和处置、预案管理等具体环节。当风险预警预控失效并有事故发生时，预警管理将转至事故救援处置管理。

2）预警管理机制的形成

　　根据武汉理工大学和长江航务管理局、长江海事局联合研究的多个相关项目成果,结合安全监管实践,长江海事监管系统于 2006 年 11 月开始实施"六大类别、四级预警、三级发布"的水上交通安全预警管理机制。预警类别分为安全形势、通航秩序、枯水、洪水、气象灾害和地质灾害六大类别;根据影响水上交通安全和水域环境安全的紧迫程度、危险程度和影响范围,将安全预警等级由高到低分为四个级别,即一级(红色)预警、二级(橙色)预警、三级(黄色)预警、四级(蓝色)预警;预警信号分别由长江海事三级机构,即长江海事局、分支海事局、海事处根据权限分别发布。气象灾害类、地质灾害类的预警等级,以当地气象、地质管理部门发布的为准。

　　经过 2006 年 11 月—2012 年 12 月六年多的预警管理实践,针对其中存在的问题,武汉理工大学联合长江航务管理局、长江海事局再次进行了长江干线水上交通安全预警管理的研究,更新了预警类别及指标体系,重新开发了多因素耦合风险评估模型及软件系统,更新并升级了预警管理信息系统的技术装备,提出了"三大类别、四级预警、三级发布"的水上交通安全预警管理机制,其中,预警类别更新为气象类、水文类及船舶运行类"三大类别","四级预警、三级发布"保持不变。预警管理关键技术的更新详见本书第6 章。

# 5.2　水上交通安全预警管理组织运行模式

## 5.2.1　预警管理组织体系确立

　　构建预警管理组织体系是保证预警功能实现的基石。构建长江干线水上交通安全预警管理组织体系,应以现有长江干线水上交通安全监管组织体系为基础,增加其安全预警管理职能,即以现有长江干线水上交通安全监管机构——长江海事局组织系统作为长江干线水上交通安全预警管理运作组织体系的主体。长江海事局下设 10 个分支局、58 个海事处,以及长江海事局信息中心、长江引航中心等。其系统分布覆盖了长江干线重庆至安徽段2100km、1000km 支流汉河道和 19 个水库(湖泊),见图 5.3。其空间分布见图 2.3。

　　长江海事局及其分支机构是长江干线水上交通安全(海事)监管的主体,主要承担水上交通安全状态监控任务,为实现"安全第一,预防为主"的安全管理理念,变事后型安全管理为预防型安全管理,正积极开展水上交通安全

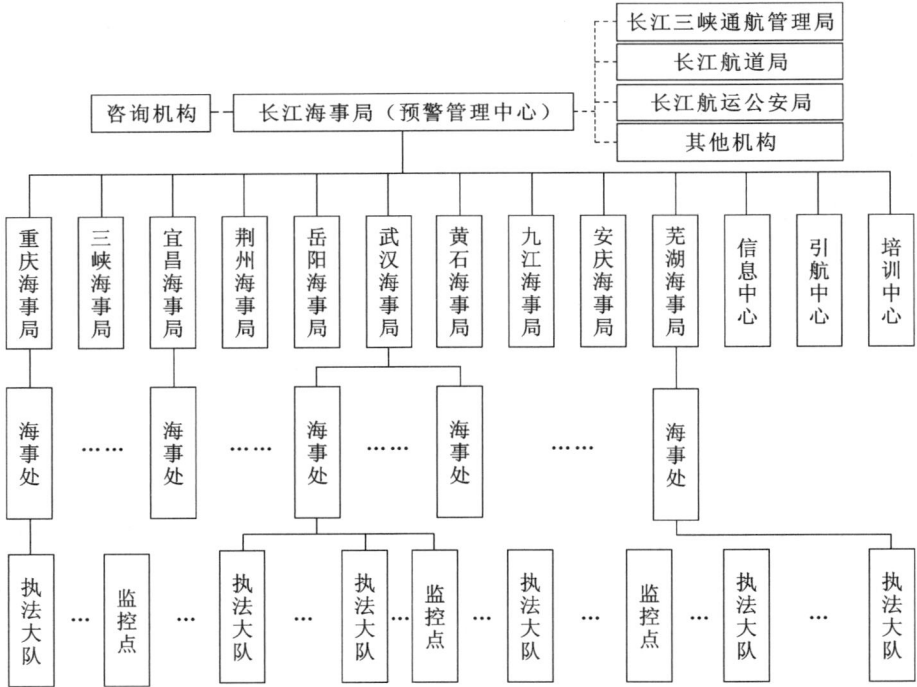

**图 5.3 长江干线水上交通安全预警管理组织体系**

预警分析及预控管理工作,即承担了水上交通安全预警信息采集、预警信息识别和诊断、针对险情发布预警信号、部署和实施预控管理等工作。目前,长江水上交通安全预警管理运作的具体职责是:

长江海事局统一管理运作全局辖区安全预警工作,指导并监督下属分支海事局的预警管理工作,指挥并协调跨辖区的通航风险各类别的一级(红色)预警的评定、变更、终止和预警信息发布,以及跨辖区的应急联动。长江海事局通航管理处是全局辖区安全预警工作的归口管理部门。

长江各分支海事局负责本局辖区安全预警管理工作的组织实施,具体负责本局辖区的通航风险各类别的一级(红色)预警、二级(橙色)预警、三级(黄色)预警的评定、变更、终止和预警信息发布,以及组织宣传辖区气象、地质灾害等类别的一级(红色)预警、二级(橙色)预警信息发布,并针对不同类别不同等级预警决策预控方案并组织实施。长江各分支海事局监管中心是本局辖区安全预警管理工作的归口管理部门。

长江各分支海事局所属的海事处负责本处辖段内安全预警管理工作的组织实施,具体负责本处辖段通航风险各类别的四级(蓝色)预警的评定、变更、终止和预警信息发布,以及组织宣传辖区气象、地质灾害等类别的三级

（黄色）预警、四级（蓝色）预警信息发布，针对不同类别预警决策预控方案并组织实施。

长江通信管理局、长江引航中心等接受长江海事局统一领导和调动，参与并协作各分支海事局完成预警管理工作。通信局进行预警信息发布、安全信息联播、航行通（警）告等；引航中心参与现场疏导与救助等。

长江航道局、长江航运公安局、三峡通航管理局等参与并协作长江干线水上交通安全预警管理工作。除进行相关预警信息的采集和传输外，当警情出现需要应急联动时，航道部门进行航道疏浚、航标维护，公安部门协作现场管制和疏散，消防部门严阵以待，三峡通航管理局控制过坝交通流量等。

### 5.2.2  预警管理组织流程设计

在构建长江干线水上交通安全预警管理组织的基础上，根据水上交通安全预警管理基本流程，结合长江干线水上交通安全管理的实际，长江干线水上交通安全预警管理可按图5.4所示运作流程开展工作。

### 5.2.3  预警管理预控对策库构建

长江水上交通安全预警管理系统的一个重要职能就是建立风险预控及应急管理对策库，为水上交通安全管理部门应对险情提供对策储备，为预控对策的制定提供支持和帮助，从而提高预警管理系统对"同质"危险因素的免疫能力。

风险预控对策库的建立和使用方法如下：

①理论上假设仅有一种风险因素影响长江水上交通安全，根据该风险因素的内在规律及以往的监管规律制定针对不同等级的对策集合。

②现实中影响水上交通安全的危险因素往往是多因素的复杂系统，在安全预警对策库中调用对策模块时，综合考虑各个风险因素，把相应的预控对策集进行加和处理，为预警系统决策提供一个综合、行之有效的对策方案。

③对已实施的预控对策进行归纳比较、评价，将对策使用信息反馈回对策库系统，完善和改进预控对策库。如图5.5所示。

针对长江干线水上交通安全预警管理的主要风险类别、四等级风险，以长江海事部门长期水上交通监管的经验积累、已有的应急预案等为基础，结合长江干线水上交通预警管理机制运行期间的具体实践，本书制定了针对气象类、地质灾害类、水文类、航道秩序类、船舶事故类等不同风险等级的24个基本风险预控对策，详见本书附录二。

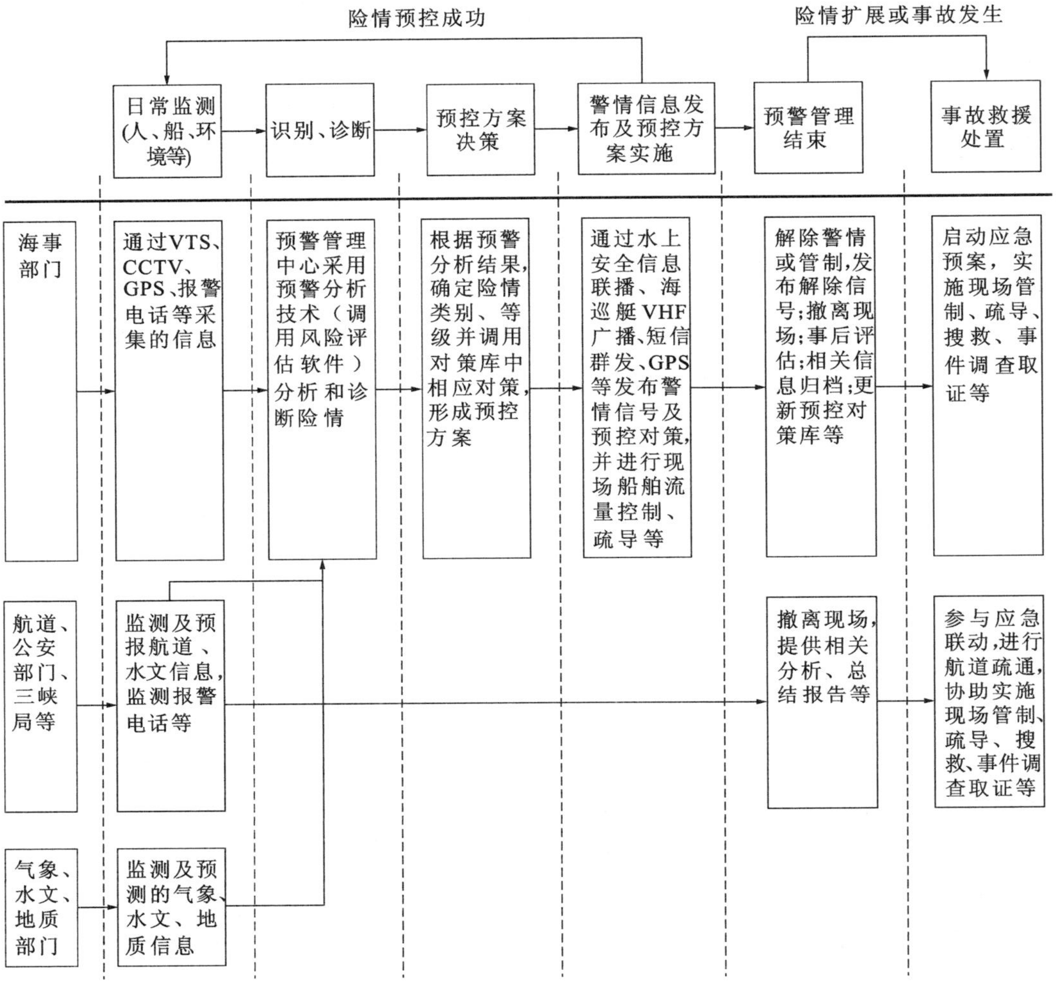

图 5.4　长江干线水上交通安全预警管理运作流程

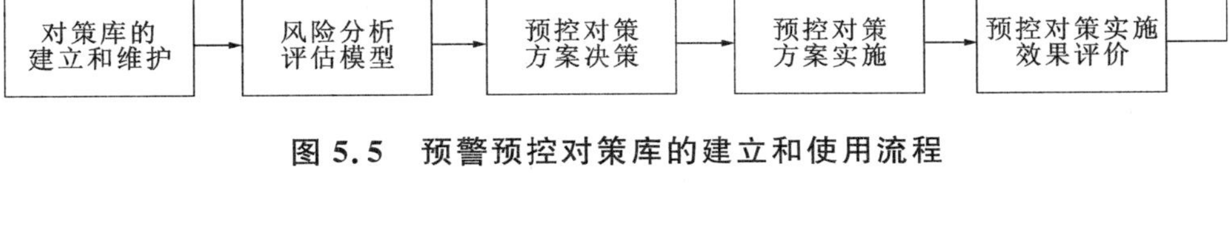

图 5.5　预警预控对策库的建立和使用流程

## 5.3 水上交通安全预警管理与应急管理

### 5.3.1 应急管理与预警管理的关系

应急管理是基于突发事件风险分析的全过程、全方位、一体化的应对过程,通过准备、预防、反应和恢复等一系列的运作决策,以避免突发事件的发生或减少突发事件所造成的冲击为目的的过程。

水上交通安全应急管理是针对水上交通险情、事故等突发事件,为了降低突发事件的危害,基于对突发事件的原因、过程及后果进行分析,有效地集成社会各方面资源,对突发事件进行有效预警和救援处置的控制过程,见图5.6。

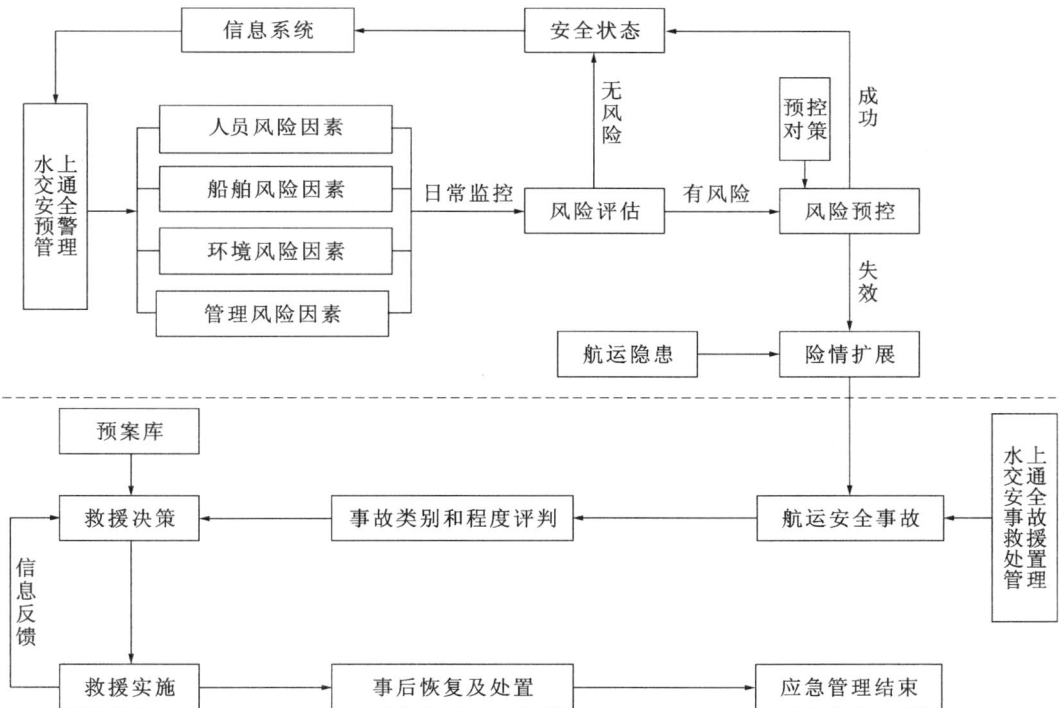

图 5.6 水上交通安全应急管理流程

根据事故险情发生和处理流程,应急管理主要内容包括(事故前)预警管理、(事故)救援和处置管理、预案管理、组织及绩效评价等具体环节,见图5.7,并通过应急管理体系的建立和运行得以实施。

```
                    ┌──────────────────────┐
                    │    水上交通安全应急管理    │
                    └──────────────────────┘
         ┌──────────────┬──────────────┼──────────────────┐
    ┌─────────┐  ┌──────────────┐  ┌─────────┐     ┌──────────────┐
    │ 预警管理  │  │  救援和处置管理  │  │ 预案管理  │     │  组织及绩效管理  │
    └─────────┘  └──────────────┘  └─────────┘     └──────────────┘
```

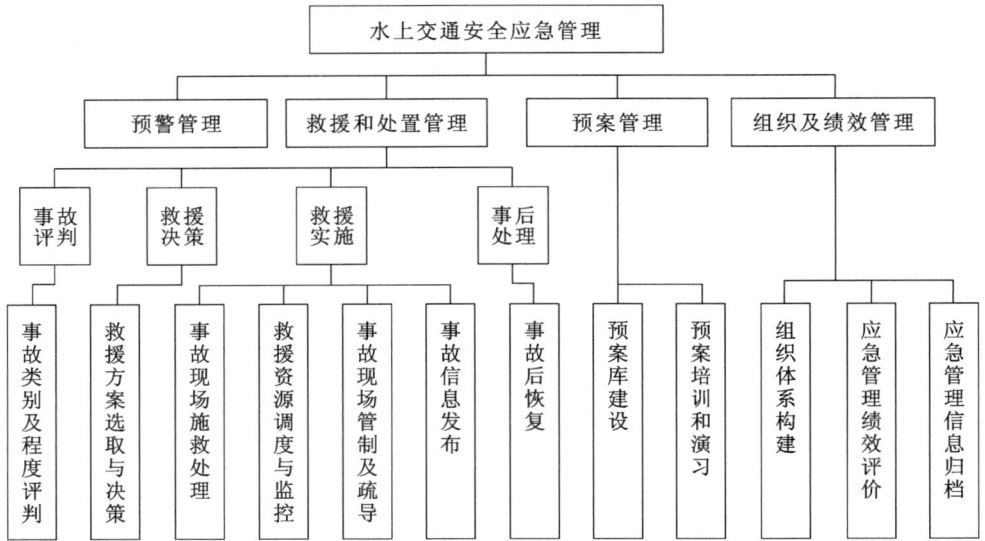

图 5.7　水上交通安全应急管理主要内容

| 事故评判 | 救援决策 | 救援实施 | 事后处理 |

事故类别及程度评判　救援方案选取与决策　事故现场施救处理　救援资源调度与监控　事故现场管制及疏导　事故信息发布　事故后恢复　预案库建设　预案培训和演习　组织体系构建　应急管理绩效评价　应急管理信息归档

图 5.7　水上交通安全应急管理主要内容

　　预警管理是应急管理的组成部分。预警管理阶段的风险预控对策失效、险情扩展或者由于事故的偶然性而引发了事故时,预警管理进入对该事故的救援和处置阶段,防止事故扩大化,尽力减少人员伤亡、财产损失及环境污染。

　　应急管理是一种例外性的管理活动,主要针对突发事件,包括特别组织方式、职能系统整合和控制方式原理。它以应急计划、特别领导小组、专家咨询机构、紧急救援体系、社会救助方案等介入长江水上交通安全领导管理过程,一旦长江水上交通安全状态恢复正常,应急管理就完成了使命。

### 5.3.2　应急管理组织体系

　　目前,我国的灾害管理体制实行单一灾种为主的管理模式,各涉灾部门自成系统。这种管理体制有利也有弊,主要弊端是不利于减灾资源的整合、利用和信息的共享、沟通。参照西方一些国家的先进做法,我国一些地方正探索建立综合性的安全危机管理体制和应急处置机构。在目前情况下,应当考虑依托现行的长江水上交通管理体制和指挥机构,充分发挥其在人员、技术、经验方面的优势,积极拓展其综合协调和信息沟通的功能。长江水上交通突发事件的管理体制和指挥机构必须予以加强,做到有常设办事部门,配备有经验的危机处理专家和管理人员及必要的危机处理设备,并每年定期研究重大问题,切实履行管理和指挥职能。建议适时建立长江水上交通安全协调委员会,国务院牵头,由交通运输部、水利部、国土资源部、环保部、安全生产监督总局及沿江等省市相关部门共同组成。在各部、总局的对口直属局设立若干应急管理中心,在面对重大水上突发事件时,安全协调委员会履行应急领导和指挥决策的职能。

　　根据《国家突发公共事件总体应急预案》及《水路交通突发事件应急预案》,把握"政府领导,社会参与,依法规范;统一指挥,分级管理,属地为主;防应结合,资源共享,团结协作;以人为本,科学决策,快速高效"的原则,构建由多方参与、跨越地方行政区域的长江水上交通突发事件应急联动组织体系。水上突发事件应急组织体系由应急领导小组、应急指挥机构、应急执行机构、现场指挥机构和应急待命站点,以及咨询机构和其他应急救助力量等组成,如图5.8所示。

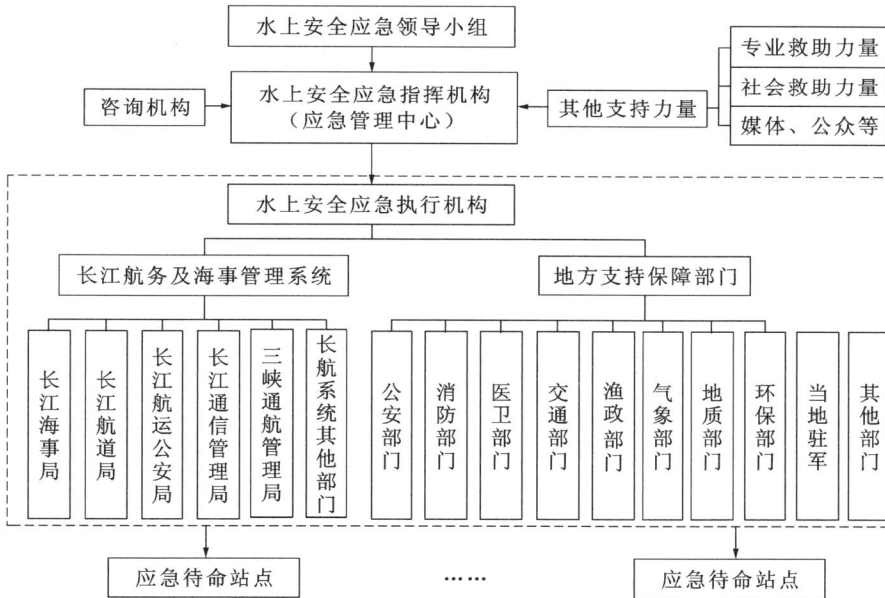

图5.8　长江干线水上交通安全应急组织体系

1)水上安全应急领导小组

　　水上安全应急领导小组是长江水路交通安全应急体系的最高领导机构,建议由沿江各省市及长江航务管理局的第一负责人组成,主要负责长江重大水上突发事件的跨地区应急联动的决策、指挥和协调运作:①起草长江水路交通安全应急的有关政策法规、发展规划,制定有关工作制度;②总体负责长江水上各类突发公共事件应急反应预案的编制、运行、更新和管理;③审核专业应急救助力量配置方案;④划定沿江各地市、县水路交通应急机构的应急工作责任区;⑤负责指导长江水路交通安全应急新技术的应用,制定针对从业人员的安全知识、专业知识、新技术应用等方面的培训标准;⑥决定启动与终止长江水路交通应急预警状态和应急救援行动,总体指挥、协调水路交通突发事件的应急反应;⑦根据需要,负责组织、协调本区域应急力量参与跨区域的水上应急行动;⑧审定或申报应急经费预算;⑨日常水上交通安全的指导和监督;⑩其他相关事项。

2)水上安全应急指挥机构(应急管理中心)

水上安全应急指挥机构(应急管理中心)具体负责长江水路交通突发事件的指挥与协调工作,建议由长江航务管理局安全生产主管领导和沿江各地市的安全生产监督管理局的主要领导人,以及地方公安、消防、医卫、交通、气象、地质、渔政、环保、水利、旅游、财政等部门和当地驻军的主要领导人组成。主要职责有:①指导所属局和地方水路交通应急预案的编制和实施;②组织长江水路交通应急培训和演习,负责水上安全知识的宣传工作;③负责长江水上交通安全应急管理工作的组织、协调、决策和指挥,统一调动跨区域的资源,决策水上交通安全应急行动方案;④组织有关长江的应急科学技术研究和开发,参加有关的国际合作;⑤负责搜集、分析、核实和处理长江水路交通突发公共事件的信息,重要信息及时向领导和上一级应急机构报告,或向地方日常运行管理机构通报;⑥编制和申报年度应急工作经费预算草案;⑦检查、指导长江水上交通安全应急管理工作开展情况;⑧日常水上交通安全的指导和监督;⑨其他相关事项。

3)水上安全应急执行机构

由水上交通日常监管部门——长江航务及海事管理系统及地方支持保障部门组成。

(1)长江航务及海事管理系统

由长江水上交通安全主要监管部门——长江海事局、长江航道局、长江航运公安局、长江通信管理局、三峡通航管理局及其他长航系统部门组成。其主要职责有:①根据突发事件信息级别,提出启动预案的建议,并按照上级部门指令实施预案的启动工作;②承担和执行上级部门交办的水上交通突发事件的应急处置工作;③组织制定水上交通突发事件应急处置工作制度;④负责水上交通安全应急预案的制定、运行、更新和管理;⑤承担各辖区水上交通安全应急管理值班任务;⑥组织水上交通安全突发事件及险情的应急演习、人员培训和业务交流;⑦负责水上交通安全信息收集、分析、评估、传递等工作;⑧掌握、报告水上交通事故及险情应急反应情况、现场救援处置情况;⑨日常水上交通安全的监督和管理;⑩其他相关事项。

其中,长江海事局在"海事巡航与救助一体化"的管理格局下,全面实行"三级指挥、四级待命"的应急反应机制。"三级指挥"指长江海事局→长江海事分局→海事处根据事件级别分级指挥决策;"四级待命"指长江海事局→长江海事分局→海事处→执法大队的四级响应机制。

(2)地方支持保障部门

由沿江各地市的安监、公安、消防、医卫、交通、气象、地质、渔政、环保、水利、旅游、财政等部门和当地驻军组成。主要职责有:①根据突发事件信息级别,提出启动预案的建议,并按照上级部门指令实施预案的启动工作;②承担和执行上级部门交办的水上交通突发事件的应急处置工作;③掌握、报告水上交通事故及险情应急反应情况、现场救援处置情况;④组织参与水上交通安全突发事件及险情的应急演习、人员培训和业务交流;⑤建立和完善本级水上交通事故及险情应急救援工作制度、工作机制,实施应急反应工作评估、考核、奖惩;⑥其他相关事项。

其中,公安部门主要职责有:听从应急管理中心的指挥,根据应急工作要求调派警艇、警员参加应急行动;负责组织协调现场水域和相关陆域的治安警戒;协助组织现场及相关区域人员和设施的疏散、撤离、隔离;将所管辖的公安布点和资源详细信息上报应急管理中心备案。

消防部门主要职责有:听从应急管理中心的指挥,组织本单位消防力量对船舶火灾、油类货物及危险品泄漏等事故进行应急救援;组织现场有关消防力量实施灭火行动,营救遇险人员,控制危害源,清理火场,参与火灾原因的调查工作;参加现场警戒工作;将消防车、船的详细信息上报应急管理中心备案。

卫生部门主要职责有:听从应急管理中心的指挥,负责协调水上医疗援助,组织医疗抢救队伍,对伤病员实施紧急处置和医疗救护工作;组织所指定的医院做好伤病员的接收和治疗;紧急调用救护所需药品和医疗器材;提供远程医疗服务、医疗咨询和指导;将所管辖的联动医院的详细情况上报应急管理中心备案。

交通部门主要职责有:听从应急管理中心的指挥,负责协调所在地方交通系统各单位配合水上应急工作;负责对获救人员、应急救援物资等的运输保障工作;负责陆上交通的疏导工作,保障应急救援交通畅通,必要时实施道路交通管制和车辆征用;将所管辖的车船装备资源详细信息上报应急管理中心备案。

渔政部门主要职责有:听从应急管理中心的指挥,协调本系统各单位、船舶配合应急行动;渔政中心电台 24h 值守,保障通信畅通;组织事故现场周围水域、陆域渔船和渔民的疏散、撤离;通知可能受到影响的水产养殖户做好预防措施,并协助开展污染监视和清除工作;将本部门所管辖的渔船情况上报应急管理中心备案。

气象和地质部门主要职责有:提供长江气象、地质方面的预报;灾害性恶劣天气期间,加强预报与分析,并直接向水上应急管理中心提供气象信息。

环保部门主要职责有:根据应急工作的需要,参与船舶污染事故应急反应的组织、协调和指挥,并提供必要的环保技术支持;负责水域、大气等污染程度的监测;将所辖单位的详细情况上报应急管理中心备案。

当地驻军主要职责有:听从应急管理中心的指挥,根据应急工作要求调派所属部队、民兵和预备役等力量,特别是水上力量参加应急行动,并负责所派出应急力量的协调指挥工作。

4)应急待命站点

主要由海事部门在各水域设置的巡航救助执法站点组成。主要职责有:①承担水上突发事件应急动态值班待命任务;②执行上级机构委派的水上交通安全应急工作;③负责水上突发事件应急搜救行动的先期处置;④及时向上级部门报告应急行动的进展情况和结果;⑤负责现场水上交通安全信息的采集和传递;⑥开展消防、救生、搜救、防污染应急处理等训练、演习;⑦开展水上交通安全、防污染法律法规和安全知识宣传。

5)咨询机构

由水上交通、海事管理、安全工程、应急管理、气象、地质、环保、医卫等行业专家、专业技术人员组成,负责提供水上交通安全应急管理的决策建议和技术咨询。主要职责有:①提供水上应急行动的技术咨询和建议;②参与相关水上应急救援体系建设的研究工作;③提供应急法制建设、体系建设、发展规划咨询。

6)其他应急支持力量

其他应急支持力量包括由各级政府有关部门或企业投资建设的专业救助力量、救捞公司、清污公司,可投入救助行动的民用船舶、社会团体和个人等人力和物质资源,以及媒体支持力量等。主要功能有:①服从应急指挥机构的协调、指挥,及时出动参加水上应急行动;②参加水上应急行动时,保持与应急指挥机构和现场指挥的联系,及时报告动态;③参加各级水上交通安全应急指挥机构组织的应急演习;④进行水上突发事件应急反应和搜救的信息传递、动员和通报等工作;⑤将本部门(公司)设备、人员的情况上报应急管理中心备案。

### 5.3.3　突发事件的应急处置流程

长江水上交通安全突发事件的应急行动涉及多个部门,各个部门在应急行动中承担不同的任务,因此,应急行动工作流程的设计应当遵循统一指挥、协调有序、责任明确、分级响应的工作原则,保证迅速、有序、高效地处置水上突发事件,组织水上应急行动,控制水上突发事件扩展,最大限度地减少人员伤亡和财产损失,保障人民群众生命财产安全,维护社会稳定,促进长江航运和沿江经济又好又快发展。如图 5.9 所示,长江水上交通安全突发事件的应急行动包括:报警的接收、报警信息的核实和分析、突发事件的评估和应急处理、突发事件的分级响应、应急行动、后期处理等几个逻辑上的工作步骤。

1)水上突发事件报警信息的接收、核实及分析

水上突发事件发生后,事件发生单位(船舶)或知情者应立即通过 VHF 电话呼叫、公众通信网("12395"专用搜救电话和各级搜救机构值班电话)、船舶 GPS、船舶交通管理系统 VTS 等有效途径,向就近的海事管理机构或搜救中心值班室报警。

接警各级机构应当立即直接与遇险或事故船舶、设施进行联系,与遇险或事故船舶、设施及其所有人、经营人、承运人、代理人联系,向遇险或事故船舶、设施始发港或目的港查寻或核实相关信息或资料,通过现场附近的过往船舶、人员或知情者核实,通过船舶交通管理系统 VTS 核实,派出船舶等应急力量到现场核实等有效途径对水上遇险信息进行核实并对突发事件原因进行初步分析。

2)水上交通安全突发事件的评判和应急启动

长江海事部门在对水上突发事件信息进行分析核实后,确认为遇险的,对险情进行评估,确定遇险等级,启动长江水上交通安全突发事件的应急行动。

水上应急指挥机构立即进入应急救援行动状态。水上突发事件发生地所在市(州)、县(市)政府负责事件现场先期应急处置(含组织人员疏散和安置)。长江海事局下设各分支机构、派出机构,应在当地市(州)、县(市)政府的统一领导下,承担水上突发事件应急救援的现场组织指挥工作,调集各方面的应急救援力量,全力开展人员救援,控制应急事件态势,防止次生、衍生险情连锁反应;特别对于涉及危险品泄漏和扩散的,要及时采取有效措施加以控制,避免造成大面积危害。

(1)发生水上突发事件,事发地不在本责任区的,接警的海事机构应立即

VHF电话呼叫 → 突发事件报警 ← 船舶VTS、船舶GPS、CCTV等系统

公众通信网 → 突发事件报警 ← 目击者或知情者

其他有效途径 → 突发事件报警 ← 其他接获报警部门

直接与遇险或事故船舶、设施联系 → 信息核实与分析 ← 船舶、设施始发港或目的港

船舶与设施的所有人、经营人、承运人、代理人等 → 信息核实与分析 ← 通过过往船舶或派出船艇现场核实

信息核实与分析 ← 通过船舶交通管理系统(VTS)核实

海事部门对险情进行评估,确定遇险等级 → 事件评判及应急启动 ← 突发事件所在地政府先期应急处理

事件评判及应急启动 ← 当地海事机构承担应急救援的现场组织指挥工作

应急预案 → 应急指挥机构

制定方案 → 应急指挥机构

布置救助任务 → 应急指挥机构

突发事件分级响应 ← 长江和省级应急领导机构 ← I/II级事件

突发事件分级响应 ← 市(州)级水上应急领导机构 ← III级事件

突发事件分级响应 ← 县(市)级水上应急领导机构 ← IV级事件

综合协调组 → 现场救援
抢险施救组 → 现场救援
善后(医疗)组 → 现场救援
安全保卫组 → 现场救援
后勤保障组 → 现场救援
事故调查组 → 现场救援

应急行动

后期处理 ← 伤亡人员的善后处置
后期处理 ← 社会救助与保险理赔
后期处理 ← 搜救效果和应急经验总结

应急行动结束

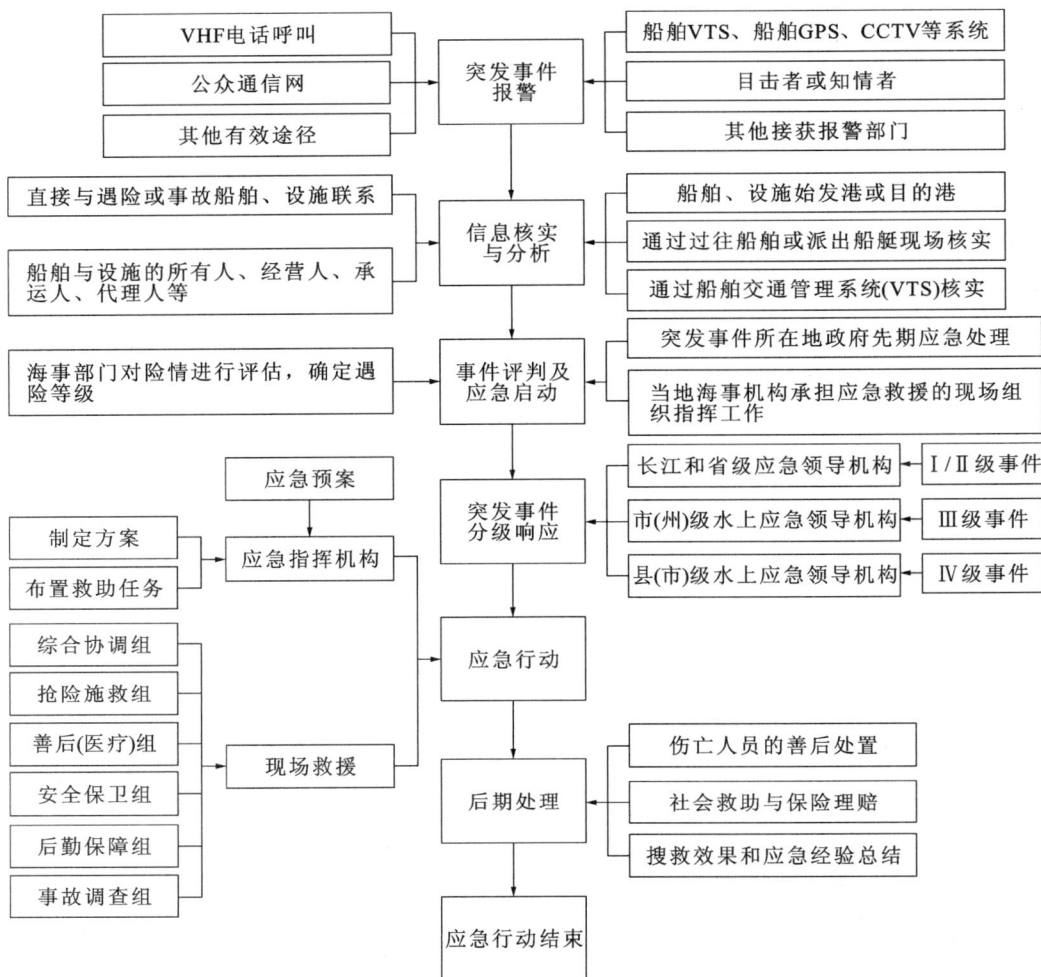

**图 5.9　长江水上交通安全突发事件应急处置流程**

向事发辖区海事机构通报并同时向上级海事机构报告;

(2)按照水上突发事件的级别通知有关人员进入指挥位置;

(3)在已掌握情况基础上,确定救助区域,明确实施救助工作的任务与具体救助措施;

(4)根据已制定的应急预案,调动应急力量执行救助任务;

(5)建立应急通信机制;

(6)指定现场指挥;

(7)救助现场需实施水上交通管制的,及时由辖区海事管理机构发布航行管理通告并组织实施管制行动;

(8)根据救助情况,及时调整救助措施;

（9）涉及船舶造成污染的,按有关船舶油污应急反应程序处理和通报。

3）水上交通安全突发事件的分级响应

水上交通安全突发事件的应急反应按照县（市）水上突发事件应急领导机构、市（州）水上突发事件应急领导机构、长江水上突发事件应急领导机构从低到高依次响应。

任何水上突发事件,辖区内本级水上突发事件应急领导机构应首先进行响应。责任区内的水上突发事件应急领导机构应急力量不足或无法控制事件扩展时,应请求上级突发事件应急领导机构开展应急响应。

4）水上交通安全突发事件的应急行动

水上交通安全突发事件的应急行动包括水上突发事件应急指挥机构的行动和现场救援行动两部分。

水上突发事件应急指挥机构应当根据突发事件的具体情况制定应急行动方案、布置应急救援任务,并将水上突发事件发生的时间、区域水况、种类、遇险者情况及所需要的救助、所执行任务的目的、实施救助过程中的工作与现场要求等信息及时准确地告知各种搜救力量。根据救助行动情况及需要,水上突发事件应急指挥机构应及时布置遇险人员的医疗救护;当水上突发事件可能对公众造成危害时,通知有关部门组织人员疏散或转移;做出维护治安的安排;指令有关部门提供水上突发事件应急反应的支持保障。

现场指挥机构（人员）应当下设综合协调组、抢险施救组、善后（医疗）组、安全保卫组和后勤保障组等五个现场工作组。各工作组根据职责任务具体承担水上交通事故险情救援和处置工作。同时,按照事故现场调查工作的有关规定,成立应急事件调查组,开展现场调查工作,搜集物证等材料,在应急结束后如实、完整、及时送交水上突发事件应急领导小组。

（1）综合协调组应当由政府及各相关部门负责人组成。综合协调组任务是:组织相关部门和单位赶赴现场;落实水上突发事件应急领导机构有关指示和批示;协调抢险救援工作,启动相关保障预案,确保现场治安、医疗救援和通信畅通;调集抢险救援相关资料;负责现场报告,上报抢险救援进展情况;负责新闻报道。

（2）抢险施救组应当由海事部门、公安消防部门、环保部门、气象地质部门、专业抢险救援队伍、医疗救护队伍、咨询机构专家组、政府及其有关部门的负责人组成。抢险施救组任务是:组织专家勘察应急事件现场,并由参与现场抢救的海事、港航、渔政等法定部门对现场事故公正调查取证,研究现场情况,提出现场抢救方案,实施以救人为主的抢险措施;调集抢险救援所需器材、物资和抢险救援队伍,迅速开展抢险救援工作。

（3）善后（医疗）组人员应当由水上交通安全应急事件发生地区政府牵头,卫生部门、民政部门、财政部门、工会、有关保险公司、应急事件发生单位及当地政府各有关部门组成。善后（医疗）组任务是:配合抢险救援工作,迅速组织有关部门和人员开展伤亡人员的善后处理事宜;组织有关医疗单位对伤亡人员实施救治和处置;安置临时疏散人员;进行理赔、安抚工作,做好群众思想工作。

（4）安全保卫组的人员根据实际情况,由公安部门、长江航运公安局、武警部队和应急事件发生单位的相关人员组成。安全保卫组任务是:负责警戒、控制、保护应急事件发生现场及其周边地区、道路、水域,组织人员有序疏散,保护现场财产安全,保障抢险救援工作正常开展,保障社会秩序稳定。

（5）后勤保障组的人员应当由应急事件发生地区政府牵头,当地政府各有关部门、应急事件发生单位等专门人员组成。后勤保障组任务是:为抢险救援及事故调查工作人员提供必要的生活条件及急需的抢险救援器材与物资。

5）水上交通安全突发事件的后期处理

水上交通安全突发事件的后期处理包括伤亡人员的善后处理、社会救助、保险理赔、应急行动效果和经验总结等方面,力求使水上交通安全突发事件的社会灾害性降到最低,通过对应急行动效果和经验总结,完善长江水上交通安全应急管理系统。

## 5.4　水上交通安全预警管理绩效评价

科学地衡量预警管理绩效是一个新的课题。安全预警管理绩效评价不仅仅要考虑安全预警管理的结果,更应考虑安全预警管理机制的执行过程。长江干线水上交通安全预警管理绩效评价是对安全预警管理机制的执行过程和结果进行衡量和综合评判。本章主要论述长江干线水上交通安全预警管理绩效评价的含义,研究并提出长江干线水上交通安全预警管理综合绩效评价的方法和指标体系。其指标体系由预警机制运行绩效、预警机制社会满意绩效和预警管理安全效果绩效三大类共计11个指标组成。实际操作中,一般以年度为评价周期,根据不同部门和对象,三类指标可以选择性使用,也可以综合运用。此外,本章还采用层次分析法（AHP）和模糊综合评价法（FCE）相结合的综合评价模型,对2007年长江干线水上交通安全预警管理绩效评价进行了实证研究。

### 5.4.1 预警管理绩效评价的方法

#### 5.4.1.1 预警管理绩效评价概念

绩效在英文中使用 performance 一词,中文译作业绩、效绩。根据《韦伯斯特斯新世界词典》的解释,绩效的意思是:①正在执行的活动或者已完成的活动;②重大的成就,正在进行的某种活动所取得的成绩。因而,绩效可以看作是一个过程,也可以看作是该过程产生的结果。绩效是业绩和效率的统称,包括活动过程的效率和活动的结果两层含义。

财政部统计评价司定义的企业绩效评价为:运用数理统计和运筹学的方法,采用特定的指标体系,对照统一的评价标准,按照一定的程序,通过定量定性对比分析对企业一定经营期间的经营效益和经验业绩做出客观、公正和准确的综合评判。

绩效的概念与预警管理相结合,其内涵就更具体了,预警管理绩效是指在一定时期内进行预警管理工作的成绩,以及该预警管理为取得这些效益和成绩的一切活动过程的效率,即预警管理的过程绩效。

结合水上交通安全预警管理工作,水上交通预警管理绩效评价就是运用科学、规范的方法和程序,对照统一的评价标准,选取评价指标,设计相应的评价指标体系,采用特定的评价方法,对水上交通安全管理过程中预警管理机制的执行过程和结果的合理性进行衡量比较和综合评判。

#### 5.4.1.2 预警管理绩效评价的方法

根据水上交通预警管理绩效评价的内涵,长江干线水上交通预警管理绩效评价的方法为:确定评价标准—设计评价指标体系—选择评价方法(算法)—实施评价。

1)确定评价标准

由于长江干线水上交通安全预警管理系统的复杂性,评价需要研究的变量关系较多且错综复杂,人们对安全预警管理绩效的认识既有精确的一面,也有模糊的一面,用绝对的"非此即彼"有时不能准确地描述预警管理绩效的客观现实,经常存在着"亦此亦彼"的模糊现象。因此,根据已有研究经验和课题组研究成果,我们将长江干线水上交通安全预警管理绩效的评价标准确定为:很好、好、一般、差四个等级。为了方便定量计算,将四个等级所对应的分数设定如表 5.1 所示。

表 5.1　评语等级及分数

| 等级 | 很好 | 好 | 一般 | 差 |
|---|---|---|---|---|
| 分数 | 4 | 3 | 2 | 1 |

2) 设计评价指标体系

设计评价指标体系是合理开展绩效评价的关键。安全预警管理绩效评价不仅要考虑安全预警管理的结果,更应考虑安全预警管理机制执行过程。通过问卷调查,构建了评价指标体系,详见后续章节介绍。

3) 选择评价方法(算法)

本书从三大方面采用 11 项指标对长江干线水上交通安全预警管理进行评价,这是一个较典型的多层次的综合评价,在实施过程中需要确定不同层次指标权重及综合评价算法。

常用综合评价方法有专家评分法、德尔斐(Delphi)法、SAW 法、AHP 法、TOPSIS 法、DEA 方法、FCE 法、灰色理论评价方法、可拓决策评价方法等。根据研究,本书选用层次分析法(AHP)确定不同层次指标权重,选用模糊综合评价法(FCE)实施综合评价。

(1) 层次分析法(AHP)[39]

层次分析法的基本思想是先要把问题层次化,根据问题的性质和要达到的总目标,将一个复杂的问题分解为多个组成因素,并将这些因素按支配关系分组,从而形成一个有序的递阶层次结构,并最终把系统分析归结为最低层(如决策方案)相对于最高层(总目标)的相对重要性权值的确定或相对优劣次序的排序问题,从而为决策方案的选择提供依据,通过两两比较的方式确定层次中诸因素的相对重要性,然后综合人的判断以确定决策因素相对重要性的总排序。层次分析法的出现给决策者解决那些难以定量描述的问题带来了极大方便,这种方法将分析人员的经验判断量化,对目标(因素)结构复杂且缺乏必要数据的情况更为实用,是目前系统工程处理定性与定量相结合问题简单易行且行之有效的一种系统分析方法,它的应用涉及广泛的科学和实际领域。

本项研究中,各个因素的权重确定就是按照层次分析法来进行的。它是多位专家的经验判断结合适当的数学模型,再进一步运算确定权重,是一种较为合理可行的系统分析方法。

层次分析法的基本原理是:先按问题的要求建立一个描述系统功能或特征的系统递阶层次结构,给出判断标准(或评价标准),对每层的系统要素(如目标、准则、方案)进行两两比较,建立判断矩阵。通过判断矩阵特征向量的计算,得出该层要素对上一层要素的权重。在此基础上,计算出各层要素对于总目标的综合权重。层次分析法在本书中实施步骤大体分为 3 个步骤:

①按构成决策问题的各种要素建立多级递阶的层次结构模型

首先,把复杂问题分解为由要素组成的各部分,把这些要素按其属性分成若干组以形成不同层次。某一层次的要素对下一层次的某些要素起支配作用,同时受上一层次要素的支配,从而形成一个递阶层次。

②同一等级层次的要素以上一级的要素为准则进行两两比较,引入 1～9 比例尺度(表 5.2),确定其相对重要程度,并据此建立判断矩阵。

表 5.2　标度含义

| 标　度 | 含　　义 |
|---|---|
| 1 | 表示两个要素相比,具有同样重要性 |
| 3 | 表示两个要素相比,一个要素比另一个要素稍微重要 |
| 5 | 表示两个要素相比,一个要素比另一个要素明显重要 |
| 7 | 表示两个要素相比,一个要素比另一个要素强烈重要 |
| 9 | 表示两个要素相比,一个要素比另一个要素极端重要 |
| 2、4 | 上述两相邻判断的中值 |
| 6、8 | 上述两相邻判断的中值 |
| 倒数 | 要素 $i$ 与 $j$ 比较的判断 $b_{ij}$,则要素 $j$ 与 $i$ 相比的判断 $b_{ji} = 1/b_{ij}$ |

③构建判断矩阵,计算被比较要素的相对权重及一致性检验

层次单排序就是计算同一层次相应要素对于上一层次某要素的相对重要性排序权值。由于构建比较判断矩阵时,评价者难以做出精确的判断,估计时可能出现偏差甚至严重的思维判断不一致,因此必须进行检验。平均随机一致性指标 $RI$ 值见表 5.3。

表 5.3　平均随机一致性指标 $RI$ 的值

| 矩阵阶数($n$) | 1 | 2 | 3 | 4 | 5 | 6 | 7 | 8 | 9 |
|---|---|---|---|---|---|---|---|---|---|
| $RI$ | 0 | 0 | 0.58 | 0.96 | 1.12 | 1.24 | 1.32 | 1.41 | 1.45 |

定义一致性指标 $CI = \dfrac{\lambda_{\max} - n}{n - 1}$,定义随机性一致性比率 $CR = \dfrac{CI}{RI}$。式中,$\lambda$ 为特征向量值;$n$ 为阶数;$RI$ 为平均随机一致性指标,它是仅与比较判断

矩阵的阶数有关的指标。当 $CR<0.10$ 时,认为判断矩阵的一致性是可以接受的,否则应对判断矩阵作适当修正,直到具有满意的一致性为止。

（2）模糊综合评价法（FCE）[39]

长江干线水上交通安全预警管理绩效评价,存在着"亦此亦彼"的模糊现象,因此,运用模糊综合评判法解决综合评价问题,是客观事物的需要,也是主观认识能力的发展。

模糊综合评价是以模糊数学为基础,应用模糊关系合成的原理,从多个指标对被评价事物隶属等级状况进行综合性评判的一种方法。它把被评价事物的变化区间做出划分,并对事物属于各个等级的程度做出分析,使得对事物的描述更加深入和客观。该方法是模糊数学在自然科学领域和社会科学领域中应用的一个重要方面。模糊综合评价法的优点:①隶属函数和模糊统计方法为定性指标定量化提供了有效的方法,实现了定性和定量方法的有效集合;②在客观事物中,一些问题往往不是绝对的肯定或绝对的否定,涉及模糊因素,模糊综合评价法很好地解决了判断的模糊性和不确定性问题;③所得结果为一向量,即评价集在其论域上的子集,克服了传统数学方法结果单一性的缺陷,结果包含的信息量丰富。

模糊综合评价法的基本原理是,首先确定被评价对象的要素集 $U=(u_1, u_2, \cdots, u_m)$ 和评价集 $V=(v_1, v_2, \cdots, v_n)$,其中 $u_i$ 为各单项指标,$v_j$ 为对 $u_i$ 的评价等级层次,一般可分为五个等级:$V=$（很好,好,较好,一般,差）;再分别确定各个要素的权重及它们的隶属度向量,获得模糊评价矩阵;最后把模糊评价矩阵与要素的权重集进行模糊运算并进行归一化,得到模糊评价综合结果。

4）实施评价

计算某一时期的预警管理绩效指标,应用选定的评价模型,对这一时期水上交通安全预警管理绩效实施综合评价。

## 5.4.2　预警管理绩效评价指标体系

任何管理的价值都不是单一的,而是多元化、多层次的,水上交通安全管理尤其如此。唯有对其价值内涵进行多元化、多层次的评价,才能对水上交通安全管理工作的绩效做出广度、深度兼具的评价,并作为一个行之有效的管理方法,对工作起到良好的指导作用,以达到提高管理绩效、保障水上交通安全的最终目的。建立一套科学的绩效评价体系,是开展安全预警管理绩效评价的前提。

5.4.2.1   评价指标设计的指导思想

长期以来,人们习惯于"以成败论英雄",对于水上交通安全管理方面的评价,人们通常用其所服务的水上交通系统希望达到的安全状况作为标准和依据,这种理解显然是片面的。

(1)水上交通事故的发生是多方面因素作用的结果,水上安全监管(包括预警管理)不是决定水上交通安全的全部内容。

水上交通系统安全状况是系统中的人、船、环境及各种管理(包括船上的、船公司的、主管机关的管理)等因素共同作用的结果。水上安全预警管理属于监督管理系统,是水上交通安全系统的协调、控制力量,水上安全监督管理工作并不是决定水上交通安全的全部内容。水上安全监督管理水平的提高可以减少事故的发生、改善安全状况,但有时事故增多并不能说明安全管理水平的降低,因为交通事故的发生是多方面因素促成,诸如自然环境方面的因素往往非人力所能控制的。

(2)安全预警管理绩效评价不仅要考虑预警管理的结果,更应考虑预警管理机制执行过程。

根据绩效评价的内涵,结合水上交通安全预警管理的实际情况,本书认为,水上交通安全预警管理绩效评价应该从预警机制运行绩效、社会满意绩效和管理安全效果绩效三方面进行综合评价,其中,"预警机制运行绩效"是评估预警机制运行效率,而"社会满意"和"管理效果"是评估安全预警管理对水上交通安全状况改善的绩效。

(3)根据评价需要选择可靠的和可能的指标。

选择何种指标、多少指标构成水上交通安全预警管理绩效评价的指标体系,要考虑数据来源的可能性和可靠性。

①根据水上交通安全预警管理工作的需要确立指标。一是能获得对预警管理工作全面准确的评价;二是使得评价结果具有纵向和横向的可比性;三是可以通过数据分析,探讨哪些管理行为对于水上交通安全至关重要,从而加大对这些管理工作的投入。

②根据指标所反映信息量的大小确立指标。要在众多的安全预警管理绩效指标中选择少数几个有代表性、蕴涵信息量大、能够较全面地刻画水上交通安全预警管理绩效变化特征的综合性指标。

③根据各指标变量间相互独立的要求确立指标。指标变量独立性是基本要求,如果指标间重复信息过多,就不便发挥指标的最大作用,也会给综合评价带来不必要的麻烦,甚至影响到评价的效果。因此,指标体系要尽量避

免指标信息的重复。

5.4.2.2　确定评价指标体系

根据前面的分析,长江水上交通安全预警管理综合绩效由三大要素组成,分别是预警机制运行绩效、预警机制社会满意绩效和预警管理安全效果绩效。课题组设计了调查问卷(见附录四),经过专家问卷调查,最终确定综合评价指标体系由三大类一级指标、11 个二级指标组成,详见表 5.4。

表 5.4　长江水上交通安全预警管理绩效综合评价指标体系

| A<br>长江干线水上交通安全预警管理绩效评价指标体系 | $B_1$ 预警机制运行绩效 | $C_1$ 预警风险类别发布准确率 |
|---|---|---|
| | | $C_2$ 预警等级发布准确率 |
| | | $C_3$ 预警信息发布及时率 |
| | | $C_4$ 预警对策发布准确率 |
| | $B_2$ 预警机制社会满意绩效 | $C_5$ 船员满意度 |
| | | $C_6$ 船东满意度 |
| | | $C_7$ 公众满意度 |
| | $B_3$ 预警管理安全效果绩效 | $C_8$ 险情数下降率 |
| | | $C_9$ 死亡人数下降率 |
| | | $C_{10}$ 沉船数下降率 |
| | | $C_{11}$ 经济损失下降率 |

预警机制运行绩效指标直接评价预警机制运行效率,预警机制社会满意绩效指标主要评价预警管理服务成效,预警管理安全效果绩效指标评价预警管理对改善安全状况的成效。实际操作中,一般以年度为评价周期,根据不同部门和对象,三类指标可以选择性使用,也可以综合运用。

1)预警机制运行绩效指标

该类指标主要评价预警机制本身执行过程的效率,含 4 项二级指标。

(1)预警风险类别发布准确率:评价预警发布中所确定的风险类别的准确程度,计算式如下:

$$预警风险类别发布准确率 = \frac{准确发布预警风险类别的次数}{实际发生的险情总次数} \quad (5\text{-}1)$$

(2)预警等级发布准确率:评价预警发布中所确定的预警等级的准确程度,计算式如下:

$$预警等级发布准确率 = \frac{准确发布预警等级的次数}{实际发生的险情总次数} \quad (5\text{-}2)$$

(3)预警信息发布及时率:评价预警信息发布的及时程度,计算式如下:

$$预警信息发布及时率 = \frac{0.5h\,内发布预警信息的次数}{实际发生的险情总次数} \quad (5-3)$$

（4）预警对策发布准确率：评价所发布预警对策的准确程度计算式如下：

$$预警对策发布准确率 = \frac{准确发布预警对策的次数}{实际发生的险情总次数} \quad (5-4)$$

2）预警机制社会满意绩效指标

该类指标主要衡量预警服务对象对预警机制效果的满意程度，从预警管理的成效方面进行评价，含 3 项二级指标。

（1）船员满意度：衡量船员对所运行的预警管理机制及预警信息发布的满意程度。

（2）船东满意度：衡量船东对所运行的预警管理机制及预警信息发布的满意程度。

（3）公众满意度：衡量社会公众对所运行的预警管理机制及预警信息发布的满意程度。

3）预警管理安全效果绩效指标

评价预警管理对事故的降低是否有效，该类指标直接从预警管理的成效方面进行评价，含 4 项二级指标。

（1）险情数下降率：某一周期内发生的险情数与上一周期险情数相比下降的比率。计算式如下：

$$险情下降率 = \frac{上一周期险情数 - 本期险情数}{上一周期险情数} \quad (5-5)$$

（2）死亡人数下降率：某一周期内发生的航运事故中人员死亡总数与上一周期的死亡总数相比下降的比率。计算式如下：

$$死亡人数下降率 = \frac{上一周期事故死亡人数 - 本期事故死亡人数}{上一周期事故死亡人数} \quad (5-6)$$

（3）沉船数下降率：某一周期内发生沉船的总数与上一周期发生沉船的总数相比下降的比率。计算式如下：

$$沉船数下降率 = \frac{上一周期沉船数 - 本期沉船数}{上一周期沉船数} \quad (5-7)$$

（4）经济损失下降率：某一周期内发生的航运事故造成的财产损失总额与上一周期相比下降的比率。计算式如下：

$$经济损失下降率 = \frac{上一周期事故财产损失额 - 本期事故财产损失额}{上一周期事故财产损失额}$$

$$(5-8)$$

### 5.4.3 长江干线水上交通安全预警管理绩效评价

从 2006 年 11 月开始，长江海事局建立并实施了"六大类别、四级预警、三级发布"的水上交通安全预警机制。2007 年，全线共组织实施各类安全预警行动 171 次，有效应对了多次大风、大雾、大水等恶劣气况、环境对水上交通安全的影响，积极促进了辖区安全形势的持续稳定。

根据前述水上交通安全预警管理绩效评价方法，通过问卷调查，采用基于 AHP-FCE 的综合评价模型，对 2007 年的安全预警管理绩效进行综合评价。

#### 5.4.3.1 基于 AHP 的指标体系权重确定

1）指标体系层次结构

长江干线水上交通安全预警管理绩效评价指标体系由三大类一级指标、11 个二级指标组成。运用层次分析法确定各层评价指标权重，将长江干线水上交通安全预警管理绩效综合评价的指标体系分为三个层次，见图 5.10。

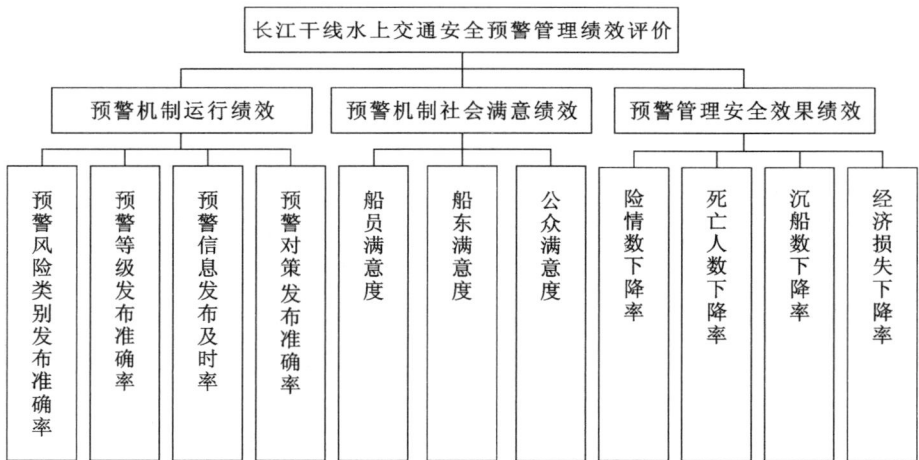

**图 5.10 长江干线水上交通安全预警管理绩效评价指标层次结构**

（1）目标层

目标为"长江干线水上交通安全预警管理绩效评价"。

（2）准则层

与长江干线水上交通安全预警管理绩效评价指标体系构成相对应，将三大类一级指标规定为准则层的指标，它们分别为预警机制运行绩效、预警机制社会满意绩效和预警管理安全效果绩效。

（3）指标层

这是整个指标体系的核心部分,由长江干线水上交通安全预警管理绩效评价指标体系的 11 个二级指标组成。

2)指标权重的计算

通过问卷调查判断各指标之间相对重要性,并得出判断矩阵;然后,通过几何平均法,对判断矩阵进行一致性检验,计算得出各层指标的权重值。

（1）计算方法

①判断矩阵

判断矩阵表示对上一层某因素（指标）,本层次的各因素（指标）之间相对重要性的比较。例如,对于集合 $C(B_1) = \{C_1, C_2, C_3, C_4\}$,构建的判断矩阵如表 5.5 所示。

**表 5.5　判断矩阵**

| $B_1$ | $C_1$ | $C_2$ | $C_3$ | $C_4$ |
|---|---|---|---|---|
| $C_1$ | $a_{11}$ | $a_{12}$ | $a_{13}$ | $a_{14}$ |
| $C_2$ | $a_{21}$ | $a_{22}$ | $a_{23}$ | $a_{24}$ |
| $C_3$ | $a_{31}$ | $a_{32}$ | $a_{33}$ | $a_{34}$ |
| $C_4$ | $a_{41}$ | $a_{42}$ | $a_{43}$ | $a_{44}$ |

②计算判断矩阵每一行元素的乘积 $M_i$

$$M_i = \prod_{j=1}^{n} a_{ij} \qquad (i = 1, 2, \cdots, n)$$

③计算 $M_i$ 的 $n$ 次方根

$$\overline{W_i} = \sqrt[n]{M_i}$$

④求出特征向量

$$W_i = \frac{\overline{W_i}}{\sum_{i=1}^{n} \overline{W_i}}$$

⑤计算判断矩阵的最大特征值 $\lambda_{max}$

$$\lambda_{max} = \sum_{i=1}^{n} \frac{(AW)_i}{nW_i}$$

式中　　$(AW)_i$——$AW$ 的第 $i$ 个元素。

⑥在得到最大特征值后,还要对判断矩阵进行一致性检验和随机性检验,即计算指标 $CR = \dfrac{CI}{RI}$。当 $CR < 0.1$ 时,即认为判断矩阵具有满意的一致

性,说明权数分配是合理的;否则,就需要调整判断矩阵,直到取得满意的一致性为止。

（2）计算结果

各级指标间重要性比较是通过对长江航务管理局、长江海事局及长江沿线各地方海事局专业人员、多家从事长江航运的船公司和众多船员等进行问卷调查确定的,结果见表5.6~表5.9所示。

①第二层指标重要性对比

**表5.6　长江干线水上交通安全预警管理综合绩效评价**

| W | 预警机制运行绩效 | 预警机制社会满意绩效 | 预警管理安全效果绩效 |
|---|---|---|---|
| 预警机制运行绩效 | 1 | 5/2 | 5 |
| 预警机制社会满意绩效 | 2/5 | 1 | 2 |
| 预警管理安全效果绩效 | 1/5 | 1/2 | 1 |

$\lambda_{max} = 3.0373$　$CI = 0.0175$　$CR = 0.0305 < 0.1$　满足一致性检验。

②第三层指标重要性对比

**表5.7　$B_1$ 预警机制运行绩效**

| W | 预警风险类别发布准确率 | 预警等级发布准确率 | 预警信息发布及时率 | 预警对策发布准确率 |
|---|---|---|---|---|
| 预警风险类别发布准确率 | 1 | 5/4 | 1/3 | 1 |
| 预警等级发布准确率 | 4/5 | 1 | 5/3 | 1 |
| 预警信息发布及时率 | 3 | 3/5 | 1 | 1 |
| 预警对策发布准确率 | 1 | 1 | 1 | 1 |

$\lambda_{max} = 5.3049$　$CI = 0.0426$　$CR = 0.0439 < 0.1$　满足一致性检验。

**表5.8　$B_2$ 预警机制社会满意绩效**

| W | 船员满意度 | 船东满意度 | 公众满意度 |
|---|---|---|---|
| 船员满意度 | 1 | 5 | 10 |
| 船东满意度 | 1/5 | 1 | 7 |
| 公众满意度 | 1/10 | 1/7 | 1 |

$\lambda_{max} = 3.0393$　$CI = 0.0189$　$CR = 0.0313 < 0.1$　满足一致性检验。

表 5.9 $B_3$ 预警管理安全效果绩效

| $W$ | 险情数下降率 | 死亡人数下降率 | 沉船数下降率 | 经济损失下降率 |
|---|---|---|---|---|
| 险情数下降率 | 1 | 1/3 | 2 | 5/2 |
| 死亡人数下降率 | 3 | 1 | 6 | 6 |
| 沉船数下降率 | 1/2 | 1/6 | 1 | 3/5 |
| 经济损失下降率 | 2/5 | 1/6 | 5/3 | 1 |

$\lambda_{max} = 5.2293$  $CI = 0.0361$  $CR = 0.0583 < 0.1$  满足一致性检验。

在已得出的优先矩阵(重要性对比表)的基础上,通过前面介绍的方法步骤,计算得出的各级指标权重,如表 5.10 所示。

表 5.10 各级指标权重一览表

| 符号编码 | 指标 $x$ | 权重 $\omega_x$ |
|---|---|---|
| A | 预警机制运行绩效 | 0.625 |
| | 预警机制社会满意绩效 | 0.250 |
| | 预警管理安全效果绩效 | 0.125 |
| $B_1$ | 预警风险类别发布准确率 | 0.207 |
| | 预警等级发布准确率 | 0.266 |
| | 预警信息发布及时率 | 0.293 |
| | 预警对策发布准确率 | 0.234 |
| $B_2$ | 船员满意度 | 0.713 |
| | 船东满意度 | 0.235 |
| | 公众满意度 | 0.052 |
| $B_3$ | 险情数下降率 | 0.210 |
| | 死亡人数下降率 | 0.592 |
| | 沉船数下降率 | 0.109 |
| | 经济损失下降率 | 0.089 |

### 5.4.3.2　基于 FCE 的综合评价

1)评价等级的划分

(1)确定评语集

长江干线水上交通安全预警管理绩效的评价等级为:很好,好,一般,差,则构成一个评语的集合为:$V=\{$很好,好,一般,差$\}$,四个等级所对应的分数设定如表 5.1 所示。

(2)评价结果等级划分

依据表 5.1 划分标准,通过问卷调查对各级指标进行评分并计算出最终综合评价指数。于是,长江干线水上交通安全预警管理绩效可以划分为 5 个等级,见表 5.11。

**表 5.11　评价等级和指数**

| 评价等级 | 很好 | 好 | 较好 | 一般 | 差 |
|---|---|---|---|---|---|
| 指数范围 | $x=4$ | $4>x\geqslant3$ | $3>x\geqslant2$ | $2>x>1$ | $x=1$ |

2)各指标隶属度确定

模糊评价中隶属度的确定主要有两种方式,一种是隶属函数法,即根据需要定量评价指标的计算公式变换而得出隶属函数,或以经验公式作为隶属函数;二是利用专家评价方法对各层评价指标进行评判打分,即"民意测验"法来确定隶属矩阵。鉴于本项评价中大多数是定性评价指标,所以本书采用"民意测验"法来确定隶属度并形成隶属矩阵,然后通过归一化处理,得出具有可比性的综合结果。

例如,对于 $C(B_1)=(C_1,C_2,C_3,C_4)$ 集合中 $C_1$ 预警风险类别发布准确率,采用问卷评分,结果是:评语为"很好"的人为 0,60% 的人评语为"好",30% 的人评语为"一般",10% 的人评语为"差",则这个结果可用模糊集合 $b_{11}=[0,0.6,0.3,0.1]$ 来描述。同理,另外 3 个指标 $C_2$、$C_3$、$C_4$ 的问卷评分结果也可以这样表示,称为评价结果模糊行向量。五个行向量组合起来即为它们对于其上一层指标 $B_1$ 的隶属矩阵 $R_{(B_1)}$:

$$R_{(B_1)}=\begin{bmatrix}b_{11}\\b_{12}\\b_{13}\\b_{14}\end{bmatrix}$$

各指标问卷评分及隶属度计算如下:

(1)$B_1$ 预警机制运行绩效指标指数见表 5.12～表 5.15 所示。

表 5.12　$C_1$ 预警风险类别发布准确率

| 等级(分数) | 很好(4) | 好(3) | 一般(2) | 差(1) |
|---|---|---|---|---|
| 人数 | 6 | 3 | 1 | 0 |
| 人数比例 | 0.6 | 0.3 | 0.1 | 0 |

$C_1$ 预警风险类别发布准确率指数为:$0.6×4+0.3×3+0.1×2+0×1=3.5$。

表 5.13　$C_2$ 预警等级发布准确率

| 等级(分数) | 很好(4) | 好(3) | 一般(2) | 差(1) |
|---|---|---|---|---|
| 人数 | 4 | 4 | 2 | 0 |
| 人数比例 | 0.4 | 0.4 | 0.2 | 0 |

$C_2$ 预警等级发布准确率指数为:$0.4×4+0.4×3+0.2×2+0×1=3.2$。

表 5.14　$C_3$ 预警信息发布及时率

| 等级(分数) | 很好(4) | 好(3) | 一般(2) | 差(1) |
|---|---|---|---|---|
| 人数 | 3 | 5 | 2 | 0 |
| 人数比例 | 0.3 | 0.5 | 0.2 | 0 |

$C_3$ 预警信息发布及时率指数为:$0.3×4+0.5×3+0.2×2+0×1=3.1$。

表 5.15　$C_4$ 预警对策发布准确率

| 等级(分数) | 很好(4) | 好(3) | 一般(2) | 差(1) |
|---|---|---|---|---|
| 人数 | 3 | 5 | 2 | 0 |
| 人数比例 | 0.3 | 0.5 | 0.2 | 0 |

$C_4$ 预警对策发布准确率指数为:$0.3×4+0.5×3+0.2×2+0×1=3.1$。

(2)$B_2$ 预警机制社会满意绩效指标指数见表 5.16～表 5.18 所示。

表 5.16　$C_5$ 船员满意度

| 等级(分数) | 很好(4) | 好(3) | 一般(2) | 差(1) |
|---|---|---|---|---|
| 人数 | 3 | 4 | 2 | 1 |
| 人数比例 | 0.3 | 0.4 | 0.2 | 0.1 |

$C_5$ 船员满意度指数为:$0.3×4+0.4×3+0.2×2+0.1×1=2.9$。

**表 5.17  $C_6$ 船东满意度**

| 等级(分数) | 很好(4) | 好(3) | 一般(2) | 差(1) |
|---|---|---|---|---|
| 人数 | 0 | 5 | 4 | 1 |
| 人数比例 | 0 | 0.5 | 0.4 | 0.1 |

$C_6$ 船东满意度指数为：$0×4+0.5×3+0.4×2+0.1×1=2.4$。

**表 5.18  $C_7$ 公众满意度**

| 等级(分数) | 很好(4) | 好(3) | 一般(2) | 差(1) |
|---|---|---|---|---|
| 人数 | 1 | 4 | 4 | 1 |
| 人数比例 | 0.1 | 0.4 | 0.4 | 0.1 |

$C_7$ 公众满意度指数为：$0.1×4+0.4×3+0.4×2+0.1×1=2.5$。

（3）$B_3$ 预警管理安全效果绩效指标指数

据统计,2007 年长江干线水上交通共发生事故及险情 441 件,其中一般及以上等级事故 43 件,死亡、失踪 62 人,沉船 30 艘,直接经济损失 1710.3 万元,安全状况综合评估指数为 86.5。与历年事故发生情况相比,2007 年一般及以上等级事故件数创 20 年最低。2007 年与 2006 年相比,险情数上升 10.8%,死亡人数上升 37.8%,沉船数上升 20%,经济损失下降 14.5%。

针对上述情况,调查问卷评分及指标指数见表 5.19~表 5.22 所示。

**表 5.19  $C_8$ 险情数下降率**

| 等级(分数) | 很好(4) | 好(3) | 一般(2) | 差(1) |
|---|---|---|---|---|
| 人数 | 0 | 0 | 1 | 9 |
| 人数比例 | 0 | 0 | 0.1 | 0.9 |

$C_8$ 险情数下降率指数为：$0×4+0×3+0.1×2+0.9×1=1.1$。

**表 5.20  $C_9$ 死亡人数下降率**

| 等级(分数) | 很好(4) | 好(3) | 一般(2) | 差(1) |
|---|---|---|---|---|
| 人数 | 0 | 0 | 0 | 10 |
| 人数比例 | 0 | 0 | 0 | 1.0 |

$C_9$ 死亡人数下降率指数为：$0×4+0×3+0×2+1.0×1=1.0$。

**表 5.21 $C_{10}$ 沉船数下降率**

| 等级(分数) | 很好(4) | 好(3) | 一般(2) | 差(1) |
|---|---|---|---|---|
| 人数 | 0 | 0 | 0 | 10 |
| 人数比例 | 0 | 0 | 0 | 1.0 |

$C_{10}$ 沉船数下降率指数为:$0 \times 4 + 0 \times 3 + 0 \times 2 + 1.0 \times 1 = 1.0$。

**表 5.22 $C_{11}$ 经济损失下降率**

| 等级(分数) | 很好(4) | 好(3) | 一般(2) | 差(1) |
|---|---|---|---|---|
| 人数 | 4 | 5 | 1 | 0 |
| 人数比例 | 0.4 | 0.5 | 0.1 | 0 |

$C_{11}$ 经济损失下降率指数为:$0.4 \times 4 + 0.5 \times 3 + 0.1 \times 2 + 0 \times 1 = 3.3$。

综上所述:

$B_1$:预警机制运行绩效指数为:$0.207 \times 3.5 + 0.266 \times 3.2 + 0.293 \times 3.1 + 0.234 \times 3.1 = 3.209$,根据表 5.11,2007 年预警机制运行绩效为"好"。

$B_2$:预警机制社会满意度绩效指数为:$0.713 \times 2.9 + 0.235 \times 2.4 + 0.052 \times 2.5 = 2.762$,2007 年预警机制社会满意度绩效为"较好"。

$B_3$:预警管理安全效果绩效指数为:$0.210 \times 1.1 + 0.592 \times 1.0 + 0.089 \times 3.3 + 0.109 \times 1.0 = 1.226$,2007 年预警管理安全效果绩效为"一般"。

3)综合评价指数计算

根据前述计算,综合评价第二级指标指数及权重如表 5.23 所示。

**表 5.23 二级指标指数及权重**

| 指标 | $B_1$ 预警机制运行绩效 | $B_2$ 预警机制社会满意绩效 | $B_3$ 预警管理安全效果绩效 |
|---|---|---|---|
| 指数 | 3.209 | 2.762 | 1.226 |
| 权重 | 0.625 | 0.250 | 0.125 |

则长江干线水上交通安全预警管理绩效综合指数为:

$$3.209 \times 0.625 + 2.762 \times 0.250 + 1.226 \times 0.125 = 2.849$$

根据长江干线水上交通安全预警管理绩效评价等级和指数表 5.11,2007 预警管理综合绩效为"较好"。

# 6 长江干线水上交通安全预警管理关键技术

本章根据长江干线水上交通事故险情与风险因素特点,设计了初步的预警指标体系;通过问卷调查与专家评估相结合的方式分析安全风险因子,确定并构建了预警指标体系;采用规范法、德尔斐法结合专家评估,确定各预警指标的等级阈值;以单因素突变和多因素耦合风险评估模型为核心,以长江干线水上交通安全预警管理模式为依据,论述预警管理系统的设计与开发,包括预警管理系统结构设计,预警管理信息采集、传输与发布模式的确定,预警管理系统的开发,以及预警管理系统在长江干线航段的应用范例。

## 6.1 预警指标体系构建

### 6.1.1 预警指标的提出——六大类 18 个指标

为增强长江水上交通安全风险分析和应对能力,提高水上交通安全管理工作的前瞻性、针对性、科学性,保障人命、财产和环境安全,自 2006 年起,长江航务管理局和长江海事局联合武汉理工大学开展了长江水上交通安全预警管理的研究。2006 年 11 月,在深入总结 20 多年水上交通事故特点和安全监管经验的基础上,长江海事局开始实施"六大类别、四级预警、三级发布"的水上交通安全预警管理机制。

"六大类别"是指"安全形势、通航秩序、枯水、洪水、气象灾害、地质灾害",六个类别共计 18 个预警指标体系,见表 6.1。"四级预警"是指预警等级由高到低分为四个级别,即一级(红色)预警、二级(橙色)预警、三级(黄色)预警、四级(蓝色)预警,其等级的划分主要采用问卷调查、规范法和专家经验法确定。"三级发布"明确了长江水上安全预警信息分别由长江海事三级机构,即长江海事局、分支海事局、海事处根据权限分别发布。

配合六大类预警指标体系实施预警管理的预警模型是一个基于单因素的预警模型,即在人、船、环境等多种类多因素中,某风险因素达到了预警阈值临界值则触发出相应级别的警情信号,目前已开发出相应的预警管理系统软件为社会服务。

**表 6.1　六大类别 18 个预警指标体系**

| 一级指标 | 编号 | 二级指标 | 指标值 |
|---|---|---|---|
| (1)气象 | 1 | 大风 | 风级 |
| | 2 | 大雾(霾、雪) | 能见度 |
| | 3 | 暴(雷)雨 | 降雨量 |
| (2)枯水 | 4 | 枯水水位 | 重点港口水位值 |
| | 5 | 枯水期葛洲坝下泄量 | 单位时间流量 |
| (3)洪水 | 6 | 洪水水位 | 防汛水位等级和洪峰大小 |
| | 7 | 洪水期葛洲坝下泄量 | 单位时间流量 |
| (4)地质灾害 | 8 | 岸体滑坡 | 24h 内滑坡发生可能性 |
| | 9 | 泥石流 | 24h 内泥石流发生可能性 |
| (5)通航秩序 | 10 | 阻(碍)航时间 | 阻(碍)航时间 |
| (6)安全形势 | 11 | 重大死亡事故 | 一次性事故死亡人数 |
| | 12 | 连续死亡事故 | 连续性事故死亡总人数 |
| | 13 | 连续安全事故 | 连续性安全事故数 |
| | 14 | 船舶污染事故 | 污染事故等级 |
| | 15 | "四客"险情 | 载客人数 |
| | 16 | 危险品船碰撞险情 | 是否发生 |
| | 17 | 危险品船触礁险情 | 是否发生 |
| | 18 | 沉船事故 | 沉船事故数 |

2006 年 11 月长江海事系统开始实施长江水上交通安全预警管理。2006 年 11 月至 2012 年 12 月,共组织实施各类安全预警行动 960 余次,有效应对了多次大风、大雾、大水等恶劣气况、环境对水上安全的影响,保证了长江水上交通安全形势的持续稳定。

### 6.1.2　预警指标的修订——四大类 16 个指标

1)六大类指标预警管理存在的问题

2006 年 11 月至 2012 年 12 月的 6 年间,长江水上交通安全预警机制的实施和运行,积累了大量管理和实践经验,同时也反映出许多问题:

（1）缺乏针对各类信息实时动态采集与处理的方法及手段

目前,长江干线水上交通安全预警所需要的水文、气象、地质灾害等自然环境信息主要来源于水文、气象、地质灾害部门的通报,信息形式各样、采集时效滞后。此外,长江干线虽具有现代化的安全监管信息采集设备,如 VTS、AIS、CCTV、GPS 等,航道信息也可在监管服务器上显示,但不同来源的水文、气象、地质灾害、航道、船舶交通流的信息融合不够。因此,迫切需要一个能实时进行信息采集和融合处理的水上交通安全信息采集系统,为实时预警管理提供数据基础。

（2）预警指标体系不够完善

六大类指标的划分和确定是基于其多年实际工作经验的积累,虽然具有较强的客观性和可操作性,但缺乏针对航道自身特点、运行船舶状态等的实时监控指标,指标体系不够完善,未能充分发挥现代化监管手段的功能。

（3）部分指标缺乏预警功能

"安全形势"类的八个指标,即重大死亡事故、连续死亡事故、连续安全事故、船舶污染事故、"四客"险情、危险品船碰撞险情、危险品船触礁险情、沉船事故,适合事后安全形势评价和管理,不适合用作预警指标。

（4）预警指标的运行区段划分不够清晰

长江干线不同航段有不同的通航环境特征,预警指标及其阈值应根据不同区段的特征进行设定,而六大类 18 个指标及其阈值的设定没有清晰反映出不同区段的特点。

（5）缺乏多因素耦合的安全预警模型

现行的长江干线水上交通安全预警模型是基于单因素突变的预警模型。该模型的实用性、可操作性较强,局限在于无法预判复杂情况下事故的发生,在多诱因同时发生、风险叠加时,无法实现对事故的事前预判和早期识别功能。

2）预警指标体系的修订

从实时动态性、可操作性、系统性、科学性和相对独立性方面出发,全面分析、吸收六大类预警指标体系多年运行的经验,并结合长江水上交通安全事故和险情案例,重新设计预警指标体系。

初步拟定的预警指标体系从自然环境、航道、船舶和海事管理四个方面设计和选择指标,共设计了十一大类 36 个指标,见表 6.2。

表 6.2 十一大类 36 个预警指标

| 指标类别 | 一级指标 | 编号 | 二级指标 | 指标值 |
|---|---|---|---|---|
| 自然环境类 | 气象 | 1 | 大风 | 风级 |
| | | 2 | 大雾(霾、雪) | 能见度(距离) |
| | | 3 | (雷)暴雨 | 降雨量 |
| | | 4 | 高温 | 最高气温 |
| | 地质灾害 | 5 | 山体滑坡 | 是否出现滑坡 |
| | | 6 | 河堤崩陷 | 是否出现崩陷 |
| | 水文 | 7 | 陡涨(落)水位 | 24h 内水位变幅值 |
| | | 8 | 洪水 | 水位值 |
| | | 9 | 枯水 | 水位值 |
| | | 10 | 大流量 | 单位时间流量 |
| | | 11 | 水流速度 | 单位时间流速 |
| 航道类 | 航道条件 | 12 | 航道宽度 | 航道宽度/船舶最大宽度 |
| | | 13 | 航道水深 | 航道水深/船舶设计吃水 |
| | | 14 | 航道弯曲度 | 航道弯曲转(舵)度 |
| | | 15 | 航标完备情况 | 航标完备率 |
| | | 16 | 干支交汇水域 | 是否干支交汇水域 |
| | | 17 | 分叉河段 | 是否分叉河段 |
| | | 18 | 与桥墩、岸边固定设施等碍航物间距 | 安全距离 |
| | | 19 | 与桥梁、线缆等跨河建筑物间距 | 安全高度 |
| | 航道秩序 | 20 | 是否由于事故导致航道单向流控制 | 是/否 |
| | | 21 | 是否由于闸坝维修进行交通流控制 | 是/否 |
| | | 22 | 附近是否有渔业、水工等作业区域 | 是/否 |
| | | 23 | 交通流量 | 断面交通流量 |
| | | 24 | 危险品船舶比率 | 危险品船舶数/船舶总数 |
| | | 25 | 小型船舶比率 | 小型船舶数/船舶总数 |
| | | 26 | 客渡船比率 | 客渡船数/船舶总数 |
| | | 27 | 锚地占用率 | 锚地泊船数/设计容量 |

续表 6.2

| 指标类别 | 一级指标 | 编号 | 二级指标 | 指标值 |
|---|---|---|---|---|
| 船舶类 | 船舶运行 | 28 | 安全水深 | 安全富余水深 |
| | | 29 | 船船航行安全间距 | 船船间距/船长 |
| | | 30 | 船物安全间距 | 船物间距/船宽 |
| | 船载状态 | 31 | 船舶超载情况 | 是否超载 |
| | | 32 | 船舶几何稳定性 | 横倾角度 |
| | | 33 | 装载货物属性 | 是否装载危险品(或旅客) |
| 海事管理类 | 船员管理 | 34 | 船员违规记录 | 违规率 |
| | 船舶管理 | 35 | 船舶违章记录 | 违规率 |
| | 监管设备管理 | 36 | VTS、AIS等监控设施设备完备情况 | 监控设施设备完备率 |
| 补充指标 | | | | |

为了论证指标的合理性,我们组织了长期从事长江航运的船长、船员及相关船公司安全管理人员、长江航务管理系统和海事管理系统的专家及学者进行预警指标体系及阈值的问卷调查(调查表见本书附录三),共计组织了两轮问卷调查,第一轮问卷调查发放问卷 350 份,回收有效问卷 308 份,问卷有效率为 88%;第二轮问卷调查发放问卷 350 份,回收有效问卷 321 份,问卷有效率为 91.8%。

同时我们组织了多次海事监管人员、船长、船公司安全管理人员的专家座谈会。多数专家认为:①安全预警主要针对短时间段出现的突发事态,属于日常安全监管的指标(表 6.2 中指标 12～17、31、34～36)不必作为预警指标;②出现概率极小的突发事态,不必设置预警指标(表 6.2 中指标 5～6);③预警指标不宜设置过多,过多过繁杂的指标预警(表 6.2 中指标 18～22、24～26、32)将导致效率降低和预警功能的丧失;④含义和功能重叠的指标应归并(表6.2中指标 8、9、13 和 28,12、18 和 30,20、21 和 22);⑤指标及阈值的设定需考虑不同航运区段或不同对象的属性,应针对不同区段或对象加以区分。

结合问卷调查结果和专家意见,去除不必要的指标,归并含义和功能重叠的指标,最终确定了四大类 16 个指标的预警指标体系,见表 6.3。指标 1～12 用于不同航段的海事监管中的预警管理;指标 13～16 主要针对单船航行中的安全预警,配合相应的船舶辅助驾驶决策系统和装置开发,用于船舶航行风险控制。

**表 6.3　四大类 16 个预警指标**

| 一级指标 | 编号 | 二级指标 | 预警指标值 | 预警区段或对象 |
|---|---|---|---|---|
| (1)气象 | 1 | 大风 | 风级 | 全线 |
| | 2 | 大雾(霾、雪) | 能见度 | |
| | 3 | (雷)暴雨 | 降雨量 | |
| | 4 | 高温 | 气温 | |
| (2)水文 | 5 | 洪水 | 水位值 | |
| | 6 | 枯水 | 水位值 | |
| | 7 | 水流速度 | 流速 | |
| | 8 | 陡涨(落)水位 | 水位变化值 | |
| | 9 | 大流量 | 单位时间流量 | 重庆界石盘—宜都 |
| (3)航道秩序 | 10 | 交通流密度 | 单位时间断面交通流量 | 繁忙航段和交通流密集区(三峡坝区、港区、桥区、锚泊区、渡口等) |
| | 11 | 交通流控制 | 是否突发事态导致交通流控制 | |
| | 12 | 锚地占用率 | 单位时间锚地停泊船数/设计容量 | |
| (4)船舶运行 | 13 | 安全水深 | 安全富余水深 | 单船 |
| | 14 | 船船安全间距 | 船船间距/船长 | |
| | 15 | 船物安全间距 | 船物间距/船宽 | |
| | 16 | 船舶装载属性 | 是否装载危险品(或旅客) | |

3)四大类 16 个指标体系的特点

四大类 16 个预警指标体系是在长江干线水上交通安全风险因素分析的基础上,从气象、水文、航道秩序、船舶运行状态四个方面进行分类,并实现各指标功能的细分,使新构建的指标体系更系统和科学。与六大类 18 个预警指标体系相比,四大类 16 个预警指标体系实现了多方面的更新和进步。

(1)实时性

高效的安全管理要求能对长江干线航运进行全面实时监控,要求建立的预警指标所需信息能实时、方便获取,以实现对单个船只、断面航道、区域航道船舶及整个航道船舶的实时监控。

长江干线水上交通安全管理系统正在进行信息化建设,已逐步建立以电子江图、船载 GPS、AIS、VTS、CCTV 等现代信息技术为基础的长江干线水上交通信息实时采集系统,保证了实时、动态地监控长江干线航运安全状况,及时、准确地采集预警所需的各方面信息,更有效地实现及时预警功能。

四大类 16 个指标体系中,预警指标的运行和警情判别建立在信息实时采集系统的基础上,不仅实时反映气象和水文方面的警情,还实时监控航道秩序和船舶运行状态,更符合预警事前监控和管理的原则,更能实现安全预警功效,对提高水上交通安全管理,减少事故概率等,更具现实意义。

(2)动态性

六大类 18 个预警指标体系,在动态性方面比较欠缺,静态性指标 9 个(表 6.2 中指标 10~18),动态性指标 9 个(表 6.2 中指标 1~9),占 50%。更新后的四大类 16 个预警指标体系,信息采集均是基于长江干线水上交通信息实时采集系统,全部是动态性指标。

(3)针对性

更新后的四大类 16 个预警指标体系,针对不同风险管理对象设置指标,针对不同的航段特性设定指标阈值,科学性和可操作性更强。

# 6.2　安全预警指标等级划分和阈值确定

本书主要采用基于规范和问卷调查的德尔菲法进行长江干线水上交通安全预警指标等级划分和阈值确定。

## 6.2.1　基于规范的预警等级划分与阈值的确定

基于规范的预警等级划分和评判标准的确定,主要是依据国家和部门的有关法律、法规及行业、部门的规范或标准来划分预警等级及指标阈值,如气象、地质等因素的预警等级划分标准已有明确规定,本书直接采用。

1)根据国家相关法规确定预警等级为四级

《中华人民共和国突发事件应对法》第 42 条规定:"可以预警的自然灾害、事故灾害和公共卫生事件的预警级别,按照突发事件发生的紧急程度、发展势态和可能造成的危害程度分为一级、二级、三级和四级,分别用红色、橙色、黄色和蓝色标示,一级为最高级别"。本书参照上述规定,确定长江干线水上交通安全预警的等级为一级(红色)、二级(橙色)、三级(黄色)和四级(蓝色),即"四级预警",见表 6.4。

表 6.4　长江干线水上交通安全预警等级划分

| 等级 | 一级 | 二级 | 三级 | 四级 |
|---|---|---|---|---|
| 颜色 | 红 | 橙 | 黄 | 蓝 |

2)根据国家气象部门规定确定气象类指标阈值

根据国家气象局颁布实施的《气象灾害预警信号发布与传播办法》(中国气象局令第 16 号),气象灾害预警信号包括台风、暴雨、暴雪、寒潮、大风、沙尘暴、高温、干旱、雷电、冰雹、霜冻、大雾、霾、道路结冰等方面,其中影响长江干线水上交通安全的主要气象因素有大风、大雾(霾、雪)、(雷)暴雨,此外高温气候对危险品船舶安全航行具有较大的影响。长江海事系统已与国家气象局和辖区省市气象部门签订了气象信息网络服务共享协议。本书参考国家气象局气象灾害预警信号及防御指南,确定长江干线水上交通安全大风、(雷)暴雨、高温预警指标阈值;参照长江干线雾航的有关规定,确定大雾(霾、雪)的能见度指标阈值,见表 6.5。

表 6.5　气象类预警指标等级及阈值

| 指标 | 指标值 | 一级(红色) | 二级(橙色) | 三级(黄色) | 四级(蓝色) | 区段或对象 |
|---|---|---|---|---|---|---|
| 大风 | 风力(级) | 6h 内可能受大风影响,平均风力可达 12 级以上,或阵风 13 级以上;或已经受大风影响,平均风力为 12 级以上,或阵风 13 级以上并可能持续 | 6h 内可能受大风影响,平均风力可达 10 级以上,或阵风 11 级以上;或已经受大风影响,平均风力为 10～11 级,或阵风 11～12 级并可能持续 | 12h 内可能受大风影响,平均风力可达 8 级以上;或者阵风 9 级以上;或已经受大风影响,平均风力为 8～9 级,或阵风 9～10 级并可能持续 | 24h 内可能受大风影响,平均风力可达 6 级以上,或阵风 7 级以上;或已经受大风影响,平均风力为 6～7 级,或阵风 7～8 级并可能持续 | 全线 |
| 大雾(霾、雪) | 能见度(m) | 2h 内可能出现能见度小于 50m 的强浓雾(霾、雪),或已经出现能见度小于 50m 的强浓雾(霾、雪)且可能持续 | 6h 内可能出现能见度小于 200m 的浓雾(霾、雪),或已经出现能见度在 50～200m 的浓雾(霾、雪)且可能持续 | 12h 内可能出现能见度小于 500m 的雾(霾、雪),或已经出现能见度在 200～500m 的雾(霾、雪)且可能持续 | 12h 内可能出现能见度小于 800m 的雾(霾、雪),或已经出现能见度在 500～800m 的雾(霾、雪)且可能持续 | |

**续表 6.5**

| 指标 | 指标值 | 一级（红色） | 二级（橙色） | 三级（黄色） | 四级（蓝色） | 区段或对象 |
|---|---|---|---|---|---|---|
| （雷）暴雨 | 降雨量（mm） | 3h 内降雨量将达 100mm 以上，或已达 100mm 以上且降雨可能持续，或伴有强雷电 | 3h 内降雨量将达 50mm 以上，或已达 50mm 以上且降雨可能持续，或伴有强雷电 | 6h 内降雨量将达 50mm 以上，或已达 50mm 以上且降雨可能持续，或伴有雷电 | — | |
| 高温 | 气温（℃） | 24h 内最高气温将升至 40℃ 以上 | 24h 内最高气温将升至 37℃ 以上 | — | — | |

3)根据国家内河通航标准及交通安全的相关规定确定水文类指标阈值

水文类安全预警是针对水文条件短时间内的异常变化导致水上交通安全潜在威胁而实施的预警活动，预警指标包括洪水、枯水、水流速度、陡涨（落）水位、大流量，其中大流量预警主要针对三峡区段由于三峡大坝蓄（放）水导致短期内水流巨大变动对船舶航行安全的影响。根据《内河通航标准》（GB 50139—2014）、《中华人民共和国内河交通安全管理条例》（国务院令第355 号）及《国家海上搜救预案》等，确定水文类预警指标等级及阈值，见表6.6。

**表 6.6　水文类预警指标等级及阈值**

| 指标 | 指标值 | 一级（红色） | 二级（橙色） | 三级（黄色） | 四级（蓝色） | 区段或对象 |
|---|---|---|---|---|---|---|
| 洪水 | 水位值（m） | 当地当时水位值或 24h 内将达到并持续的水位值大于或等于当地防汛保证水位 | 当地当时水位值或 24h 内将达到并持续的水位值大于或等于当地防汛警戒水位与保证水位之间的中间水位 | 当地当时水位值或 24h 内将达到并持续的水位值大于或等于当地防汛警戒水位 | 当地当时水位值或 24h 内将达到并持续的水位值大于或等于当地防汛设防水位与警戒水位之间的中间水位 | 全线 |

| 指标 | 指标值 | 一级(红色) | 二级(橙色) | 三级(黄色) | 四级(蓝色) | 区段或对象 |
|------|--------|-----------|-----------|-----------|-----------|-----------|
| 枯水 | 水位值(m) | 当地当时水位值或 24h 内将达到并持续的水位值小于或等于当地枯水位线(重庆水位 -0.5m;宜昌水位 -1m;沙市水位 -2m;监利水位 0m;城陵矶水位 -0.8m;汉口水位 -1m;九江水位 -0.6m) | 当地当时水位值或 24h 内将达到并持续的水位值小于或等于当地通航保证水位(重庆水位 0m;宜昌水位 0m;沙市水位 -0.5m;监利水位 1m;城陵矶水位 0m;汉口水位 0m;九江水位 0.5m) | 当地当时水位值或 24h 内将达到并持续的水位值小于或等于当地通航保证水位(重庆水位 1m;宜昌水位 1m;沙市水位 0.5m;监利水位 1.5m;城陵矶水位 1m;汉口水位 1m;九江水位 1.5m) | 当地当时水位值或 24h 内将达到并持续的水位值小于或等于当地通航保证水位(重庆水位 2m;宜昌水位 2m;沙市水位 1.5m;监利水位 2.5m;城陵矶水位 2.5m;汉口水位 3m;九江水位 2.5m) | 全线 |
| 水流速度 | 流速(m/s) | ≥5 | ≥4 | ≥3 | ≥2 | |
| 陡涨(落)水位 | 水位变化值(m) | 当地水位 24h 内将上涨或下跌的数值 ≥8m | 当地水位 24h 内将上涨或下跌的数值 ≥6m | 当地水位 24h 内将上涨或下跌的数值 ≥4m | 当地水位 24h 内将上涨或下跌的数值 ≥3m | |
| 大流量 | 单位时间流量(m³/s) | ≥65000 | ≥55000 | ≥45000 | ≥35000 | 重庆界石盘—重庆长寿 |
| | | — | ≥70000 | ≥60000 | ≥55000 | 重庆长寿—三峡坝上 |
| | | ≥55000 | ≥50000 | ≥45000 | ≥35000 | 两坝间 |
| | | ≥472000 | ≥45000 | ≥40000 | ≥35000 | 葛洲坝坝下—宜都 |

## 6.2.2　基于德尔菲法的安全预警指标阈值的确定

气象类和水文类预警指标阈值根据国家相关规定和标准确定,航道秩序类和船舶运行类指标阈值是基于德尔菲法确定的,即利用专家经验、采用问卷调查确定指标阈值。具体如下:

1)初始问卷调查表的设计

在征求部分长江干线海事部门安全管理人员、航运企业管理人员及一线船员意见基础上,针对各类预警指标特点,初步拟定专家调查问卷表(见本书附录三)。

2)第一轮问卷调查表处理

通过组织长期从事长江航运的船长、船员及相关船公司安全管理人员、长江航务管理系统和海事管理系统的专家及学者进行预警指标阈值的问卷调查和专家座谈会,收集预警指标阈值信息。第一轮问卷调查发放问卷 350份,回收 337 份,其中有效问卷 308 份,问卷有效率为 88%。

通过对第一轮问卷调查的统计分析,得到其专家协调系数,见表 6.7。可以看出,专家在船舶运行和航道秩序类指标的阈值划分方面协调程度很差。

表 6.7　第一轮专家协调系数表

| 指标类别 | 航道秩序 | 船舶运行 |
|---|---|---|
| 协调系数 | 48.05% | 23.03% |

3)第二轮问卷调查表的处理

第二轮问卷调查发放问卷 350 份,回收 340 份,其中有效问卷 321 份,问卷有效率为 91.8%。

通过对第二轮问卷调查表的统计分析,得到其专家协调系数,见表 6.8。第二轮专家协调系数各类别均达到了 70% 以上,协调程度相对较好。

表 6.8　第二轮专家协调系数表

| 指标类别 | 航道秩序 | 船舶运行 |
|---|---|---|
| 协调系数 | 76.78% | 72.44% |

通过两轮咨询后,专家意见已基本趋于一致,最终确定航道秩序类和船舶运行类的预警指标阈值,见表 6.9 和表 6.10。

表 6.9　航道秩序类预警指标等级及阈值

| 指标 | 指标值 | 一级(红色) | 二级(橙色) | 三级(黄色) | 四级(蓝色) | 区段或对象 |
|---|---|---|---|---|---|---|
| 交通流密度 | 日断面交通流量(艘次/天) | ≥2000 | ≥1750 | ≥1500 | ≥1250 | 繁忙航段和交通流密集区(三峡坝区、港区、桥区、锚泊区、渡口等) |
| 交通流控制 | 是否突发事态导致交通流控制 | — | — | — | 是 | |
| 锚地占用率 | 日锚地停泊船数/设计容量(%) | — | — | >100% | 90%~100% | |

表 6.10　船舶运行类预警指标等级及阈值

| 指标 | 指标值 | 一级(红色) | 二级(橙色) | 三级(黄色) | 四级(蓝色) | 区段或对象 |
|---|---|---|---|---|---|---|
| 安全水深 | 安全富余水深(m) | ≤0.2 | 0.2~0.4 | 0.4~0.6 | 0.6~0.8 | 单船 |
| 船船安全间距 | 船船间距/船长 | ≤2.0 | 2.0~2.2 | 2.2~2.4 | 2.4~2.7 | |
| 船物安全间距 | 船物间距/船宽 | ≤1.0 | 1.0~1.2 | 1.2~1.4 | 1.4~1.7 | |
| 船舶装载属性 | 是否装载危险品(或旅客) | — | — | 装载旅客 | 装载危化品 | |

## 6.3　预警管理系统设计与开发

根据前述所确定的长江干线水上交通安全预警指标体系,以多因素耦合风险评估模型为核心,以长江干线水上交通安全预警管理模式为依据,进行预警与应急管理系统的设计与开发,实现自动、高效的水上交通安全预警管理,提高长江水上交通安全管理的水平和效率,预防交通灾害的发生,实现及时抢险救援。

### 6.3.1　预警管理系统结构设计

1)预警管理信息化存在的问题

目前,长江干线水上交通安全监管以"管理信息化"和"监管现代化"为依托,初步形成了以重点船舶 GPS 系统、重点港口 VTS 系统、重点水域 CCTV 系统及长江海事信息网络组成的水上交通安全信息系统,有力推动了水上安全预警信息的采集和传递的现代化进程,但仍然存在需要进一步建设和改进的方面。

(1)预警信息网络覆盖面及先进技术装备数量不够

目前,长江水上交通安全监管信息化网络覆盖了局机关、主要分支机构和大部分基层单位,但一些偏远的基础单位还未实现计算机联网;此外,由于地理因素的影响,一些地方无线信号接收不好,系统运行不稳定。这些情况对预警信息采集和及时传递造成了影响。因此,有必要进一步拓展预警信息网络覆盖面。

长江水上交通安全监管信息化网络涉及上、中、下游主航道全长约

2100km 的水域,点多线长,通航环境复杂,气候多雾,但辖区 CCTV、VTS、GPS 等现代化的监控设施配备不足,不少区段采用人工或半人工观测信息采集方式,不能连续、及时、精确地采集和传输预警信息。因此,进一步加大先进技术装备数量,提高先进技术装备水平迫在眉睫。

(2)多个“信息孤岛”导致难以实现数据共享和交换

长江水上交通安全监管信息化网络是不同时期、不同部门建立的信息管理系统,存在着多个异构数据源所形成的“信息孤岛”,诸如“内河船员管理系统数据库”“船舶检验管理信息系统数据库”“船舶登记管理系统数据库”“船舶过闸调度系统数据库”等专用业务系统数据库,分别在不同的时期由不同的软件开发商开发及进行数据库设计,在数据的定义方面没有遵循一定的信息规范标准,也没有就数据的定义进行相互沟通,从而造成了遗留系统的数据库的异构性,彼此之间无法进行正常的数据交换,数据的一致性难以保障,使得各部门之间协作效率低下,难以实现数据共享和交换,而一些新的需求,如系统间的协同工作、数据挖掘、对外提供统一的访问入口等难以实现。为了避免重复建设,更充分地利用原有的系统资源,需要将遗留数据库系统集成,实现不同数据库之间的数据信息资源、硬件设备资源和人力资源的合并与共享,为水上安全应急指挥提供集成的、统一的、安全的、快捷的信息查询、数据挖掘和决策支持服务。

预警安全管理为三级管理模式,即长江海事局、分支海事局、派出机构(处、站),而长江海事业务数据很多来源于一线的执法站点,各系统之间存在隔离。此外,还有大量的信息来自于气象、水文、地质等不同部门、系统,信息资源需要进一步整合、统一和共享。

(3)缺乏应急信息的综合管理及辅助决策功能

水上交通事故救援现场是一个复杂的、多任务的、多兵种协同工作的现场,各类事件同时发生,为了使事故现场救援工作紧张、有序、高效的运作,需要对已知的和未知的水上安全事故救援现场可能发生的各种事件进行分析、统计、分类,以应对可能发生的各类情况;需要寻找能够辅助救援指挥与部署的决策模型,指导搜索救援任务的执行,充分发挥搜索与救援人员和设备的能力,从而实现搜索救援任务的高效和有序,从整体上提高搜救水平,最大限度地降低人员伤亡和财产损失。因此,要建立一个水上事故发生后全面和全程支持搜救指挥活动的应急辅助决策计算机系统,该系统应包括应急预案、应急救助方案的制定及其调整、应急效果、应急信息资源(包括船舶、船员、危险品管理、搜救力量、水文气象、应急专家等)、遇险船舶及人员信息、搜救进展、联动单位、交通管制、次生灾害预测结果等信息资源的支持等功能,还应具备险情处置过程电子记录档案等信息的查询、管理和统计分析功能,应急过程中的信息发布功能和对应急预案、应急方案、应急效果进行评估的功能,以实现搜救流程导向与提醒、资料快速获取和传递、搜救方式确定和方案生成等快速、自动化的决策。目前,长江干线水上交通安全监管信息化系统缺乏完善的应急综合管理及辅助决策功能。

2)预警管理系统功能结构设计

根据预警管理需要,预警管理系统主要功能模块包括接处警管理子系统、警情分析子系统、预警发布子系统、预控对策库管理子系统、预警信息查询分析子系统,见图6.1。

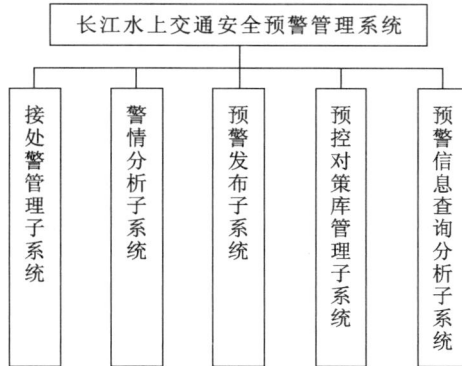

**图 6.1 预警管理系统功能结构**

(1)接处警管理子系统。该系统为值班员提供接警信息处理界面、接警信息录入、报警电话记录管理、报警船舶及人员信息核实,以及警情管理等功能(查询、统计、备份等)。该应用系统建立在 CTI 服务器、IVR 服务器的基础之上,同时配备自己的数据库服务器、应用服务器及 Web 服务器,通过交换机实现与警情分析、预警发布、预控对策库管理、预警信息查询分析等子系统之间的数据交换。

(2)警情分析子系统。在分析各类水上交通安全信息的基础上,系统按一定时间间隔读取航道内船舶、航道和气象等实时数据,调用基于多因素耦合的长江水上交通风险评估模型,计算得出该航段风险等级。若有预警发生,系统则以声音和文字两种形式发出警示。

(3)预警发布子系统。依据警情分析结果,若有预警发生,则调用预控对策库,进行预警信息关联,实现预警信息的筛选和整合,选择预警文本模板,生成预警发布文本。其中,预警文本模板内容包括预警类别、预警等级、预警时效、预警区段和预控对策。管理人员可对文本进行再编辑,确定后自动生成 html 文档并发布于网站。此外,系统也可生成预警解除文本。

（4）预控对策库管理子系统。该系统进行预控对策方案管理,提供预控对策方案评估、预控对策方案的制定和执行过程中的动态调整情况评估、预控对策方案效果的评估等功能,并对预警管理过程中产生的预控对策方案及方案执行过程电子记录档案信息进行管理评估和信息查询。

（5）预警信息查询分析子系统。该系统提供预警信息查询和分析功能,按预警时间、等级、类型等条件查询用户权限内已发布和未发布的预警信息,并对一段时间内发布的预警的漏报率和准确率进行统计分析,生成分析报告。

3）预警管理系统逻辑结构设计

预警管理系统逻辑结构主要包括信息监控采集层、数据资源整合层、应用软件层、表现层和用户层,见图 6.2。

（1）信息监控采集层（平台）

通过 VTS、AIS、CCTV、GPS 等监控手段和计算机技术的综合应用,集信息采集、处理、控制及服务于一体,对航行水域进行实时监督管理和交通组织,在线获取船舶动态信息和水上交通环境动态信息。该平台主要包括 VTS 子系统、CCTV 监控子系统、GPS 子系统、船舶调度子系统、网络传输子系统、支持保障子系统等六大子系统。在这六大子系统中,以 VTS 子系统、CCTV 监控子系统、GPS 子系统、船舶调度子系统为整个船舶监管系统的核心,通过系统融合、数据接口、交换技术等实现 VTS 与 CCTV 联动、VTS 通过 GPS 信息自动识别、GPS 位置和 VTS 位置信息共享、信息交换平台、GPS 第三方公共接口、调度与相关系统的信息共享,并提供航标遥测遥控系统、水文信息采集系统、气象接收系统等水域环境信息系统的接口,见图 6.3。

VTS 子系统主要由雷达子系统、VHF 船岸通信子系统、AIS 子系统、雷达数据处理子系统、多传感器综合处理器、船舶数据处理子系统、交通显示及控制子系统、多媒体记录子系统、数据交换平台等组成,实现信息收集、信息评估、管理服务、联合行动等功能。

CCTV 系统主要由监控中心和前方信号站组成,配置 DLP 大屏幕、矩阵、手控键盘、硬盘录像机、视频分配放大器、编码器、解码器、画面分割器、摄像头、光端机及系统软件等设备,建成一套高性能、高分辨率的工业电视监控系统,实现对航行船舶的实时监控;将库区通航调度图像监控系统中上传的视频信号进行集成,实现图像信号的显示;与 ATLAS 公司进行协调和配合,实现 CCTV 系统与 VTS 系统的集成。

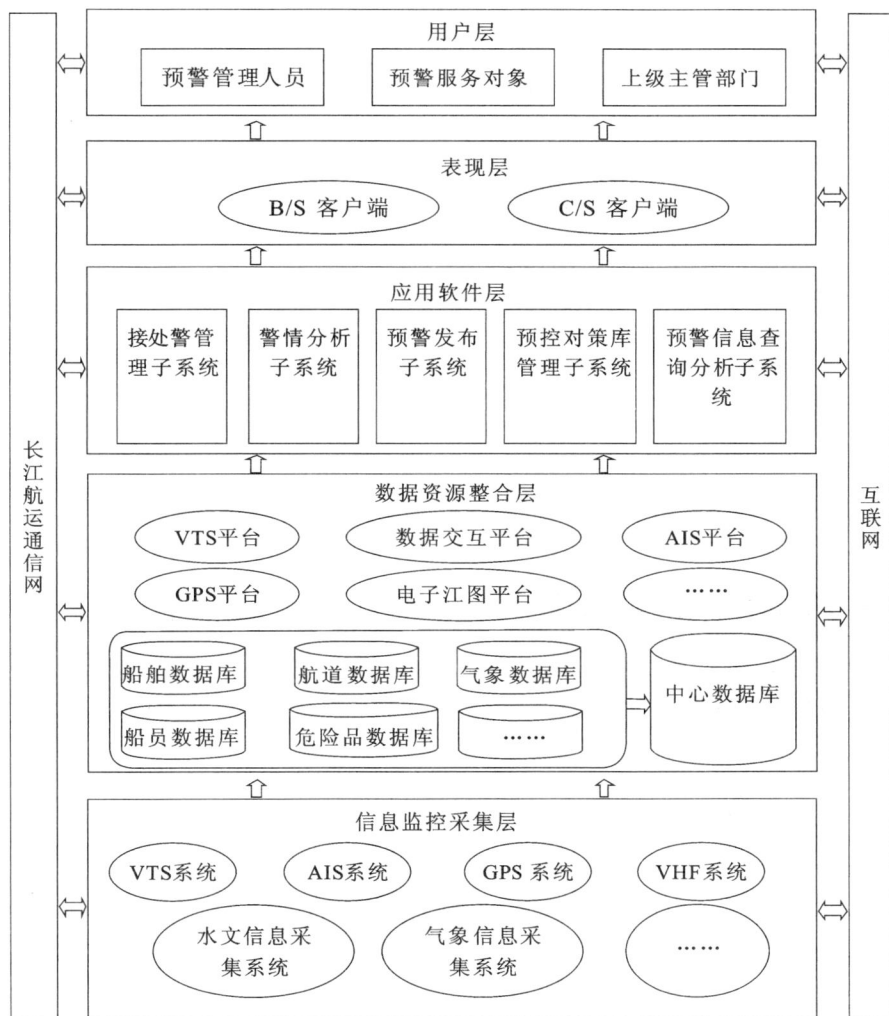

**图 6.2　预警管理系统逻辑结构**

　　GPS 子系统主要建设 GPS 差分站,提供对船舶位置信息的差分修正,提高船舶定位精度;搭建 GPS 测试平台,满足系统升级测试、终端入网测试及系统应急备份的需要;按照 VTS 系统数据交换要求,开发与 VTS 系统数据交换接口;开发与第三方 GPS 子系统公共互联接口程序;结合 VTS 系统建设,对原系统功能进行升级,完善系统监控功能和与调度子系统的数据传递功能。

　　调度子系统是在充分利用现有调度子系统基础上,结合 VTS 业务流程,进行优化设计;修改、完善船舶基础数据库;对部分功能模块进行修改,提高系统的稳定性、可靠性和易用性;与 VTS、GPS、气象等子系统协调、配合,开

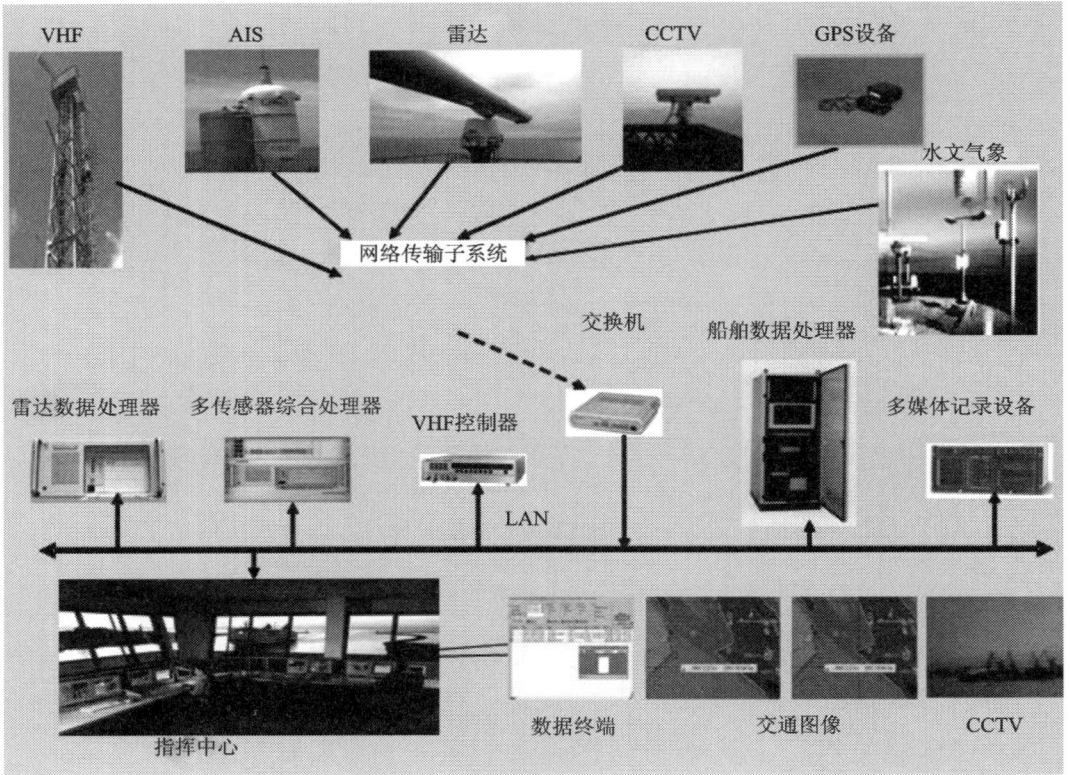

**图 6.3　长江水上交通信息采集及安全监管系统**

发与相关系统数据交换接口,实现与 GPS 子系统、VTS 系统、水文气象等系统数据实时交换,实现系统集成;开发调度子系统测试程序,满足 GPS 和调度子系统测试需要。

传输网络由有线网络和无线网络组成,其中有线网络主要实现沿江岸端系统(监控中心、站台等)的连接,无线网络主要实现船—岸和船—船间的连接。有线网络通过光纤主干网利用 SDH 方式组成链路,SDH 在光纤上进行信息的同步传输、复用、分插和交叉连接而组成专线,为保证数据传输可靠,可建立备份线路。无线网络包括长江航运专网 VHF、移动公网(CDMA/GPRS/GSM)及无线网桥,在组网形式上采用 VPN 技术。传输网络按照网络安全要求建立相应的安全体系,连接到各级监管中心。

(2)数据资源整合层(平台)

根据预警及应急指挥所需信息及其分布情况,通过异构数据库集成的方式实现数据整合平台的搭建。预警及应急管理过程中的所需数据资源主要包括:船舶数据、船员数据、船检数据、水文气象数据、危险品数据、GPS 系统数据、搜救力量和资源数据、航道数据、船闸状态数据等。针对水上交通安全预警与应急管理的需求和特点,采用 CTI(计算机通信集成)技术,将有线/无线通信网络包括固定电话、移动电话、集群对讲、数字电台、短波电台、卫星电话等通信手段汇集连通,并将计算机网络和水上交通各类数据库应用相结合,形成多网融合、互联互通、功能强大、使用便捷的信息整合平台,提高快速反应能力和决策的规范性、准确性。该数据整合平台的数据库服务器、中间服务器及信息管理终端通过交换机实现与其他应用系统(信息采集平台、应用软件系统等)之间的数据交换。

(3)应用软件层

主要包括接处警管理子系统、警情分析子系统、预警发布子系统、预控对策库管理子系统、预警信息查询分析子系统,它们是预警管理过程中的"物理中心",也是各子系统实现各自功能的平台。该系统在分析各类水上交通安全信息的基础上,调用基于多因素耦合的长江水上交通风险评估模型进行风险分析与识别,自动生成预警类别、等级信号和预控对策方案,为管理人员提供决策方案,并以图形化、声响化的直观形式在管理终端展现。同时,该系统将预警管理过程中产生的决策方案及执行过程电子记录档案信息,进行存档、查询、统计分析等管理。

(4)表现层

主要实现各业务子系统的客户端操作界面,提供呼叫中心接警界面、警情分析界面、预警发布界面、预控对策库管理界面及预警信息查询分析界面,实现用户身份的统一认证和信息化资源的合理分配。根据各业务子系统功能需求的不同,接处警管理子系统采用 B/S 模式,其他子系统采用 C/S 和 B/S 相结合的模式。

C/S 模式:为预警管理指挥人员提供与计算、分析相关的业务功能,具体业务内容包括:在预警及应急指挥中心实现电子航道图上动态信息的叠加、预警辅助决策模型的管理、预警预控方案的生成和调整、预警预控方案制定情况评估、预警预控方案动态调整情况评估、预警预控效果评估等功能。

B/S 模式:为预警管理、上级主管部门及外网用户提供信息查询、资源管理和信息发布界面。

(5)用户层

主要包括预警管理人员、预警服务对象(船员、船公司等)、长江航务和海事系统其他相关部门三类用户。

### 6.3.2　预警管理系统信息运行模式

#### 6.3.2.1　预警管理信息运行模式结构框架

长江干线水上交通安全预警管理信息运行模式是指反映长江水上交通安全状况的信息采集及预警信息在长江海事各部门、环节之间的传输、处理和反馈的方式。根据预警管理原理,预警管理信息运行流程包括预警信息的采集、处理、发布(包括解除发布)三个环节。因此,长江干线水上交通安全预警信息运行模式的构建应包括预警信息采集与传输、预警信息处理、预警信息发布与解除三方面内容,见图 6.4。

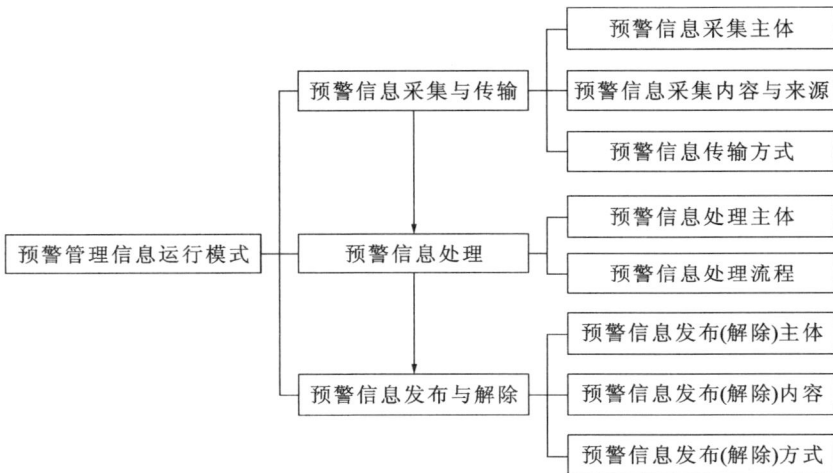

**图 6.4　预警管理信息运行模式框架**

#### 6.3.2.2　预警信息采集与传输

预警信息采集是为满足预警管理系统决策需要而进行的有目的、有计划、有组织的信息采集过程,是对长江水上交通安全状况客观的数字化复制。预警信息的采集是预警管理系统的首要环节,也是预警管理系统功能实现的重要前提。

1)预警信息采集的主体

长江海事部门是长江干线水上交通安全预警管理信息采集与传输的主体。长江海事局下设 10 个分支局、58 个海事处,以及长江通信管理局、长江引航中心等。其系统分布覆盖了长江干线重庆至安徽段 2100km、1000km 支流汉河道和 19 个水库(湖泊)。

各级海事部门因任务、功能、职责不同,在安全预警信息采集中侧重点也有区别。长江海事局负责全局辖区风险信息的汇总与分析,相关风险信息及时通报有关分支海事局。各地分支海事局重点负责采集辖区的水域安全信息,重要风险信息及时上报长江海事局或通报相关分支海事局,是辖区水域安全信息采集的责任主体。各地分支海事局采集的信息主要来源于下辖的各海事处,海事处的信息大部分来源于一线的执法站点和沿线的监控设备。

2)预警信息采集的内容与来源

水上交通安全预警信息是通过一切可利用的渠道收集到客观反映长江水上交通安全状况的信息,是水上安全预警系统做出反应的基础。当前,水上安全预警中心主要采集有关水上安全的交通环境动态实时信息,包括:①水上交通信息:交通量、交通流密度等信息;②水文气象信息:水位、流速、流态、风速、能见度等信息;③航道信息:航道宽度、航道弯曲度、航标维护等信息;④水上交通事故调查报告信息、水上交通险情信息及社会公共安全信息等;⑤其他可能成为诱发事故的信息。

根据预警信息来源渠道的不同,主要分为以下几种:

(1)海事部门的船舶实时监管系统采集的水上交通安全信息

船舶实时监管系统采集的水上交通安全信息是长江干线预警信息的主要信息源之一。该系统利用雷达、CCTV、VHF、GPS、计算机等技术,集信息采集、处理、控制及服务于一体,对辖区水域船舶交通实施监督管理和交通组织,并实时监测和采集水上交通信息、水文、气象等信息。见图6.3。

(2)气象部门提供的气象信息

气象类预警信息主要包括风、雾、雨等气象信息。其采集方式包括:

①国家气象局传输的气象信息

长江海事局已联合国家气象部门打造"长江海事气象"专题气象栏目,通过长江海事局内外网站"海事气象"栏展示,分为图文资讯、电视栏目及实况信息三部分。气象部门可登录长江海事气象网站,对气象信息每3h进行一次更新。

②湖北省及各地市气象局传输的气象信息

长江海事局2008年7月28日与湖北省气象局合作签署水上搜救气象服务合作协议,加强了长江沿线天气资源共享,以达到对长江沿线天气的24h实时播报。

(3)水文部门提供的水文信息

长江水利委员会在长江干线设置了水文监测站网和水文调查站点(断

面）。在交通条件较好的测区，以水文巡测基地为基础，实现驻测、巡测、间测和水文调查相结合的管理模式；对已积累长期系列资料的测站按"无人值守，有人看管"模式，装备相应的仪器和设备。长江水利委员会每天每隔 6h 将重要港口水位、流量信息等通过传真或长江海事局外网登录的方式通告给长江海事部门。

（4）地质部门提供的地质灾害信息

地质类预警信息主要包括岸体滑坡及泥石流等。目前，长江海事局已与国家地质部门建立了地质灾害联合预报预警，加强了对突发自然灾害的预警。地方地质部门及时将山体滑坡、泥石流、地震等地质灾害信息，通过电话或传真等方式通告给所在地海事部门，重大地质灾害信息直接通告给长江海事局。

（5）航道部门提供的航道信息

航道部门通过航标工作船定期巡航进行现场信息采集，利用航标遥测遥控系统、电子航道图系统自动获取航道状况信息，并通过（有线）专线网络实现与海事部门数据联网，向海事部门提供最新的电子航道图数据，传输水位、碍航物、码头、锚地停泊区等航道信息。

（6）船员提供的信息

航行船舶上的船员发现涉及水上交通安全的征兆，应及时将相关信息通报海事部门。

（7）其他部门和人员提供的信息

公安消防部门等接收到涉及长江水上交通安全的信息，长江沿线群众遇到的各类险情，通过电话、短信、传真等方式及时通报海事部门。

3）预警信息的传输方式

为确保长江干线水上交通安全预警管理工作的正常开展，各级海事管理机构必须建立预警信息传递渠道，确保预警信息传输的及时性、准确性和全面性。

预警信息传输方式包括有线和无线通信设备传输。有线信息通信系统包括海事部门内外网、公众数据网、电话调度系统、视频会议系统等；无线信息通信系统包括移动通信平台、无线对讲系统、"水运通"移动短信互动平台和无线视频传输系统等。

①海事部门内、外网：海事部门内、外网是信息传输的主要途径。目前，长江海事局已建立了覆盖三级机构的广域网络，实现了与交通运输部海事局、其他海事局的高速互联，为信息的及时准确传送创造了良好的条件。

②公众数据网:公众数据网拥有发布信息量大、接收人群多、传输时效性好等特点,也是预警信息发布的主要途径之一。

③电话调度系统:电话调度系统集电话呼入接听、电话呼出调度、三方电话汇接、单呼、组呼、群呼电话等功能于一体,同时兼容传真的自动/手工发送、接收,短信息的接收、发送,是长江干线水上交通安全预警信息传输的得力帮手,其系统网络结构图见图6.5。

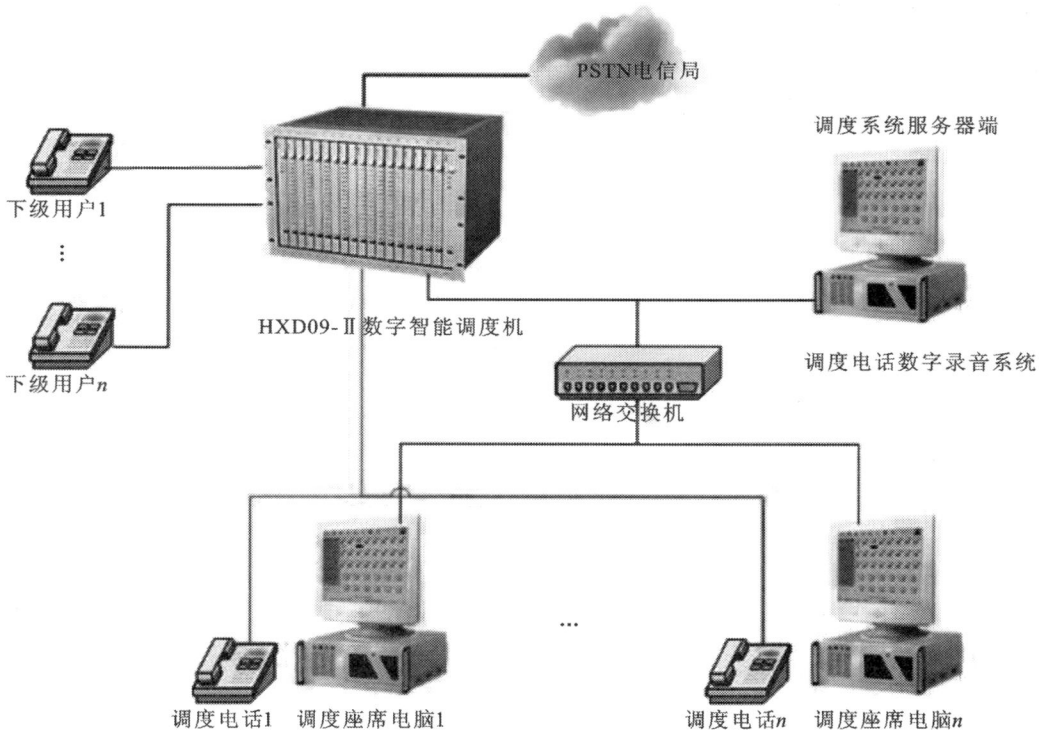

**图6.5 电话调度系统结构**

④视频会议系统、无线视频传输系统:该系统主要依靠 SIP 协议进行通信,集成了语音、视频、数据、即时消息、Presence 等强大的多媒体业务,实现各类多媒体远程协同通信,为长江干线水上交通安全预警信息的语音视频传输提供了便利。

⑤无线对讲系统:为预警信息的及时、快速传输提供了帮助。

⑥“水运通”移动短信互动平台:主要提供天气水文预报、航行通告、堵航及通航信息、港航通知等预警信息,同时为加入水运通的船户提供定向服务。

6.3.2.3　预警信息处理

1）预警信息处理的主体

预警信息的处理采取"长江海事局、分支海事局、海事处"三级处理的方式，各级海事通航管理部门是预警信息处理的主体。

长江海事局从宏观上对全辖区内风险信息进行分析处理，及时将有关信息、处理结果、预警等级等通报相关分支海事局，处理长江干线跨辖区的一级警情，监督并协调各分支海事局的预警信息处理。

分支海事局对本局辖区各地方海事处采集的信息及时分析处理，重要风险信息及时上报长江海事局或通报相关分支海事局，及时处理和发布其辖区内三级以上警情与预警对策信息。

各地海事处及时掌握本地水上交通动态信息，重要风险信息及时上报分支海事局或长江海事局，及时处理和发布本地四级警情与预警对策信息。

2）预警信息处理流程

长江干线水上交通安全预警信息的处理流程是指从预警信息采集到形成预警类别、预警等级及预警对策的一系列过程，主要包括预警信息汇总、预警信息识别与诊断、预警信息处理结果三个过程，见图6.6。

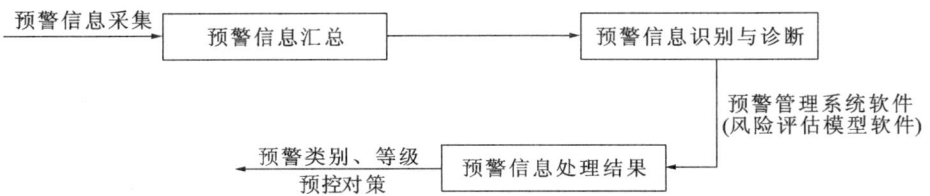

**图 6.6　长江干线水上交通安全预警信息处理流程**

①预警信息汇总：针对长江干线水上交通环境、气象水文状况、船舶运行状态及安全管理状态等信息进行监测，通过对大量监测信息及其他职能部门的通告信息进行整理、分类、存贮，建立系统共享的信息档案，为预警信息识别与诊断做准备。

②预警信息识别与诊断：在对长江干线水上交通安全预警信息汇总的基础上，调用长江干线水上交通安全预警模型（风险评估模型）软件系统处理各类信息，实现智能化、快速化的长江干线水上交通安全预警信息的识别和诊断。

③预警信息处理结果：经风险评估模型软件运算得出预警类别、等级的信号，并从预警对策库调用相应的对策，形成预警、预控对策信息，准备发布或向上级主管部门报批。

#### 6.3.2.4 预警信息发布与解除

预警信息发布与解除是将预警分析(识别与诊断)得出的警情类别、等级及预控对策信息进行发布与解除的过程。

1)预警信息发布与解除的主体

长江海事部门是长江水上交通安全预警信息发布的主体。

根据长江干线水上交通安全监管模式的实际情况,预警信息的发布实施“三级”方式,分别由长江海事三级机构,即长江海事局、分支海事局、海事处根据权限分别发布与解除。影响跨辖区的一级(红色)预警信息由长江海事局组织发布与解除,分支海事局、海事处辅助宣传;仅影响分局辖区的一级(红色)、二级(橙色)和三级(黄色)安全预警信息由分支海事局组织发布与解除,下属海事处辅助宣传,必要时长江海事局辅助宣传;四级(蓝色)预警由当地辖段的海事处进行分析、发布与解除,必要时分支海事局辅助宣传。

2)预警信息发布的内容

长江水上交通安全预警信息发布的内容包括:信息发布的主体、预警类别和等级、预警的范围和时间、预控及应急对策。

预警信息表述采用的形式为:安全预警信息标题为“×××(海事管理机构)实施××(类别)××(级别)(×)色预警”,信息内容主要包括:①安全预警类别、等级;②安全预警范围、时间;③应对措施和防范建议。

例如,图6.7显示了2008年7月26日黄石海事局在互联网上发布的气象灾害二级(橙色)预警。

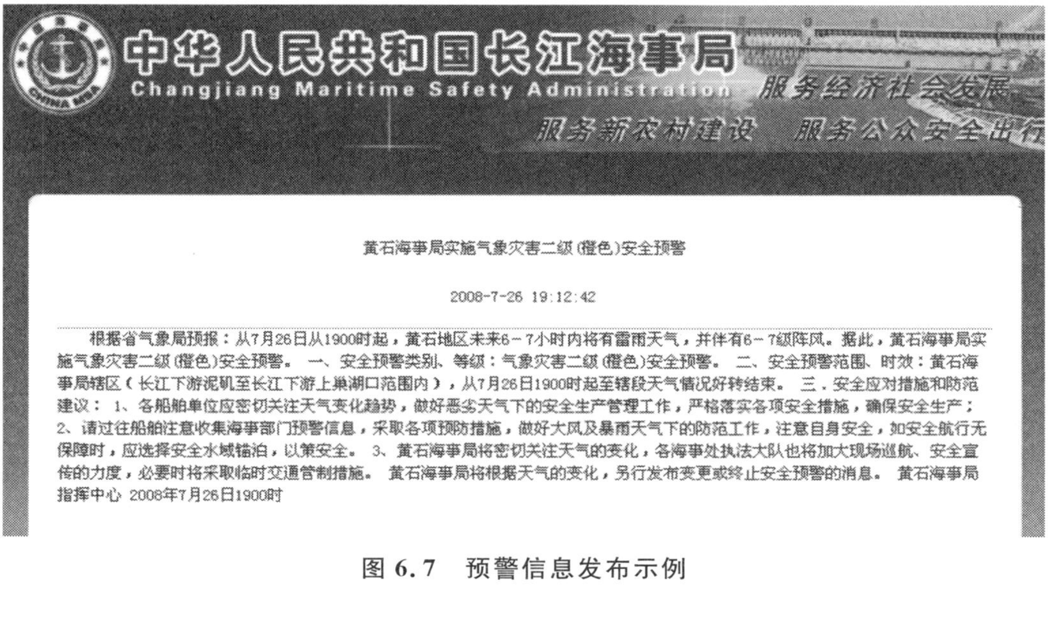


黄石海事局实施气象灾害二级(橙色)安全预警

2008-7-26 19:12:42

根据省气象局预报:从7月26日从1900时起,黄石地区未来6-7小时内将有雷雨天气,并伴有6-7级阵风。据此,黄石海事局实施气象灾害二级(橙色)安全预警。 一、安全预警类别、等级:气象灾害二级(橙色)安全预警。 二、安全预警范围、时效:黄石海事局辖区(长江下游泥矶至长江下游上巢湖口范围内),从7月26日1900时起至辖段天气情况好转结束。 三.安全应对措施和防范建议: 1、各船舶单位应密切关注天气变化趋势,做好恶劣天气下的安全生产管理工作,严格落实各项安全措施,确保安全生产; 2、请过往船舶注意收集海事部门预警信息,采取各项预防措施,做好大风及暴雨天气下的防范工作,注意自身安全,如安全航行无保障时,应选择安全水域锚泊,以策安全。 3、黄石海事局将密切关注天气的变化,各海事处执法大队也将加大现场巡航、安全宣传的力度,必要时将采取临时交通管制措施。 黄石海事局将根据天气的变化,另行发布变更或终止安全预警的消息。 黄石海事局指挥中心 2008年7月26日1900时

图6.7 预警信息发布示例

3）预警信息的解除

根据监测信息，经预警分析、判断不会发生突发事件或者险情已经解除时，发布警报的管理部门应立即宣布解除警报，终止预警期，并解除已经采取的有关措施。

实施预警解除的主体是长江海事部门，由长江海事局、分支海事局、海事处发布的预警，分别由其发布机构实施解除或终止。

预警解除信息的主要内容包括：实施预警解除的主体、预警解除的原因、实施解除的预警项目和时间。例如，图 6.8 显示了 2008 年 7 月 27 日黄石海事局在互联网上公布解除气象灾害二级（橙色）预警。

预警解除信息的公布方式同预警信息发布方式。

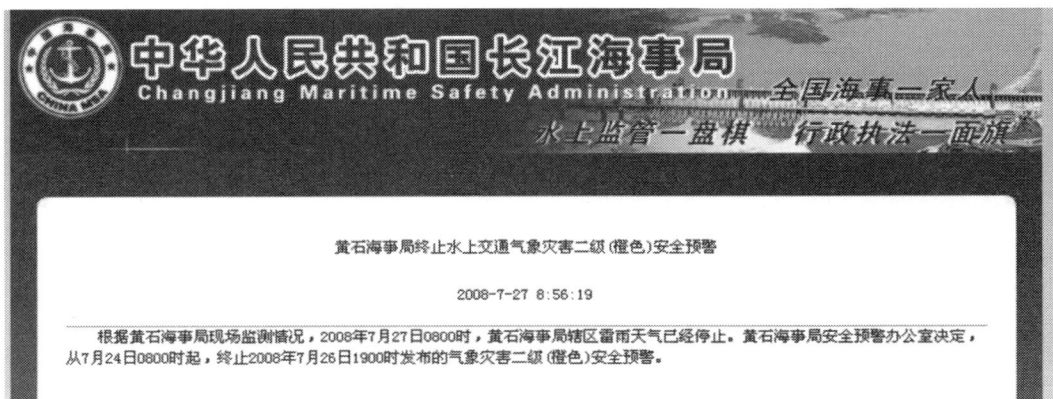

图 6.8　预警信号解除示例

4）预警信息发布与解除的对象和方式

预警信息发布（解除）的对象主要为预警区段航行的船舶船员、作业人员、相关船公司、乘坐水上交通工具的旅客及相关政府部门等。

根据长江干线水上交通安全管理通信系统发展现状和建设规划，长江水上交通安全预警信息发布（解除）的主要方式有：

①通过长江干线水上交通信息电台的水上交通信息联播播报预警信息；

②通过 VHF（甚高频电话）由海巡艇向管辖水域船舶及相关人员发布预警信息；

③通过 GPS 监控系统向配有 GPS 的船舶发布预警信息；

④通过长江海事的通告短信平台以短信群发方式，向已掌握的 5000 多个长江水上船舶驾驶员、船公司相关人员的手机及时发传预警信息；

⑤通过长江海事内、外网站首页"安全预警专栏"公布预警信息；

⑥通过公共电视台的"长江海事气象"电视节目播发预警信息;另外,一些报纸杂志,如《内河海事》,也是预警信息发布的有效途径。

### 6.3.3　预警管理系统的开发和实现

1)预警管理系统的开发

利用软件开发工具 Visual C$^{++}$ 和数据库管理系统 Structured Query Language(SQL)Server 2005,开发长江重点航段水上交通安全预警管理系统 V1.0。该系统基于 web 电子江图平台,是一种集船舶动态监控、重点航段预警与发布等多种功能于一体的管理系统。该系统能够在电子江图上实现图形缩放、报警响应、自动审批发布等功能,在长江黄金水道数据采集应用支撑平台基础上,实现集实时警情分析、预警处置、预警网络发布、预警网络解除、预控对策管理到预警处置分析于一体的全流程航段监测管理,并实现了长江重点航段单因素突变与多因素耦合共同决策的综合预警管理。长江重点航段水上交通安全预警管理系统(V1.0)登录界面见图 6.9。

**图 6.9　预警管理系统登录界面**

2)预警管理系统的实现

登录预警管理系统后,可进入系统运行主界面,预警管理主要包括接处警管理、警情分析、预警发布、预控对策库管理和预警信息查询分析 5 个子菜单,见图 6.10。

其中,预警分析、判断、发布及查询分析的主要步骤如下:

①数值动态显示。指标值每 10s 更新一次数据。

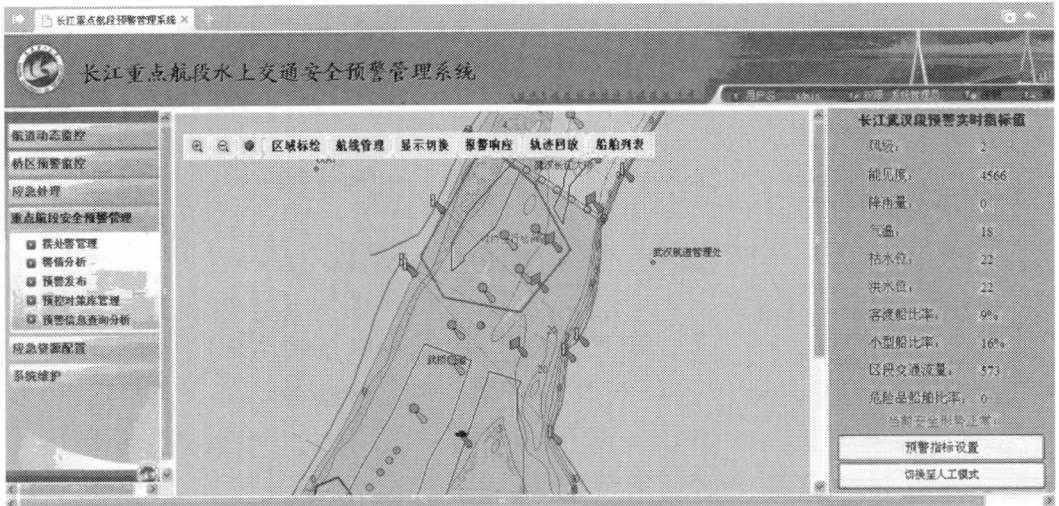

**图 6.10　预警管理系统运行主界面**

②预警提示。无预警时,右侧下方显示"当前安全形势正常"字样,且不可点击;发生预警时,右侧下方提示栏字体变红,显示"您有预警未处理!"字样,并伴随喇叭报警。

③预警指标设置。点击"预警指标设置",进入预警指标阈值查询和修改界面,如图 6.11 所示。

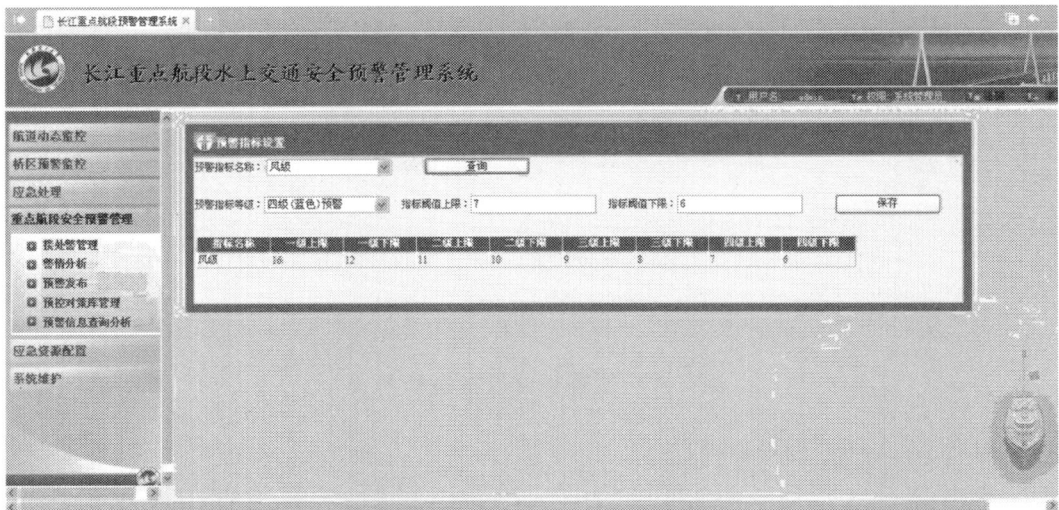

**图 6.11　预警指标设置界面**

④预警判断查看。点击"您有预警未处理!"可进入预警结果判断界面,见图 6.12。预警结果判断包括单指标预警结果、多因素耦合预警结果和综合

预警结果。点击【发布】进入发布编辑模式；点击取消，下方取消原因填写提交后方可取消。

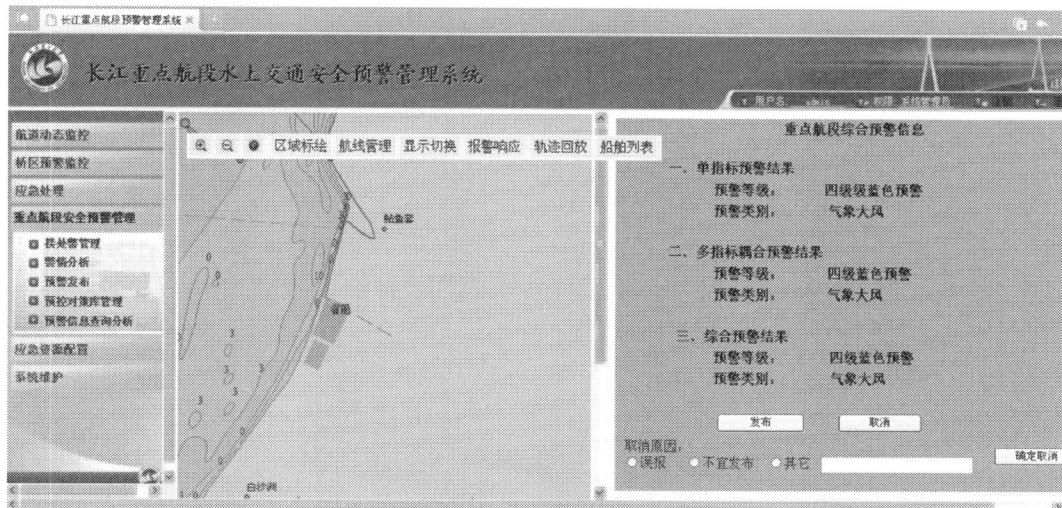

**图 6.12　预警结果判断界面**

⑤预警发布编辑。点击【发布】后进入预警发布编辑界面，如图 6.13 所示。系统已自动生成预发布模板，点击【修改】后，可对关键字段进行修改，修改完成方可点击【发布】。

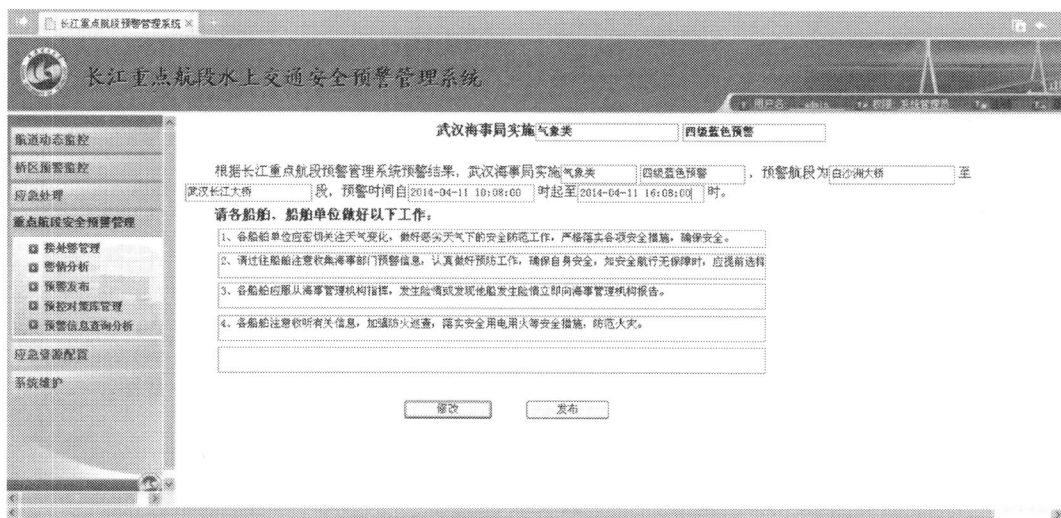

**图 6.13　预警发布编辑界面**

⑥预警信息网站发布。点击【发布】后系统将编辑好的发布模板转化为 html 网页，可直接发布于长江海事系统外网，方便查看，如图 6.14 所示。

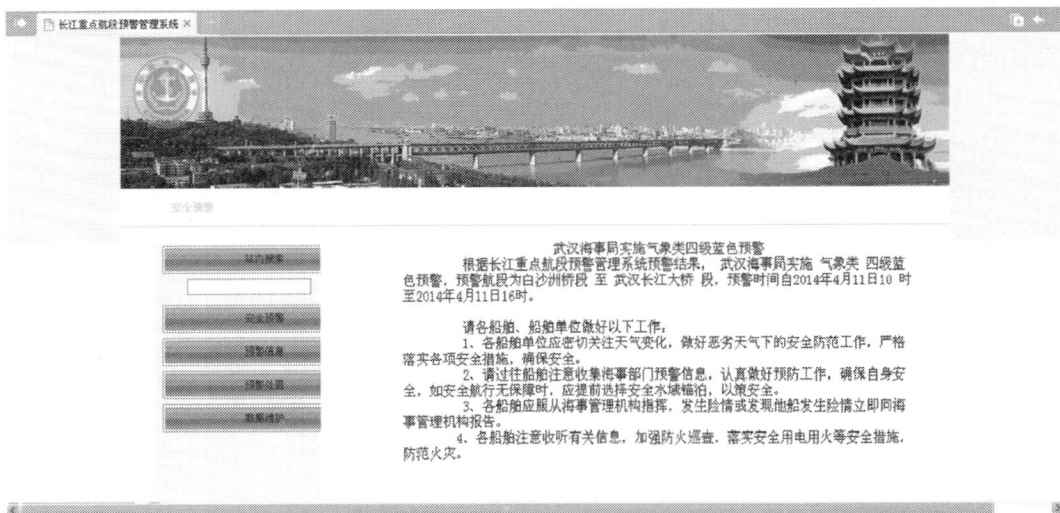

**图 6.14 预警网站发布界面**

⑦人工预警及发布。点击"切换至人工模式",可进入人工预警页面。人工预警模式采用与实时预警相同的判断模型,区别是当实时数据采集系统出现问题时,可通过管理人员观测数据判断当前状态是否需要预警,如图 6.15 所示。人工预警模式发布流程与实时预警模式发布流程相同。

**图 6.15 人工预警界面**

⑧预警查询分析。历史预警查询可按照预警类型、预警等级和预警时间分别查询,具体显示每条预警信息的预警类型、预警等级、预警地点、预警时

间、响应时间等,如图 6.16 所示。其中,发布信息栏显示已发布的文档地址,点击可直接跳转查看。此外,可根据用户选取的关键词对历史预警处置信息进行统计分析,并按照模板生成简要分析报告,如图 6.17 所示。

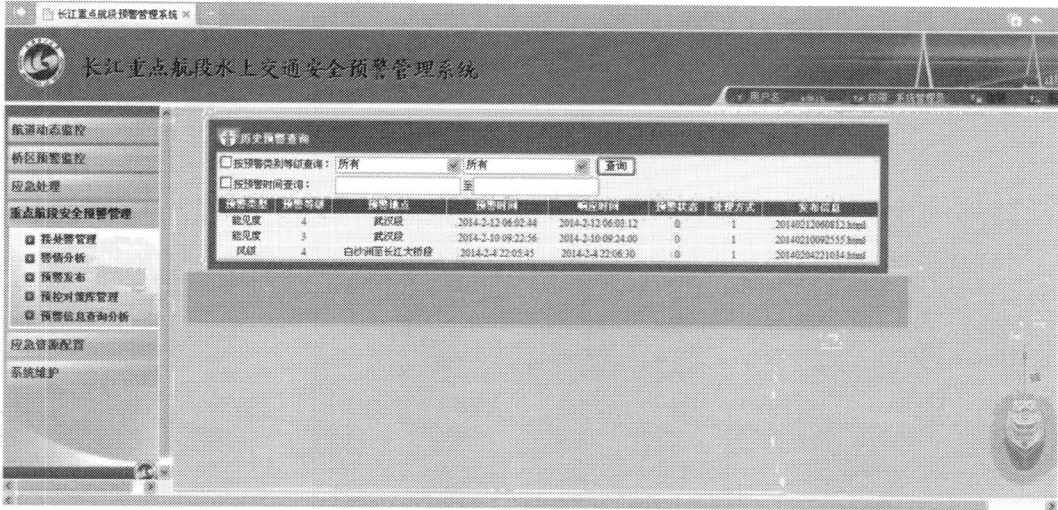

图 6.16 历史预警查询界面

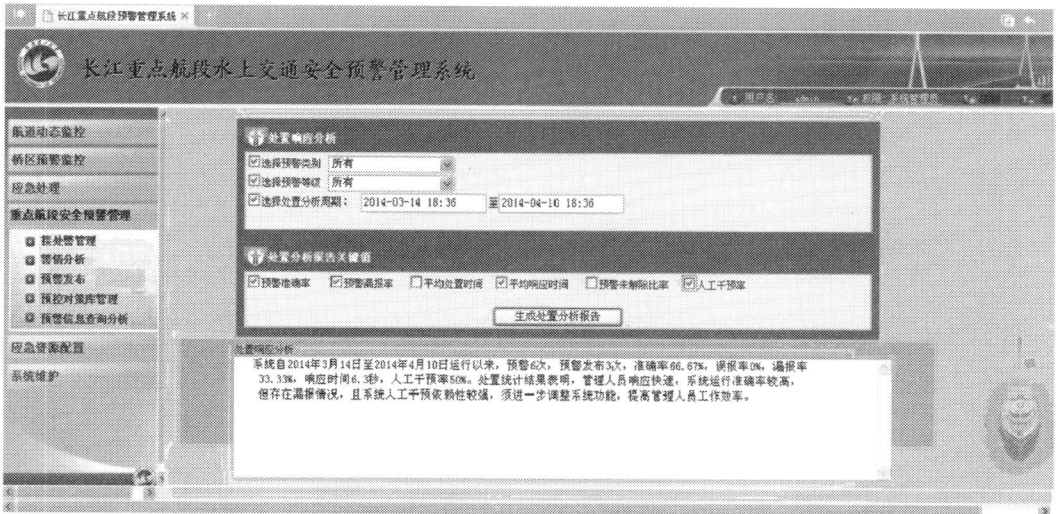

图 6.17 预警统计分析界面

## 6.3.4 预警管理系统的应用

长江重点航段水上交通安全预警管理系统 V1.0(2007—2012 年称为"长江干线水上交通安全预警管理系统,2013 年以后,预警指标由"六大类 18 个指标"调整为"四大类 16 个指标",改称为"长江重点航段水上交通安全预警管理系统")在长江海事系统进行了示范应用。应用单位认为,该系统"有力提升了长江干线水上交通安全预警预控能力",对"进一步提升长江海事的水上安全监管与保障能力具有重要意义与实用价值"(图 6.18)。此外,该系统的应用推广将有助于提高我国内河水上交通安全监管自动化和智能化水平,配合安全预警及应急反应机制的有效运行,有效防范各类安全风险,降低险情、事故的发生概率和经济损失。

图 6.18 预警管理系统用户使用证明

# 7　三峡库区雾航安全预警管理研究

三峡成库后,雾情发生时段、地段和程度大大增加,雾已成为影响三峡库区船舶航运安全的首要因素之一。本章主要研究三峡库区雾情特点及对航运的影响,在分析目前雾航安全管理存在问题的基础上,提出雾航安全预警等级及评判标准、预警管理组织及运行机制,以及预警预控管理对策。

## 7.1　三峡库区雾情特点及对航运的影响

### 7.1.1　三峡库区雾情及特点

自三峡蓄水达到 145m 后,库区通航环境大大改善,长江三峡航道由原来的天然航道变为了库区航道,航道水深和水域宽度发生了显著变化。然而,库区水面和蒸发量增大,加之库区周边被山岭阻隔,导致水汽无法漂移散失,在温差变化较大的情况下,极易形成浓雾,使川江上多雾地段比成库前扩大约 30%,雾情使船舶航行能见度降低,形成安全隐患。

能见度通常指水平能见度,即视力正常的人在当时天气条件下能够从天空背景中看到和辨认出目标物(黑色、大小适度)的最大水平距离,或夜间能看到和确定一定强度灯光的最大水平距离。能见度是一个对航空、航海、陆上交通及军事活动等有重要影响的气象要素,但由于资料不完备等原因,气象要素与内河航运间的关系研究不多。

2006 年 10 月 27 日,三峡水库成功蓄水 156m,新增库容 105 亿 m³,强大的库容使三峡水库通航环境进一步改善,但新变化对通航安全带来的不利影响随之增大,大风浪及大雾等已构成三峡水库通航安全的最大危险。根据有关气象专家的模拟分析预测,三峡成库后,重庆市库区的雾日将由每年 180 天增加到 250 天,成为威胁船舶航行的一大安全隐患。另据 2005 年统计,奉节航段全年有大雾 96 天、中雾 112 天,小雾几乎天天有。

重庆气象部门 2003 年 7 月—2006 年 4 月气象观测资料显示[40],三峡雾情呈现以下特点:

(1)小于 1000m 的低能见度多出现于冬半年和上午 08—10 时

　　如果将能见度大于 1000m 视为高能见度,小于 1000m 视为低能见度,从图 7.1 可以看出,低能见度多出现于冬半年,以 10 月份为最多,其次是秋季、春季,夏季最少,8 月份仅出现 9 次能见度为 500～999m 的现象。小于 1000m 的低能见度主要出现在 08—10 时。

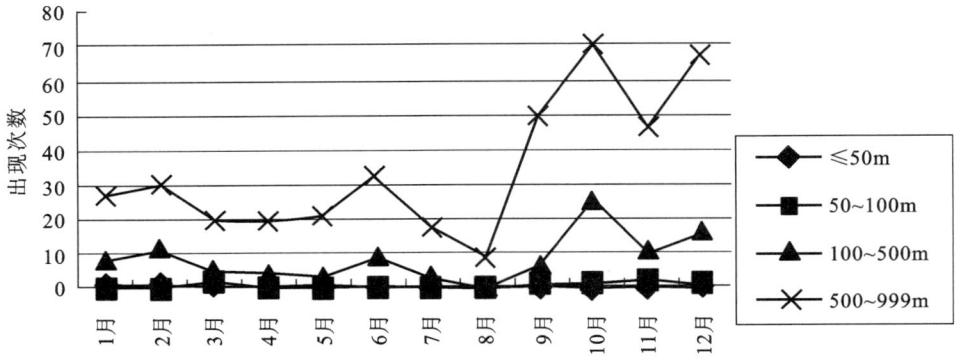

**图 7.1　各等级能见度各月份分布情况**

　　(2)小于 1000m 的低能见度现象持续时间大部分在 2h 以下

　　低能见度现象持续时间大部分在 2h 以下。表 7.1 所示为能见度小于 1000m 时各雾时所占的比例。从表中可以看出,大部分(大于 70%)低能见度延时在 2h 以下,约 24% 延时在 3～5h,延时在 6～10h 的不到 5%。低能见度延时大于 6h 的情况主要出现在重庆,其次为涪陵。

**表 7.1　能见度小于 1000m 雾时统计表**

| 时间(h) | 10 | 9 | 8 | 7 | 6 | 5 | 4 | 3 | 2 | 1 |
|---|---|---|---|---|---|---|---|---|---|---|
| 台站观测次数(次) | 1 | 2 | 4 | 10 | 15 | 29 | 60 | 78 | 168 | 338 |
| 占总次数百分率(%) | 0.14 | 0.28 | 0.57 | 1.42 | 2.13 | 4.11 | 8.51 | 11.06 | 23.83 | 47.94 |

　　(3)小于 1000m 的低能见度现象主要出现在万州以上航段

　　从空间上看,库区航道低能见度主要出现在重庆到万州河段。表 7.2 所示为每个等级能见度在各站出现的次数。重庆测站出现 1000m 以下低能见度次数较多(占 48%),其次是忠县、涪陵。万州以上河段出现低能见度次数占所有河段低能见度总次数的 98.3%。

　　(4)连续 3～9 天出现低能见度现象主要在重庆航段

　　以 08 时出现低能见度的连续天数看,重庆连续 3～9 天出现低能见度现象的次数较多,最长连续 19 天(2004 年 12 月 3 日—21 日),其他航段连续出现 3 天以上低能见度的次数较少。

**表 7.2　各测站不同等级能见度出现次数统计表** （单位:次）

| 能见度等级 | 重庆 | 长寿 | 涪陵 | 丰都 | 万州 | 忠县 | 云阳 | 奉节 | 巫山 |
|---|---|---|---|---|---|---|---|---|---|
| ≤50m | 1 | 0 | 0 | 0 | 0 | 5 | 0 | 0 | 0 |
| 50~100m | 0 | 0 | 1 | 1 | 0 | 3 | 1 | 0 | 1 |
| 100~500m | 30 | 22 | 19 | 6 | 0 | 14 | 9 | 0 | 0 |
| 500~999m | 234 | 20 | 50 | 23 | 19 | 54 | 7 | 0 | 0 |

### 7.1.2　雾情对航运的影响

雾情对库区航运的影响主要表现在以下几方面。

(1)雾情导致能见度下降,影响船舶航行安全

三峡库区蓄水成功后,一年内 200 多天有雾,大量的、持续时间长的江面雾成了三峡航运安全的头号"隐形杀手"。雾的影响导致能见度降低,船舶航行时看不清航标、其他船舶等,容易导致碰撞、搁浅、触礁等交通事故。

2003 年,重庆涪陵"6.19"特大水上交通事故就是因浓雾封锁江面,两艘轮船发生碰撞导致其中一艘轮船当即沉没,最终造成 53 人死亡的惨剧,直接经济损失 300 万元。据统计,2003 年 6 月 16 日至 7 月 16 日,短短一个月内长江航道因江雾而引发的水上安全事故就有 3 起,占事故总量的三分之一。此外,库区形成后,横江轮渡、大量的乡镇渡船及个体自用船均无雾航设备,缺乏雾中航行的专业知识和经验,受利益驱动冒雾航行给库区通航环境带来极大的隐患。

(2)雾情导致运输时间延误,降低航运服务质量

严重的雾情会导致船舶停航,造成船舶客货运输时间延迟,尤其因雾导致客船较长时间停航江中,船上生活设施及生活用品有限,极易引发旅客抱怨与投诉。例如,大雾等恶劣天气多次造成三峡、葛洲坝船闸停航。2008 年 1 月至 4 月,三峡船闸因为雾、风的原因停航达 15 次,两线船闸累计停航时间分别为 119.44h、120.66h,对通航管理和航运生产、旅客出行等造成了较大影响。2008 年 3 月 15 日至 17 日,三峡船闸及葛洲坝船闸因大雾关闭,两闸间近 37h 持续停航;其间,三峡船闸有约 30 个闸次运行计划被取消,200 多艘船舶在锚地等待过闸;最多的时候,有 38 艘船舶被困闸室,其中客船 5 艘,载有旅客 500 多名。

(3)雾情导致经济损失,降低航运经济效益

大雾造成船舶停航,不仅使得客货运输延误影响航运服务质量,还会造成托运人损失及船方运输成本增加,影响经济效益。例如,2003 年 12 月 30

日至 2004 年 1 月 3 日,大雾天气致使从重庆方向下行的大量滚装船和近千辆汽车滞留在三峡坝区的秭归港,这些车大多装载着生猪、柑橘、蔬菜等农副产品,通道的突然中断使得这些农副产品开始变质,部分生猪死亡,使货主和承运方都承受了较大的经济损失。因雾需要较长时间停航的客船,船方不得不另行安排旅客食宿、疏散旅客等,增加了费用支出。若这种情况频繁出现,会极大地增加运输成本,影响航运经济效益。

## 7.2　三峡库区雾航安全管理现状及存在的问题

三峡成库后,雾情影响增大,重庆海事局、三峡海事局、宜昌海事局等采取了一系列措施应对雾情对航运安全的影响,取得了明显的效果;但由于雾情复杂,目前在雾航安全管理中还存在许多的不足。

### 7.2.1　三峡库区雾航安全管理现状

1)建立了雾航安全预警管理组织体系

长江海事部门以现行的水上交通安全监管组织体系为主体,建立了三峡库区雾航安全预警管理组织体系。长江海事局统一指挥、管理和协调三峡雾航安全预警工作,其分支机构重庆海事局、宜昌海事局、三峡通航管理局及各分支海事局下属的 21 个海事处和众多执法站点负责本局辖区雾航安全预警工作的组织实施。

2)布局建设先进的自动雾情观测装备系统

在目前气象部门预报雾情能力有限的情况下,三峡库区水上交通管理部门投资建设了先进的装备观测雾情。在建的三峡库区气象子系统是整个VTS 系统中一个重要的组成部分,该系统利用外围站的传感器采集实时的气象元素(包括温度、湿度、气压、雨量、风速、风向、能见度等 7 个要素),通过网络将数据信号即时传送到中心站,供有关职能部门就通航交通指挥作辅助决策。整个系统保持 365 天不间断运行。例如,三峡通航管理局已经布局建设了"四站一中心",中心设置在坝河口七楼通信信息中心机房,外围采集站的分布为:仙人桥 901 趸船(图 7.2)、新太平溪 602 趸船、南津关 603 趸船及一号闸(一号闸不含能见度仪)。"四站一中心"运行多年来,提供了大量实时的气象数据。

3)初步建立了多层次雾航预警信息运行体系

目前,三峡库区海事部门已初步建立了多层次雾情预警信息运行体系。

雾情信息的采集除了气象部门发布的雾
情信息外,还采用执法大队的工作人员观
测、自动气象观测仪采集及通过电话、传
真、有线网络等及时传送雾情信息。海事
部门根据雾情信息做出雾航预警决策后,
通过手机短信、水上安全信息联播、海巡
艇甚高频电话广播、长江海事内外网站等
及时将预警信息发布。

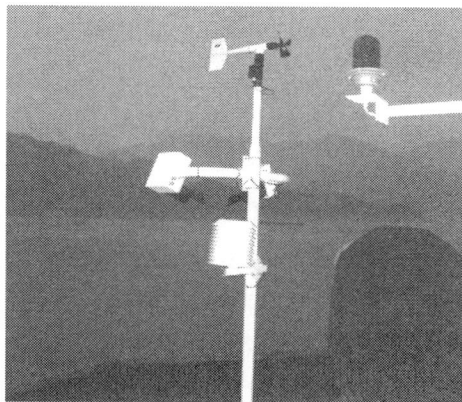

图 7.2 仙人桥气象观测仪器

4)初步建立了雾航应急预案

三峡库区水上交通安全管理部门已
草拟了雾航应急预案并开展冬季雾情应
急处置演习。例如,2007 年 12 月,三峡海事局为加强冬季大雾恶劣天气下的
应急处置工作,提高现场执法人员的应对能力,开展了冬季雾情应急处置演
习。在雾情应急处置演练中,模拟场景逼真,各参演船艇用报纸或窗帘遮蔽
驾驶室窗户,全程使用助航设施,正确运用雷达、VHF、船端 GPS,开展雾情宣
传、现场交通管制,充分训练和检验现场各执法大队信息传递效率,应急处
置、快速反应及交通管制能力。

### 7.2.2 三峡库区雾航安全管理存在的问题

1)不能及时、较准确地掌握雾情动态

及时、准确的雾情预报是一大技术难题,目前还缺乏权威的雾情预测。
气象部门由于人员、装备有限,主要采用定时定点的雾情观测方式,以及对三
峡成库后的雾情发生特点及演化规律掌握不足,造成不能及时、较准确地进
行雾情预报。例如,重庆气象局在长江干线重庆段主要航段设置了 15 个雾情
观测站,这些气象站只是定时定点观测,而三峡成雾多以突发雾为主,仅仅依
靠定时的观测并不能掌握雾情的实时动态,不能及时对大雾进行预警。

2)雾情信息采集系统不够完善

一方面,气象自动观测设备数量和精确度有限。目前,三峡通航管理局
在其辖区安装了 4 台气象自动观测设备实时监测雾情等气象状况,取得了
一定效果,但由于其辖区范围大,仅依靠 4 台设备监测雾情远远不够;此外,
由于三峡雾多为突发雾、团雾,该型号设备对雾情监测的准确度和精确度很
有限。因此,研发或购买先进的技术装备、增设自动气象观测站点成了当务
之急。

另一方面,信息采集方式的多样化,不同渠道采集的信息往往存在差异,特别是对雾情的可视距离的观测,江岸上观测者与海巡艇上的观测者所观测的能见度距离可能不一致;不同人员、不同角度的目测对能见度距离的把握也可能不一致,将造成雾情信息的不准确。

3)不少船舶缺乏雾航安全装备及必要的通信设备

三峡库区船舶数量较成库前大大增加,但不少船舶尤其是小船、个体船等缺乏甚至没有配备必要的雾航装备及通信设备,无法及时接收雾情预警信息,造成雾天航行安全隐患。

4)雾情应急管理联动机制不够完善

目前,重庆海事局、三峡海事局、三峡通航管理局、宜昌海事局等已制定了雾情应急预案,但已有的应急预案及应急管理是从航运安全管理的角度来制定的,在船舶及旅客的利益、充分调动各方救援力量等方面考虑不够。例如,如何进行因雾停航 8h 以上的客船人员疏散;如何建立包括地方政府、气象部门、船运公司、民间救援组织等在内的应急联动机制,充分调动各方力量应对雾情、降低危害和损失等。

# 7.3　三峡库区雾航安全预警管理机制

## 7.3.1　雾航安全预警等级划分与评判标准

目前,基于航运安全的雾情等级划分缺乏权威的标准和依据,一般以能见度作为主要评判标准。

1)内河一般雾航条件

一是在正常的航路上能看清两岸或一岸的岸形,或者在连续配布航标的航段能看到前方一两个航行标志;二是发现来船有足以保证采取正常避让措施所需的时间和距离。中小型船舶在航行中遇雾或能见度下降时,首先判断安全视距,这种安全视距与船舶尺度、航道条件、航行环境相关。当航道条件较好,雾情稳定,不致发生突然变化时,可减速行驶,行驶中应按规定鸣放雾航声号,并加强瞭望,统一避让声号。[41]

2)国家气象局的有关规定

根据国家气象局颁布实施的《气象灾害预警信号发布与传播办法》(中国气象局令第 16 号),大雾预警信号分三级,分别以红色、橙色、黄色表示。其中,2h 内可能出现能见度距离小于 50m 的雾,或者已经出现能见度距离小于

50m 的雾并将持续,发布一级(红色)预警;6h 内可能出现能见度距离小于 200m 的雾,或者已经出现能见度距离小于 200m、大于或等于 50m 的雾并将持续,发布二级(橙色)预警;12h 内可能出现能见度距离小于 500m 的雾,或者已经出现能见度距离小于 500m、大于或等于 200m 的雾并将持续,发布三级(黄色)预警。

3)《长江三峡库区船舶定线制规定(试行)》中有关规定

《长江三峡库区船舶定线制规定(试行)》中提出,能见度距离不足 1000m 时,禁止船舶下行;能见度距离不足 500m 时,禁止船舶航行。当能见度距离大于上述要求时,虽不禁止航行,但船舶必须特别谨慎地驾驶,采取相应的措施,如减速、鸣笛、通报自身动态和船位等。对于船舶中途突然遇雾的情况,《长江三峡库区船舶定线制规定(试行)》也做了相应的要求,如船舶应当选择航道外安全水域停泊等。

三峡蓄水后,库区成雾因素增多,雾情加重,原有成雾时间和航段的规律发生变化,防止航行船舶在能见度不良情况下发生碰撞事故的要求更加突出。综合以往规定的要求和各方面的意见,以及库区重庆海事局、三峡通航管理局等针对雾航安全管理已取得的经验,本书将三峡雾航安全预警等级划分为四个等级,并以能见度(距离)作为评判指标,见表 7.3。

**表 7.3　三峡雾航预警等级及评判标准**

| 预警等级 | 评判指标 | 评判标准 |
|---|---|---|
| 一级(红色) | 能见度(距离) | 2h 内可能出现能见度小于 50m 的雾,或者已经出现能见度小于 50m 的雾并将持续 |
| 二级(橙色) | 能见度(距离) | 6h 内可能出现能见度小于 200m 的雾,或者已经出现能见度小于 200m、大于或等于 50m 的雾并将持续 |
| 三级(黄色) | 能见度(距离) | 12h 内可能出现能见度小于 500m 的雾,或者已经出现能见度小于 500m、大于或等于 200m 的雾并将持续 |
| 四级(蓝色) | 能见度(距离) | 12h 内可能出现能见度小于 800m 的雾,或者已经出现能见度小于 800m、大于或等于 500m 的雾并将持续,或下行无法看清航道同侧连续三个航标 |

### 7.3.2　雾航安全预警管理组织及运行机制

1)"四级预警、三级发布"的雾航安全预警机制

在确定三峡雾航预警等级和评判标准的基础上,应建立三峡雾航预警管理长效机制。

　　根据前述研究结论,现阶段应建立"四级预警、三级发布"的三峡雾航预警机制。根据影响水上交通安全和水域环境安全的紧迫程度、危险程度和影响范围,将雾航预警等级分为四个级别,见表7.3。预警信号由长江海事三级机构,即长江海事局,重庆、三峡、宜昌分支海事局,海事处,根据各自权限分别发布。

　　2)三峡雾航安全预警管理组织体系

　　以目前水上交通安全监管组织系统为基础,增加雾航安全预警管理的职能,即以长江海事局为雾航安全预警管理主体的组织结构,见图7.3。

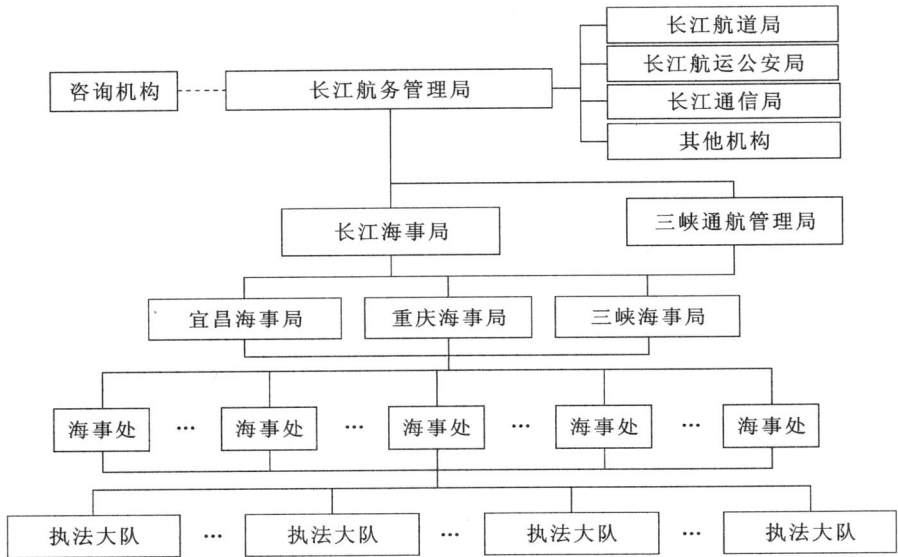

**图7.3　三峡库区水上交通安全管理组织体系**

　　长江海事局及其分支机构是三峡雾航安全预警管理决策和实施主体,其主要工作是监控水上交通安全状态,采集雾情相关信息,对雾航安全信息进行识别、诊断和评价,针对险情发布预警信号,部署和实施预控管理。

　　长江海事局统一指挥、管理和协调三峡库区雾航安全预警工作,负责监督实施三峡库区雾航安全预警管理机制,负责雾航安全的一级(红色)预警的评定、变更、终止和预警信息发布。

　　重庆、三峡、宜昌等分支海事局负责本局辖区三峡雾航安全预警工作的组织实施,具体负责本局辖区雾航安全的二级(橙色)预警、三级(黄色)预警的评定、变更、终止和预警信息发布,以及组织宣传辖区雾航安全的二级(橙色)预警信息、三级(黄色)预警信息。分支海事局监管中心是本局辖区安全预警工作的归口管理部门。

各分支海事局所属的海事处及海事处下属的执法大队,负责本辖段雾情信息的采集和传输及预警信息宣传;负责本辖区雾航安全的四级(蓝色)预警的评定、变更、终止和预警信息发布。

3)雾航安全预警信息的采集和传输

三峡库区航道范围广,自动观测设备的技术条件和数量有限,现阶段雾情信息的采集应采用以人工观测为主、自动观测设备监测为辅的方式。雾情信息的采集主要有以下几种渠道:

(1)气象部门发布的雾情信息。

(2)海事部门人工观测点现场采集的雾情信息。海事执法大队、海巡艇及江岸上观测人员进行现场观测,一旦发现能见度不良情况,立即通过电话、传真等方式将信息传达给上级海事部门。

(3)海事部门设置的自动观测设备监测雾情。在雾情比较严重的地段设置自动观测仪,将收集的数据通过海事部门光纤内网自动传送给预警管理部门。

(4)其他方式采集雾情信息。沿岸居民的观测:重点航段附近的居民发现有雾情,通过电话将所掌握的雾情信息第一时间上报给海事部门;船员的观测:船员发现雾情时,有责任将雾情信息发送给海事部门。

4)雾航安全预警信息的处理

三峡库区各海事局的预警管理部门根据下属海事处汇集上报的雾情信息,依据雾航安全预警等级与评判标准,及时做出预警的评定和预警信息发布决策。

5)雾航安全预警信息发布和传输

长江海事局及重庆、三峡、宜昌等分支海事局是三峡雾航安全预警信息发布的主体。

雾航预警信息发布渠道有:①水上安全信息台信息联播;②海巡艇 VHF(甚高频电话)广播;③长江水上交通 GPS 监控系统;④移动通信短信息群发;⑤长江海事内、外网站;⑥电视、报刊等公共媒体。图 7.4 显示了雾航预警信息通过长江海事局网站发布的情况。

雾航预警信息发布频度:水上安全信息台信息联播、海巡艇 VHF 广播每小时播发 1 次,预警期间各政务大厅信息公告每天滚动播发。此外,相关区段的海事处每小时收集 1 次当地最新气象信息并向船方公告。

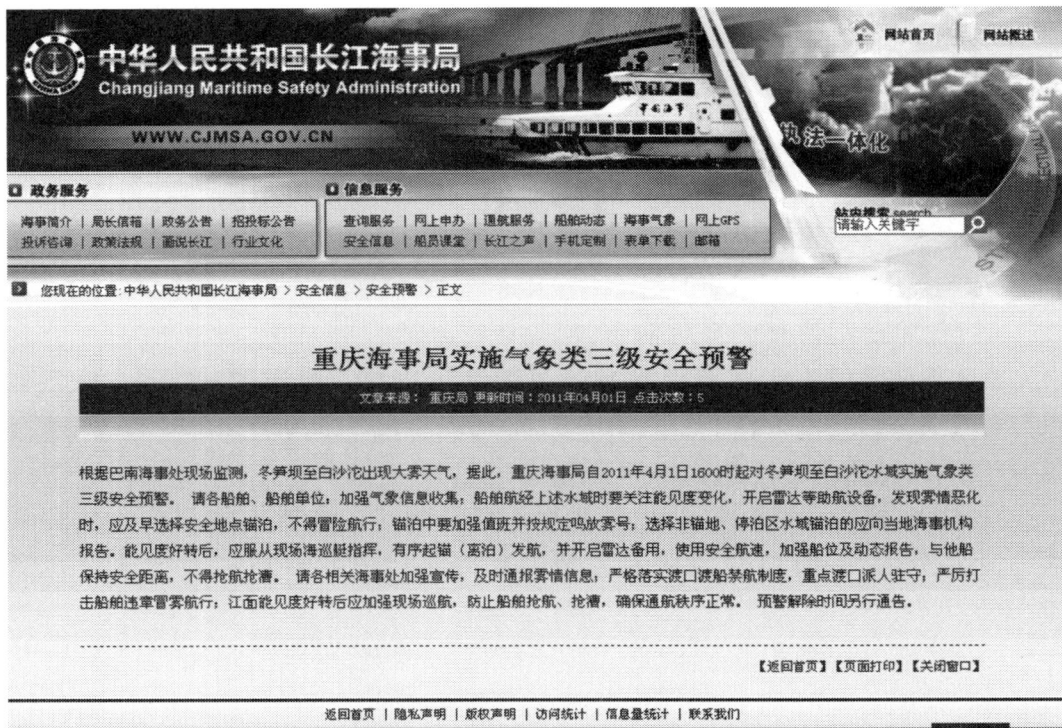

图 7.4　雾航安全预警信息 Inter 网发布截图

# 7.4　三峡库区雾航安全预警管理对策与建议

水上交通安全预警机制已经实施多年,通过对各辖区雾情的安全预警,提高了水上交通安全预防工作的超前性和针对性,有效预防和减少了水上交通险情及事故的发生,运行效果良好;但其中也暴露出一些不足,亟待改正。

1)海事部门协助气象部门尽快提高雾情预报的能力

三峡成库后雾情规律发生了变化,气象部门原有的雾情监测办法和能见度划分标准已不能满足需求。气象部门应尽快研究雾情新的变化规律,提供适应于不同行业要求的气象预报服务产品:一是加强探测系统的研究设计,构建库区风、湿、气压、气温、水温、能见度的综合观测系统;二是开展历史资料的统计应用分析,研究库区雾、风等天气发生规律;三是研究库区风雾的监测、预报、预警技术,逐步形成库区航运气象服务业务。

雾情等气象方面的预报是气象部门的主要职责,海事部门主要负责水上交通的安全监管包括雾航安全监管。鉴于现阶段气象部门技术装备不足,海事和通航管理部门可以加强在三峡航段的能见度自动测报仪和地面气象数据采集系统建设,协助气象部门进行雾情预报,进行雾航安全预警管理。

2)建立雾航安全应急联动机制

在水上交通安全事故和险情发生时,仅依靠海事和通航管理等少数几个部门应急是不够的,尤其像客船因雾长时间停航船上人员需要疏散等,必须依靠当地政府等多部门的密切合作,建立应急联动机制,才能快速高效地处理事故险情。

三峡库区水路交通安全应急体系由长江航务管理局、库区各级地方政府、长江海事局、三峡通航管理局、长江航道局、长航公安局、船闸通航管理处、水文和气象部门、消防部门、旅游部门、环保部门、医疗机构、客运码头及渡口所有人或经营人、船舶所有人或经营人、水上水下设施所有人或经营人、专业救助打捞公司、清污公司、拖轮公司等组成,并建立由航务管理部门牵头,当地政府、海事部门、三峡通航管理部门、气象部门、船公司、专业救助机构等各方共同参与的应急联动机制。

3)加强三峡库区水上交通从业人员雾航安全意识

虽然短期内无法改变水上交通从业人员的文化素质,但海事、港航、渔业、地方政府等部门可以针对辖区实际情况,通过电视、广播、报纸等新闻媒体,通过手机短信、宣传板报、宣传单、航行通告等有效途径和手段加强雾季水上交通安全的宣传,加强对船员、渔民、渡工和村民等水上交通从业人员的雾航安全知识宣传,营造良好的水上交通安全氛围,使雾航安全知识深入三峡库区的每一个角落。海事部门可以在办公场所利用电子显示屏、安全警示牌、安全标语和板报等显示"温馨提示",在办理签证时加强雾航安全的叮嘱工作;港航、渔业和当地政府等有关部门也应根据本地、本行业的实际情况,加强对船员、渔民、码头作业人员和从事水上交通作业村民的雾航安全知识宣传,正确引导水上交通从业人员提高对雾航安全的认识;有条件的地方或部门,可以成立统一的水上交通从业人员培训机构,对从事水上交通作业的船员、渔民、村民和码头作业人员等进行统一的培训、考试、发证和再教育,加强水上交通安全的培训和教育,分析讲解雾航的注意事项,逐步提高水上交通从业人员的安全意识,特别是雾航安全意识。

4)提高三峡库区船舶适应雾航的能力

三峡库区船舶种类较多,有货运船、高速客船、客渡船(横水渡)、滚装船、渔船、农自用船和其他各类船舶等,应根据实际情况加强对船舶雾航设备、设施的配备、检查和使用,落实雾航制度,提高雾航安全,确保船舶适航。对于不适合雾航的"三无"船舶、渔船、农自用船和其他没有监管主体的浮动设施，海事、农业（渔业）部门和当地政府应该加强该类船舶的统一监管。

5）尽快完善气象监测系统建设

建设气象监测站点是预报大风、大雾的基础。只有监测系统的完善，数据资料收集才能成为现实，必须经过一段时间的积累才能有效保证后期数据分析的准确与完善，进而为预测预报提供基本依据。

三峡库区危险航段、重要航段多，分布广，一些险要航段不便于执法人员24h监测，在每个重要航段布设执法人员也不现实，因而在重要航段安置先进的监测设备更有利于及时采集和传输雾情信息。目前，由于资金不足等原因，技术先进的自动气象监测设备在库区设置得比较少，建点密度还达不到精确、完整的气象信息采集的要求，海事部门应尽可能加大资金投入力度，尽快完善气象监测系统建设，尤其在雾航事故多发的重点河段尽快布局建设自动气象监测站点，以现代化监管手段实现该类河段24h监控及相关信息传输。

# 8 基于状态方程的水上交通安全管理评价与控制

水上交通安全事故的发生是离散的,必须运用离散动态系统控制论的原理和方法研究水上交通安全系统状态及目标控制。本章将建立反映水上交通安全系统"危险"与"控制"矛盾运动关系的安全状态方程;采用最小二乘法—卡尔曼滤波—最小二乘法(LKL)参数估计算法,测算长江干线不同航段安全状态方程,进行危险度和安全控制力度评价;构建基于最优资源投入策略的安全目标控制模型,为水上交通安全系统管理目标的制定提供方向和依据。

## 8.1 水上交通安全管理系统最优控制的原理与方法

### 8.1.1 水上交通安全系统目标控制机制设计

控制论是研究一切系统一般控制规律的科学。控制论的奠基人 N. 维纳将之定义为:"在机构、有机体和社会中的控制和通信的科学。"概括起来说,控制是指"按给定条件对系统及其发展过程加以调整和影响,使系统处于最佳状态并达到预期目的的行为"。控制一词具有操纵、调解、管理、指挥等含义。严格说来,开环控制系统并不属于控制论的研究范围,而属于自动控制理论的研究范围。控制论一般只研究带有负反馈回路的闭环控制系统。所以,控制论的研究对象并不是任意的控制系统,而是带有反馈的控制系统。

对水上交通安全系统进行控制的目的是为了使系统的输出——安全状态按期望的目标变化,故对其控制的机制设计为负反馈机制,其控制过程可用图 8.1 表示。其中,$Y$ 为系统的实际输出——安全状态值;$\hat{Y}$ 为对系统安全状态的期望值;$W$ 表示系统的扰动输入,如由于自然环境中的气象等不可控因素而导致水上交通系统必然存在的危险;$U$ 表示在资源约束条件 $V$ 下对系统的控制输入,如安全资源的投放、安全管理措施的实施等;符号 $\otimes$ 表示比较器,把系统的实际输出 $Y$ 所形成的反馈信号 $S$ 同期望目标 $\hat{Y}$ 进行比较,比较差值为偏差信号 $E = \hat{Y} - S = \hat{Y} - Y$。

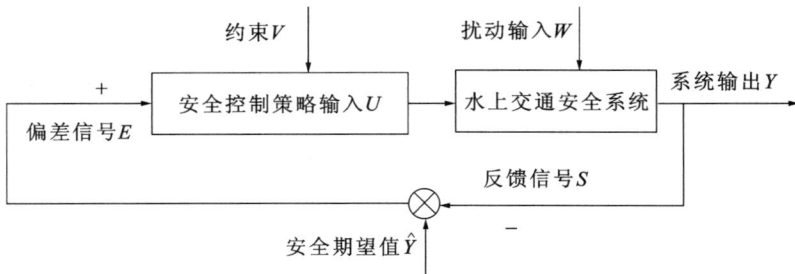

**图 8.1　水上交通安全系统控制机构**

上述系统借助于比较器的偏差信号指导控制输入——安全资源的投入、安全管理措施的实施等,纠正系统安全状态与期望值之间的偏离,使系统安全达到所期望的状态,通过反馈构成了负反馈闭环控制系统。

需要说明的是:①水上交通系统安全状态很大程度上受气象、水文、河道等自然条件影响,即系统的扰动输入 $W$,按照目前的技术水平,这些因素几乎是不可控的,所以,对于水上交通系统安全的控制是相对的、部分的,安全状态与期望目标值存在偏差是经常性的;②尽管水上交通安全系统的扰动输入影响很大,但并不是说水上交通系统安全完全不可控,无数实践和事实证明,加强对船舶、人员、通航秩序等方面的管理和投入——控制输入 $U$,系统安全状态的改善是显著的,这是我们对水上交通系统安全管理和控制的辩证认识。

### 8.1.2　离散动态系统最优控制的基本理论与方法[42-43]

动态系统是随时间变化其状况特性发生变化的系统。系统的变化运动是由一系列内部、外部因素相互作用的结果,如图 8.2 所示。

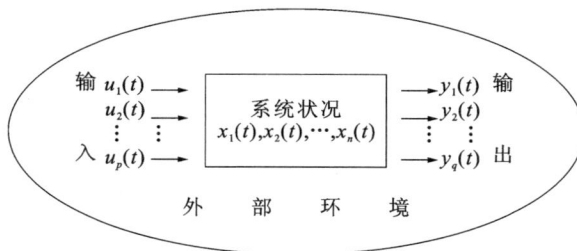

**图 8.2　动态系统简图**

对动态系统的描述一般是: $X(t) = \{x_1(t), x_2(t), \cdots, x_n(t)\}^{\mathrm{T}}$ 表示系统状态特性的状况变量, $U(t) = \{u_1(t), u_2(t), \cdots, u_p(t)\}^{\mathrm{T}}$ 表示外部环境对系统的

一组输入。在这些输入中,有些是我们为对系统的运行实行调整和控制而设置的,称为控制输入或决策输入;有些则是客观环境因素的干扰。$Y(t) = \{y_1(t), y_2(t), \cdots, y_q(t)\}^T$ 表示系统对外部环境的一组输出,代表着系统运行的情况和结果。动态优化问题就是要确定未来一段时间区间$[0, N-1]$内的最优策略 $U^*(t)$ 和系统最优状态 $X^*(t)$,使系统目标函数取得极大(小)值。

解决动态最优控制问题常用的方法有:动态规划、变分法和庞特里雅金极值法。庞特里雅金极值法可以解决控制变量受约束的最优化问题(变分法则不能),获得了广泛的应用。

动态系统最优控制一般分为连续时间系统最优控制和离散时间系统最优控制。由于安全系统的控制表现为离散时间特性,本书仅介绍离散时间系统的最优控制原理。其一般提法是:

$$\max (\text{or} \min) J_N = \Phi[X(N), N] + \sum_{t=0}^{N-1} F[X(t), U(t), t] \quad (8\text{-}1)$$

$$\text{s. t.} \quad \begin{cases} X(t+1) = f[X(t), U(t), t] \\ X(0) = X_0 \end{cases}$$

式中　$J_N$——性能指标(目标函数);

$F[X(t), U(t), t]$——与状态 $X(t)$、控制 $U(t)$ 和时间 $t$ 有关的可微纯量函数,它反映优化所要达到的目标;

$N$——终止时间。

纯量 $\Phi[X(N), N]$ 体现对终端的要求。

用庞特里雅金极值原理求解离散时间系统的最优控制问题时,纯量哈密顿函数定义为:

$$H[X(t), U(t), \lambda(t+1), t] = H(t)$$
$$= F[X(t), U(t), t] + \lambda(t+1) f[X(t), U(t), t] \quad (8\text{-}2)$$

则模型式(8-1)满足以下必要条件:

$$\lambda^*(t) = \frac{\partial H^*(t)}{\partial X^*(t)} \qquad\qquad 伴随方程 \quad (8\text{-}3)$$

$$X^*(t+1) = \frac{\partial H^*(t)}{\partial \lambda^*(t+1)} = f[X(t), U(t), t] \quad 状态方程 \quad (8\text{-}4)$$

$$\frac{\partial H^*(t)}{\partial U^*(t)} = 0 \qquad\qquad 控制方程 \quad (8\text{-}5)$$

$$\frac{\partial \Phi^*(N)}{\partial X^*(N)} = \lambda^*(N) \qquad\qquad 横截条件 \quad (8\text{-}6)$$

式(8-3)～式(8-6)给出了模型式(8-1)的求解公式。若终止状态 $X(t)$ 是自由的,式(8-6)给出了决定边界条件的横截条件;若 $X(N)$ 任一分量已知时,不必应用横截条件式(8-6);若性能指标函数中无 $\Phi[X(N),N]$ 项,则 $\lambda^*(N)=0$。

# 8.2　安全状态方程的分析方法

## 8.2.1　安全状态方程的基本形式[44-47]

状态空间分析法是现代控制论的基石。用状态方程描述一个系统的内部关系(包括其外部关系)是最全面的描述系统的方法。对于连续时间的动态系统,其状态方程一般为微分方程形式;对于离散时间的动态系统,其状态方程通常为差分方程。

安全状态方程是以表征系统安全状况的指标 $X(t)=\{x_1(t),x_2(t),\cdots,x_n(t)\}^{\mathrm{T}}$ 为状态转移变量因子而建立的表示系统安全状态的数学方程。水上交通安全状态常用的指标有:事故数、死亡人数、沉船数、碰撞事故数、直接经济损失、事故率、死亡率等。系统状态受到安全控制输入 $U$ 和扰动输入 $W$ 的影响,则方程式(8-7)成立:

$$X(t+1) = f[X(t),U(t),t]$$
$$= X(t) - F_1[U(t)] + F_2[W(t)] \tag{8-7}$$

方程式(8-7)即为安全状态方程基本形式。式中,$X(t)$ 为表示系统安全状态的变量,如"年度事故率""年度死亡率"等;函数 $F_1$ 表示由于安全控制策略 $U(t)$ 的实施,如安全装备的投入,使得死亡率减少的数量;函数 $F_2$ 表示由于不可控的扰动输入 $W(t)$,如不良天气,使得死亡率增加的数量。

安全系统虽然结构复杂,归根结底可以概括为两大对立的基本矛盾,即"危险"和反危险"控制作用"博弈的结果。根据近年发展起来的大系统理论,采用变量集结法,输出变量仅考虑"年度事故率"或"年度死亡率"$x(t)$,输入变量则是将各子系统中的危险因素及反危险的控制因素集结成为符号相异的两个变量"危险指数"$h(k)$ 和"控制作用"$c(k)$。因此,下列方程成立:

$$x(t+1) = [1-c(t)] \cdot x(t) + w(t) \tag{8-8}$$

式中　$t$——年度;

　　　$x(t+1)$——系统第 $t+1$ 年度事故率或死亡率;

　　　$x(t)$——系统第 $t$ 年度事故率或死亡率;

　　　$c(t)$——系统第 $t$ 年度控制力度,一般 $0 \leqslant c(t) < 1$;

$w(t)$——系统第 $t$ 年度危险度。

式(8-8)为离散型线性时变状态方程,引入参数 $w(t)$ 及 $c(t)$,使得所建立的方程是系统危险程度及危险控制的相互制约、矛盾运动的体现。安全控制力度 $c(t)$ 前面有负号,表明其与系统危险程度 $w(t)$ 呈相互对立的关系,是对系统危险的削弱。一般,安全控制力度越大,系统危险程度越受到抑制,系统越安全。

在一段时间内,若安全控制力度和系统危险程度保持不变,则式(8-8)可简化为静态状态方程式(8-9):

$$x(t+1) = (1-c)x(t) + w \tag{8-9}$$

对式(8-9)进行 Z 变换,得通解为:

$$x(t) = \frac{w}{c} + \left[x(0) - \frac{w}{c}\right](1-c) \tag{8-10}$$

一般 $0 \leqslant c < 1$。为了便于分析讨论,令 $1-c = e^{-bt}$,则式(8-10)变换为:

$$x(t) = x(0)e^{-bt} + \frac{w}{c}(1-e^{-bt}) \tag{8-11}$$

从式(8-11)可以看到:

$$\lim_{t \to \infty} x(t) = \frac{w}{c} \tag{8-12}$$

即当系统运行多年后,"年度事故率"或"年度死亡率"趋向一个稳定值。大量实践证明这种安全事故发展规律不仅适用于大系统,甚至对于只有几百人的车间子系统也基本适用,见图8.3。

### 8.2.2　安全状态方程所提供的信息

建立安全系统状态方程是最优安全控制建模的前提条件,同时也提供了一种进行安全计量、分析与评价的途径。

1)系统危险度计量与评价

水上交通系统的危险度 $w$ 主要受下列因素影响:

①通航环境中存在的缺陷(恶劣天气、地质灾害等);

②船舶、码头、拦江大坝等硬件配置的安全化水平;

③船舶航行整个过程的管理机制和管理水平;

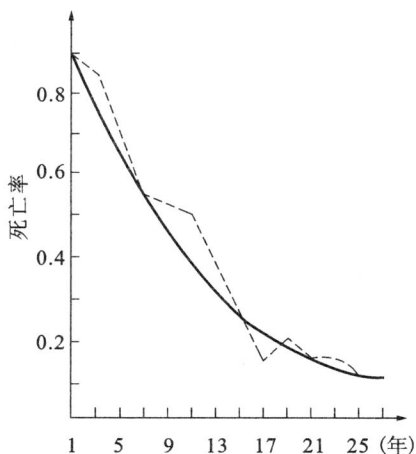

图 8.3　"死亡率"状态指标变化趋势

④船员素质及操纵船舶的水平和熟练程度等。

其中,影响因素①和②是直接危险源的主体,一段时间内基本保持不变,由其所决定的因素称为系统固有危险源,是进行危险源管理和控制的重点。因此,可以将危险度 $w$ 定义为:

$$w = w_s w_e (1 + k_1)(1 + k_2) \tag{8-13}$$

式中　$w_s$——通航环境缺陷系数;

　　　$w_e$——系统硬件固有危险系数;

　　　$k_1$——管理缺陷系数;

　　　$k_2$——驾驶水平缺陷系数。

危险度 $w$ 的分级可参考有关标准确定。按式(8-13)计算危险度 $w$ 绝对值十分困难,但是从状态方程式(8-9)来看,若 $x(t)$ 定义为单位船舶流量的事故数或死亡(失踪)人数,实质是一种概率的表达形式,则危险度 $w$ 的量纲也具有概率的性质,通过系统辨识和参数估计,可得出状态方程中两个参数危险度 $w$ 和控制力度 $c$ 的数值。通过同一时期不同系统安全状态方程的测算,可以对比和评价不同系统危险度;通过同一系统不同时期安全状态方程的测算,可以对比和评价该系统不同发展时期的危险度。

2)系统安全控制力度计量与评价

与"系统危险度计量与评价"相同,通过系统参数估计,可得出状态方程中控制力度 $c$ 的数值。通过同一时期不同系统安全状态方程的测算,可以对比和评价不同系统安全控制力度;通过同一系统不同时期安全状态方程的测算,可以对比和评价该系统不同发展时期的安全控制力度。

此外,状态方程中 $0 \leqslant c < 1$ 表明,控制力度 $c$ 的含义为"年度事故率或死亡率下降的比率",具有通用性。由此,可以打破行业的局限性,将控制力度 $c$ 用于不同行业间系统安全控制力度的比较和评价。

3)安全目标管理与最优控制

目标管理是现代管理的一种强有力的工具。通过建立状态方程并进行控制力度 $c$ 参数估计,可以为系统未来安全控制力度(管理)目标值的确定提供依据。

安全状态方程是构建安全控制模型的基础。本章第8.4节将讨论如何构建最优安全控制模型。

# 8.3　基于 LKL 的长江干线水上交通安全状态方程

### 8.3.1　安全状态方程变量选取

目前,表征水上交通安全状态常用指标有:事故数、死亡人数、沉船数、碰撞事故数、直接经济损失、事故率、死亡率等。安全状态方程中指标变量的选择应满足以下要求:

①指标变量应能体现研究系统的安全状态情况;

②指标变量应能较全面且简洁地表达出来;

③指标变量的原始数据易测量;

④表达系统安全状况的指标变量的原始数据应满足小误差或无误差。

交通安全事故与交通流密切相关,交通流越大事故发生的概率越大,因此,相对数量指标(事故率、死亡率等)、比绝对数量指标(事故数、死亡人数等)更能反映交通事故发生的特征。

经综合分析比较,为了区分长江干线上、中、下游的航道的差异性,本书选用能反映事故发生与船舶密度和通航里程关系的"综合事故发生率"和"综合死亡率"为状态方程变量建立长江干线水上交通安全系统状态方程。"综合事故发生率"和"综合死亡率"的计算公式如下:

$$x_A = \frac{A \times 10^4}{\sqrt{Q \times L}} \qquad x_D = \frac{D \times 10^4}{\sqrt{Q \times L}} \qquad (8\text{-}14)$$

式中　$x_A$——综合事故发生率(以下简称事故率);

　　　$x_D$——综合死亡率(以下简称死亡率);

　　　$Q$——年度船舶交通流量,$10^5$ 艘次;

　　　$L$——水域区段里程,km;

　　　$A$——年度区域段事故发生数,件;

　　　$D$——年度区域段事故中死亡人数,人。

其中,水域区段里程按长江海事局系统管辖的长江干线上、中、下游划分,分别为 825km、626km、653km;年度船舶交通流量 $Q$ 通过长江干线主要断面日均船舶艘次观测值计算得到。

长江干线不同水域区段 2006—2011 年事故率、死亡率统计见表 8.1。

表 8.1　长江干线 2006—2011 年事故率、死亡率表

| 指标值 | 区段 | 2006 年 | 2007 年 | 2008 年 | 2009 年 | 2010 年 | 2011 年 | 平均值 |
|---|---|---|---|---|---|---|---|---|
| 事故率 | 上游 | 15.6726 | 13.9404 | 11.9215 | 16.5090 | 4.4318 | 5.7931 | 11.3781 |
| | 中游 | 8.2634 | 6.1033 | 9.0126 | 3.3293 | 6.3842 | 0 | 5.5155 |
| | 下游 | 12.4134 | 8.4635 | 11.6696 | 11.4568 | 5.3628 | 5.8157 | 9.1970 |
| 死亡率 | 上游 | 21.7005 | 11.7393 | 8.7424 | 17.3779 | 11.5227 | 3.3104 | 12.3989 |
| | 中游 | 6.6107 | 18.3098 | 14.0196 | 2.2195 | 2.1281 | 0 | 7.2146 |
| | 下游 | 10.2546 | 12.9442 | 10.6087 | 12.0297 | 6.3379 | 4.2296 | 9.4008 |

注：表中数据来源于长江海事局。

本书选择"综合事故率""综合死亡率"作为系统安全状态方程的输入变量的理由如下：

（1）这两项指标变量能充分体现长江水上交通系统的安全状况。安全管理的目的是减少事故、避免伤亡，这两项指标能综合、直观地反映出系统的安全状况及管理状况。

（2）这两项指标变量能被简洁地表达出来。长江干线上游、中游、下游各段通航里程是确定的，只要获得某一时期内的事故数、死亡人数及同一时期内船舶的交通流量，便可通过式（8-14）得到事故率和死亡率的数值。

（3）这两项指标变量易测量、易获取。长江海事局等相关管理部门在其管辖范围内设置了专门的船舶交通流量检测系统，可获得主要断面船舶交通流量的数据。

### 8.3.2　状态方程参数估算方法——LKL

从时间序列分析角度看，状态方程是一种自回归形式，对于状态变量数据变化较平稳的系统，问题较简单。根据历史数据，运用最小二乘法或其他现代统计方法，即可以求得状态方程参数 $c$、$w$ 的数值。

在统计建模中，常以大样本数据为前提，允许在一定的条件下反复进行试验以获取大量的数据，因此，包括最小二乘法在内的大多数方法在大样本模型参数估算时是行之有效的。但是，在社会经济系统、安全工程系统等领域，要获得大样本观测数据往往是不可能的；同时，表征系统安全的历史数据可能存在着相当大的误差，且对于观测误差的统计特性也往往不甚了解，即数据具有较大干扰。因此，单纯以最小二乘法为基础的统计分析法已无能为

力,而采用"小样本大噪声"系统辨识技术——最小二乘法—卡尔曼滤波—最小二乘法(Least square method—Kalman filtering algorithm—Least square method,LKL),从实用或理论角度看,结果可信,符合实际。LKL 法的实质是,反复应用这两种方法进行迭代,以滤去干扰。实践证明,只要经过几次迭代,即可以得到满意效果。LKL 算法步骤见图 8.4。[46-48]

1)组织原始数据并进行参数初值估算

对于一个安全动态系统而言,大的趋势是随着逐年控制力度加大,危险性趋于降低;但是,实际中却存在着某一年发生突变的情况,比如自然灾害引起死亡率发生突变,这个突变势必影响系统建模的准确性。针对原始数据随机波动大且样本数量少的情况,一般

图 8.4 LKL 法计算步骤

要进行数据预处理,以减小随机波动带来的误差。通常采用三年赋权平滑值代替原始数据,可以证明,采用这样的预处理方法组织数据能提高建模的精度。[46-48]

原始数据预处理后,采用最小二乘法(Least square method,LS)对状态方程 $x(t+1)=[1-c(t)]x(t)+w(t)$ 中的参数进行初步估计,使得 $\sum_{t=2}^{N}\{x(t+1)-[1-c(t)]x(t)-w(t)\}^2$ 最小,从而得到 $c$、$w$ 初值及状态方程初值。

2)卡尔曼滤波(Kalman filtering algorithm)[48-50]

卡尔曼(Rudolf Emil Kalman,匈牙利数学家)滤波器源于他的博士论文和 1960 年发表的论文 *A New Approach to Linear Filtering and Prediction Problems*(线性滤波与预测问题的新方法),自 20 世纪 60 年代问世以来,已经发展成为现代控制理论中一种最优估计理论。所谓滤波,实质上就是从大量偶然干扰中筛取主导因素,对事物变化规律做出正确的估计。

卡尔曼滤波的基本思想是:以最小均方误差为最佳估计准则,采用信号与噪声的状态空间模型,利用前一时刻的估计值和当前时刻的观测值,根据卡尔曼滤波规定的算法来更新对状态变量的估计,求出当前时刻的估计值。在此过程中,对照系统的一系列观测值和估计值,进行循环往复递推计算,反馈修正,以求得一个削弱了干扰成分的最优估计值。

线性系统的状态方程和观测方程为:

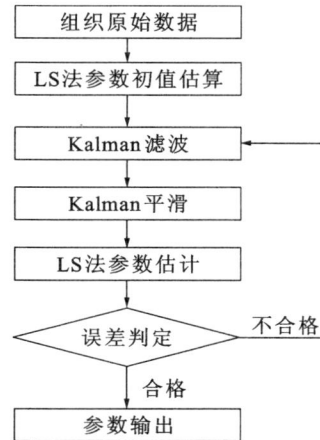

$$x(t+1) = Ax(t) + Bu(t) + w(t) \tag{8-15}$$

$$z(t+1) = x(t+1) + v(t+1) \tag{8-16}$$

式中　$x(t)$——$t$ 时刻系统的状态变量；

　　　$z(t)$——$t$ 时刻的实际观测值；

　　　$w(t)$、$v(t)$——动态过程噪声及统计（观测）噪声，方差分别为 $Q,R$，一般为常数；

　　　$A$、$B$——参数。

Kalman 滤波的五个主要方程式如下：

$$\overline{x}(t+1) = A\hat{x}(t) + B\hat{u}(t) \tag{8-17}$$

$$\overline{P}(t+1) = A^2 P(t) + Q \tag{8-18}$$

$$K(t+1) = \frac{\overline{P}(t+1)}{\overline{P}(t+1) + R} \tag{8-19}$$

$$\hat{x}(t+1) = \overline{x}(t+1) + K(t+1)[z(t+1) - \overline{x}(t+1)] \tag{8-20}$$

$$P(t+1) = [1 - K(t+1)]\overline{P}(t+1) \tag{8-21}$$

式（8-17）为预测方程，式（8-18）为预测方差，式（8-19）为滤波增益方程，式（8-20）为滤波方程，式（8-21）为滤波方差，$Q$ 为 $w(t)$ 的方差，$R$ 为 $u(t)$ 的方差。

3）卡尔曼平滑（Kalman smoothing algorithm）

对于实时控制来说，卡尔曼滤波给出的结果一般可作为控制决策的依据，但对于随机起伏较大的问题，滤波结果还有较大误差，尤其是初始值未经任何校正时，误差更大。为了解决这一问题，可再对滤波结果进行逆向平滑，再度纠正偏差。卡尔曼平滑是在卡尔曼滤波的基础上，通过式（8-22）平滑增益方程和式（8-23）平滑方程递推计算得到状态平滑值，即对滤波结果进行逆向平滑，得到进一步优化的估计值。式（8-24）用以估计平滑结果的偏差。

$$\overline{K}(t) = AP(t) + P(t+1) \tag{8-22}$$

$$\overline{\overline{x}}(t) = \hat{x}(t) + \overline{K}(t)[\overline{\overline{x}}(t+1) - \overline{x}(t+1)] \tag{8-23}$$

$$\overline{\overline{P}}(t) = P(t) + \overline{K}(t)[\overline{\overline{P}}(t+1) - P(t+1)] \tag{8-24}$$

4）最小二乘法参数估计和误差判定

运用 LS 法对式（8-23）得到的一组状态平滑值进行参数估计，并进行误差判定。若误差判定合格，得到参数最优辨识值 $c$ 和 $w$；否则，返回到步骤 2），反复迭代，直到误差判定合格。

### 8.3.3 状态方程估算结果及分析

本书采用 MATLAB 编写 LKL 算法软件,以表 8.1 数据为样本,按图8.4 的 LKL 法计算步骤进行长江干线上、中、下游的安全状态方程参数估计,计算出各区段安全状态方程。

1)上游安全状态方程

经过平滑预处理,事故率状态方程参数初始估计值为:安全控制力度 $c=0.6629$,系统危险度 $w=5.1314$。经过 LKL 算法 7 次迭代,干扰已基本解决,见表 8.2。经 LKL 滤波后的拟合值曲线比滤波前误差减少,见图 8.5。最后结果为:$c=0.2209,w=2.0293$,以事故率表征的上游航段安全状态方程为:

$$x_A(t+1) = (1-0.2209)x_A(t) + 2.0293 \qquad (8\text{-}25)$$

经过平滑预处理,死亡率状态方程参数初始估计值为:安全控制力度 $c=0.6122$,系统危险度 $w=4.2236$。经过 LKL 算法 6 次迭代,干扰已基本解决,见表 8.3。经 LKL 滤波后的拟合值曲线比滤波前误差减少,见图 8.6。最后结果为:$c=0.3323,w=2.8113$,得到以死亡率表征的上游航段安全状态方程为:

$$x_D(t+1) = (1-0.3323)x_D(t) + 2.8113 \qquad (8\text{-}26)$$

**表 8.2 上游航段事故率状态方程 LKL 算法迭代值**

| 年度 | 预处理 $x_A(t)^{(0)}$ | $x_A(t)^{(1)}$ | $x_A(t)^{(2)}$ | $x_A(t)^{(3)}$ | $x_A(t)^{(4)}$ | $x_A(t)^{(5)}$ | $x_A(t)^{(6)}$ | $x_A(t)^{(7)}$ |
|---|---|---|---|---|---|---|---|---|
| 2006 | 10.4146 | 12.9875 | 14.0862 | 14.3277 | 14.2277 | 14.2184 | 14.2327 | 14.2398 |
| 2007 | 9.8307 | 11.8640 | 12.8063 | 12.9942 | 12.8873 | 12.8746 | 12.8850 | 12.8903 |
| 2008 | 9.1501 | 10.5545 | 11.3145 | 11.4400 | 11.3250 | 11.3083 | 11.3143 | 11.3173 |
| 2009 | 10.6966 | 13.5300 | 14.7042 | 14.9715 | 14.8749 | 14.8673 | 14.8834 | 14.8915 |
| 2010 | 6.6254 | 5.6967 | 5.7803 | 5.6745 | 5.5295 | 5.4980 | 5.4874 | 5.4821 |
| 2011 | 7.0843 | 6.5797 | 6.7862 | 6.7224 | 6.5829 | 6.5541 | 6.5465 | 6.5427 |
| $c$ | 0.6629 | 0.3514 | 0.2611 | 0.2302 | 0.2262 | 0.2242 | 0.2220 | 0.2209 |
| $w$ | 5.1314 | 2.8223 | 2.5057 | 2.2629 | 2.1002 | 2.0599 | 2.0395 | 2.0293 |

表 8.3　上游航段死亡率状态方程 LKL 算法迭代值

| 年度 | 预处理 $x_D(t)^{(0)}$ | $x_D(t)^{(1)}$ | $x_D(t)^{(2)}$ | $x_D(t)^{(3)}$ | $x_D(t)^{(4)}$ | $x_D(t)^{(5)}$ | $x_D(t)^{(6)}$ |
|---|---|---|---|---|---|---|---|
| 2006 | 12.6391 | 15.8765 | 16.0270 | 16.2381 | 16.9758 | 17.0594 | 17.3007 |
| 2007 | 8.7761 | 10.2335 | 10.2843 | 10.3550 | 10.6036 | 10.6384 | 10.6496 |
| 2008 | 7.6139 | 8.5358 | 8.5566 | 8.5851 | 8.6865 | 8.7065 | 8.6486 |
| 2009 | 10.9628 | 13.4278 | 13.5350 | 13.6852 | 14.2107 | 14.2730 | 14.4145 |
| 2010 | 8.6921 | 10.1108 | 10.1594 | 10.2271 | 10.4651 | 10.4987 | 10.5050 |
| 2011 | 5.5073 | 5.4585 | 5.4250 | 5.3769 | 5.2116 | 5.2050 | 5.0216 |
| $c$ | 0.6122 | 0.4335 | 0.4235 | 0.4094 | 0.3603 | 0.3554 | 0.3323 |
| $w$ | 4.2236 | 3.5832 | 3.5166 | 3.4218 | 3.0940 | 3.0712 | 2.8113 |

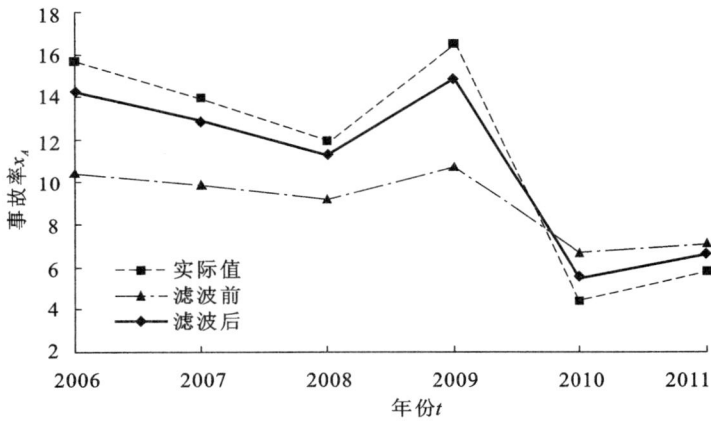

图 8.5　上游航段事故率状态方程 LKL 滤波拟合图

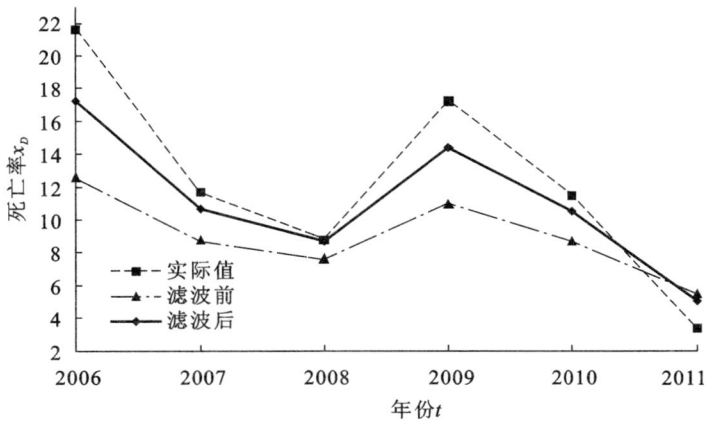

图 8.6　上游航段死亡率状态方程 LKL 滤波拟合图

2）中游安全状态方程

同理，估算出由事故率和死亡率分别表征的中游航段安全状态方程见式（8-27）和式（8-28）。

$$x_A(t+1) = (1-0.2102)x_A(t) + 1.3690 \tag{8-27}$$

$$x_D(t+1) = (1-0.3155)x_D(t) + 2.1984 \tag{8-28}$$

LKL 算法迭代结果见表 8.4 和表 8.5，LKL 滤波后的拟合值曲线见图 8.7 和图 8.8。

表 8.4 中游航段事故率状态方程 LKL 算法迭代值

| 年度 | 预处理 $x_A(t)^{(0)}$ | $x_A(t)^{(1)}$ | $x_A(t)^{(2)}$ | $x_A(t)^{(3)}$ | $x_A(t)^{(4)}$ | $x_A(t)^{(5)}$ | $x_A(t)^{(6)}$ | $x_A(t)^{(7)}$ |
|---|---|---|---|---|---|---|---|---|
| 2006 | 6.6833 | 7.1110 | 7.3378 | 7.4157 | 7.4566 | 7.7371 | 7.8744 | 7.8954 |
| 2007 | 5.7521 | 5.8175 | 5.9415 | 5.9248 | 5.8737 | 6.0762 | 6.1744 | 6.1894 |
| 2008 | 7.0063 | 7.5597 | 7.8221 | 7.9328 | 8.0057 | 8.3132 | 8.4640 | 8.4872 |
| 2009 | 4.5562 | 4.1565 | 4.1483 | 4.0102 | 3.8409 | 3.9433 | 3.9912 | 3.9985 |
| 2010 | 5.8732 | 5.9858 | 6.1231 | 6.1187 | 6.0795 | 6.2922 | 6.3955 | 6.4112 |
| 2011 | 3.1210 | 2.1629 | 1.9963 | 1.7123 | 1.4012 | 1.3834 | 1.3711 | 1.3690 |
| $c$ | 0.5689 | 0.4012 | 0.3536 | 0.3098 | 0.2672 | 0.2311 | 0.2130 | 0.2102 |
| $w$ | 3.1210 | 2.1629 | 1.9963 | 1.7123 | 1.4012 | 1.3834 | 1.3711 | 1.3690 |

表 8.5 中游航段死亡率状态方程 LKL 算法迭代值

| 年度 | 预处理 $x_D(t)^{(0)}$ | $x_D(t)^{(1)}$ | $x_D(t)^{(2)}$ | $x_D(t)^{(3)}$ | $x_D(t)^{(4)}$ | $x_D(t)^{(5)}$ | $x_D(t)^{(6)}$ | $x_D(t)^{(7)}$ |
|---|---|---|---|---|---|---|---|---|
| 2006 | 7.1445 | 6.5920 | 6.3130 | 6.3889 | 6.4454 | 6.7770 | 6.6996 | 6.7234 |
| 2007 | 10.9640 | 11.3980 | 12.1766 | 12.8082 | 13.4450 | 14.6985 | 14.6585 | 14.7315 |
| 2008 | 9.5635 | 9.6356 | 10.0263 | 10.4542 | 10.8782 | 11.7936 | 11.7399 | 11.7948 |
| 2009 | 5.7108 | 4.7881 | 4.1121 | 3.9795 | 3.8181 | 3.8037 | 3.7122 | 3.7177 |
| 2010 | 5.6809 | 4.7505 | 4.0663 | 3.9293 | 3.7634 | 3.7418 | 3.6500 | 3.6551 |
| 2011 | 4.9861 | 3.8763 | 2.9997 | 2.7616 | 2.4902 | 2.3009 | 2.2023 | 2.1984 |
| $c$ | 0.6735 | 0.5892 | 0.4988 | 0.4513 | 0.4017 | 0.3229 | 0.3197 | 0.3155 |
| $w$ | 4.9861 | 3.8763 | 2.9997 | 2.7616 | 2.4902 | 2.3009 | 2.2023 | 2.1984 |

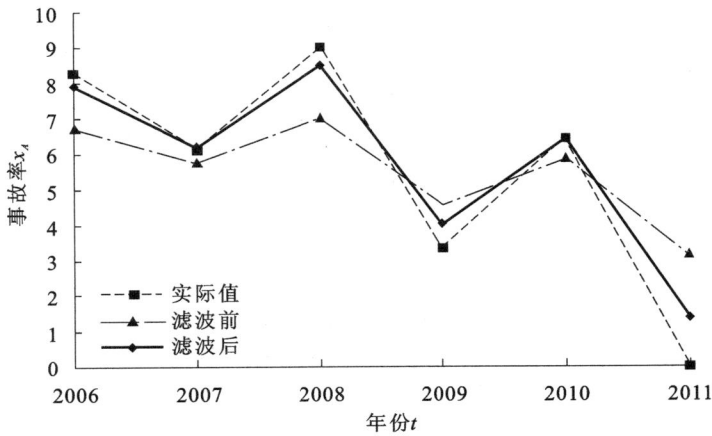

**图 8.7　中游航段事故率状态方程 LKL 滤波拟合图**

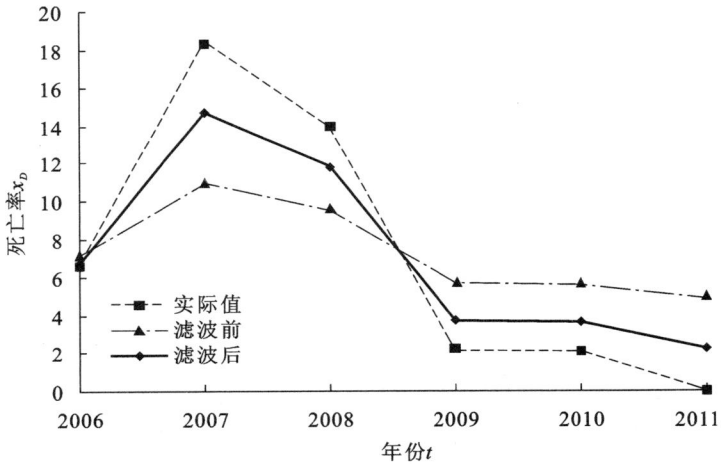

**图 8.8　中游航段死亡率状态方程 LKL 滤波拟合图**

3）下游安全状态方程

同理，估算出由事故率和死亡率分别表征的下游航段安全状态方程见式
（8-29）和式（8-30）。

$$x_A(t+1) = (1-0.2554)x_A(t) + 2.2390 \qquad (8-29)$$

$$x_D(t+1) = (1-0.3568)x_D(t) + 3.5501 \qquad (8-30)$$

LKL 算法迭代结果见表 8.6 和表 8.7，LKL 滤波后的拟合值曲线见
图 8.9 和图 8.10。

表 8.6 下游航段事故率状态方程 LKL 算法迭代值

| 年度 | 预处理 $x_A(t)^{(0)}$ | $x_A(t)^{(1)}$ | $x_A(t)^{(2)}$ | $x_A(t)^{(3)}$ | $x_A(t)^{(4)}$ | $x_A(t)^{(5)}$ | $x_A(t)^{(6)}$ |
|------|------|------|------|------|------|------|------|
| 2006 | 9.6989 | 10.6191 | 10.7180 | 10.8956 | 10.7927 | 11.4705 | 11.4822 |
| 2007 | 7.9898 | 8.4609 | 8.3856 | 8.3550 | 8.1727 | 8.5353 | 8.5411 |
| 2008 | 9.3770 | 10.2126 | 10.2788 | 10.4172 | 10.2993 | 10.9178 | 10.9284 |
| 2009 | 9.2850 | 10.0964 | 10.1532 | 10.2803 | 10.1582 | 10.7597 | 10.7700 |
| 2010 | 6.6481 | 6.7667 | 6.5547 | 6.3607 | 6.1161 | 6.2312 | 6.2324 |
| 2011 | 6.8440 | 7.0141 | 6.8221 | 6.6519 | 6.4164 | 6.5677 | 6.5695 |
| $c$ | 0.5673 | 0.4536 | 0.4095 | 0.3568 | 0.3367 | 0.2569 | 0.2554 |
| $w$ | 4.3276 | 3.8364 | 3.3879 | 2.9113 | 2.5589 | 2.2461 | 2.2390 |

表 8.7 下游航段死亡率状态方程 LKL 算法迭代值

| 年度 | 预处理 $x_D(t)^{(0)}$ | $x_D(t)^{(1)}$ | $x_D(t)^{(2)}$ | $x_D(t)^{(3)}$ | $x_D(t)^{(4)}$ | $x_D(t)^{(5)}$ | $x_D(t)^{(6)}$ |
|------|------|------|------|------|------|------|------|
| 2006 | 8.0987 | 9.1466 | 9.6100 | 9.7688 | 9.9070 | 10.1160 | 10.1458 |
| 2007 | 9.5420 | 10.7332 | 11.2679 | 11.4401 | 11.6074 | 11.8395 | 11.8758 |
| 2008 | 8.2887 | 9.3555 | 9.8283 | 9.9888 | 10.1309 | 10.3430 | 10.3736 |
| 2009 | 9.0512 | 10.1937 | 10.7042 | 10.8718 | 11.0293 | 11.2535 | 11.2876 |
| 2010 | 5.9970 | 6.8361 | 7.1958 | 7.3350 | 7.4309 | 7.6062 | 7.6266 |
| 2011 | 4.8657 | 5.5924 | 5.8962 | 6.0248 | 6.0980 | 6.2552 | 6.2705 |
| $c$ | 0.4634 | 0.4101 | 0.3836 | 0.3786 | 0.3678 | 0.3592 | 0.3568 |
| $w$ | 2.5961 | 3.0974 | 3.2891 | 3.3966 | 3.4241 | 3.5449 | 3.5501 |

4)结果分析

综上所述,长江干线上、中、下游的安全状态方程见表 8.8。

表 8.8 2006—2011 年长江干线不同航段安全状态方程

| | 以事故率表征的安全状态方程 | 以死亡率表征的安全状态方程 |
|------|------|------|
| 上游 | $x_A(t+1) = (1-0.2209)x_A(t) + 2.0293$ | $x_D(t+1) = (1-0.3323)x_D(t) + 2.8113$ |
| 中游 | $x_A(t+1) = (1-0.2102)x_A(t) + 1.3690$ | $x_D(t+1) = (1-0.3155)x_D(t) + 2.1984$ |
| 下游 | $x_A(t+1) = (1-0.2554)x_A(t) + 2.2390$ | $x_D(t+1) = (1-0.3568)x_D(t) + 3.5501$ |

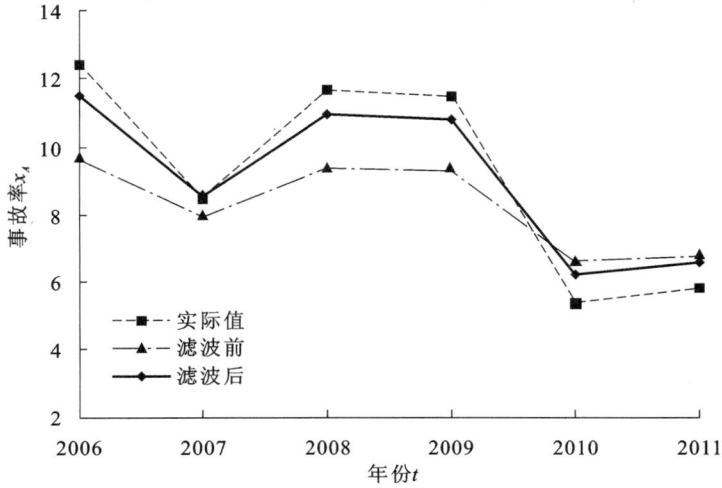

图 8.9　下游航段事故率状态方程 LKL 滤波拟合图

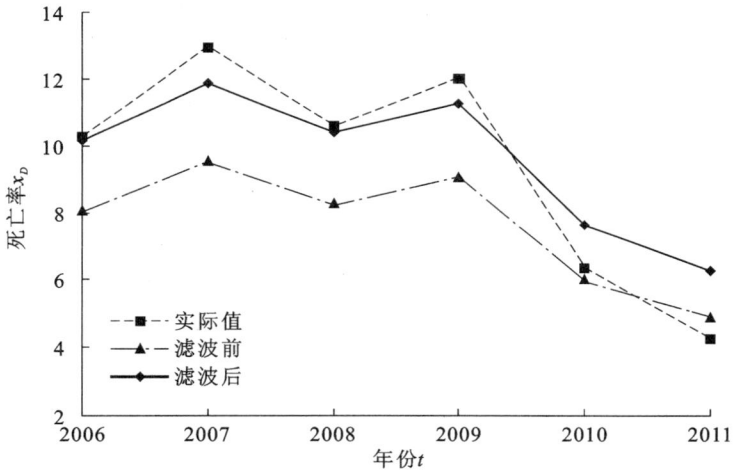

图 8.10　下游航段死亡率状态方程 LKL 滤波拟合图

由表 8.8 可知,2006—2011 年间:

(1)上游航段,事故率安全状态方程中安全控制力度 $c=0.2209$,死亡率安全状态方程中安全控制力度 $c=0.3323$,表明安全监管使事故率年均降低 22.09%,使死亡率年均降低 33.23%。

事故率安全状态方程中系统危险程度 $w=2.0293$,死亡率安全状态方程中系统危险程度 $w=2.8113$,表明由于通航条件、设施装备、人员技能等隐患和缺陷,造成的年均 $10^5$ 艘次船舶交通流约有 2.0 起等级事故,约有 3 人会不幸遇难。

(2)中游航段,事故率安全状态方程中安全控制力度 $c=0.2102$,死亡率安全状态方程中安全控制力度 $c=0.3155$,表明安全监管使事故率年均降低 21.02%,使死亡率年均降低 31.55%。

事故率安全状态方程中系统危险程度 $w=1.3690$,死亡率安全状态方程中系统危险程度 $w=2.1984$,表明由于通航条件、设施装备、人员技能等隐患和缺陷,造成的年均 $10^5$ 艘次船舶交通流约有 1.4 起等级事故,约有 2 人会不幸遇难。

(3)下游航段,事故率安全状态方程中安全控制力度 $c=0.2554$,死亡率安全状态方程中安全控制力度 $c=0.3568$,表明安全监管使事故率年均降低 25.54%,使死亡率年均降低 35.68%。

事故率安全状态方程中系统危险程度 $w=2.2390$,死亡率安全状态方程中系统危险程度 $w=3.5501$,表明由于通航条件、设施装备、人员技能等隐患和缺陷,造成的年均 $10^5$ 艘次船舶交通流约有 2.2 起等级事故,约有 4 人会不幸遇难。

(4)从系统危险程度看,水上交通安全风险大小依次为:下游航段、上游航段、中游航段。据此,可以为长江干线水上交通安全管理目标和策略的制定提供方向和依据。

# 8.4 基于最优资源投入策略的安全目标控制模型

## 8.4.1 控制模型的构建

根据水上交通系统安全状态变化的特点,在构建调控模型时做出以下假设:

①安全控制力度是水上交通系统安全控制唯一的或最主要的手段,其作用是减少系统安全风险、降低事故,在状态方程中取负值。安全控制力度取决于安全资源的投入,并将所有安全资源投入集结为一个变量 $u$。

②水上交通系统不能控制的外部因素,如气象、水文等自然环境因素对系统的输入,以及社会、经济、技术等交通系统(非交通系统能控制)的外部因素变化对水上交通安全的影响,作为扰动输入,其作用在状态方程中可正可负,考虑到目前自然环境因素使得水上交通系统危险度增加、事故增多,为了简化构模,将扰动输入的影响取正值,并将所有扰动输入变量集结为一个变量 $w$,用系统危险度表征。

③系统状态由安全控制力度 $c$ 和扰动输入 $w$ 决定,而安全控制力度 $c$ 由

安全资源投入 $u$ 决定。

④系统安全指标特性既是其状态变量也是其输出变量。

1)符号含义

$x(t)$——第 $t$ 年船舶交通流事故率(死亡率),状态变量;

$c(t)$——第 $t$ 年水上交通系统安全控制力度,控制变量;

$u(t)$——第 $t$ 年水上交通系统安全资源投入,控制变量;

$w(t)$——第 $t$ 年水上交通系统危险度,扰动变量;

$y(t)$——第 $t$ 年水上交通系统安全状态指标值,输出变量;

$\theta(t)$——第 $t$ 年水上交通系统安全状态指标期望(目标)值;

$\gamma(t)$——第 $t$ 年安全管理资源投入成本率;

$M$ ——安全资源总量,以金额表示;

$r$ ——利息率;

$a$、$b$、$g$、$w$——大于零的参数。

2)数学模型

根据本书第 8.2.1 节的分析,用状态变量法描述水上交通系统安全状态有:

$$x(t+1) = [1-c(t)]x(t) + w(t) \qquad \text{状态方程} \qquad (8\text{-}31)$$

$$y(t+1) = x(t+1) \qquad \text{输出方程} \qquad (8\text{-}32)$$

若安全控制输入中仅考虑安全资源的投入,即 $t$ 年投入安全资源 $u(t)$ 而使年度安全控制力度达到 $c(t)$,$c(t)=g \cdot u(t)/x(t)$,其中参数 $g$ 表示单位资源投入使事故率(死亡率)下降的数量,且系统危险度 $w(t)$ 为常数 $w$,则式(8-31)可变化为:

$$x(t+1) = x(t) - g \cdot u(t) + w \qquad \text{状态方程} \qquad (8\text{-}33)$$

状态方程式(8-33)的含义是:第 $t+1$ 年初的安全状态取决于第 $t$ 年的安全资源的投入和外部扰动因素的影响。安全系统的输出就是其安全状态,故输出方程式同状态方程,见式(8-32)。

根据前述安全系统控制机制和动态系统最优控制原理,水上交通安全最优控制就是在一定资源条件下,通过安全资源的投入而不断调整安全状态,使安全状态趋于目标值并使所投入的资源成本最小。设调控计划期为 $N$ 年,计划终止时间为第 $N-1$ 年末即第 $N$ 年初,则从离散时间系统动态优化的角度考虑,性能指标 $J_N$ 就是目标函数,即

$$\min J_N = \sum_{t=0}^{N-1} \frac{1}{2} \{ a[y(t) - \theta(t)]^2 + b[\gamma(t)u(t)]^2 \} \qquad (8\text{-}34)$$

于是,基于最优资源投入策略的安全控制模型为:

$$\min J_N = \sum_{t=0}^{N-1} \frac{1}{2} \{ a [x(t) - \theta(t)]^2 + b [\gamma(t) u(t)]^2 \} \qquad (8\text{-}35)$$

$$\text{s. t.} \begin{cases} x(t+1) = x(t) - g \cdot u(t) + w & (8\text{-}36) \\[2mm] \sum_{t=0}^{N-1} u(t) \leqslant M(1+r)^N & (8\text{-}37) \\[2mm] x(0) = x_0 & (8\text{-}38) \end{cases}$$

上述模型的含义为:在调控期$[0, N-1]$内,在投入资源总量不超过$M(1+r)^N$的范围内,求最优的安全资源投放策略$u^*(t)$,使系统安全状态$x^*(t)$达到(或接近)目标值$\theta(t)$,并使所需支付的总控制成本即安全投入总成本最小。

### 8.4.2　模型求解

用庞特里雅金最小值原理对模型式(8-35)～式(8-38)求解,作哈密顿函数:

$$H = \frac{1}{2} \{ a [x(t) - \theta(t)]^2 + b [\gamma(t) \cdot u(t)]^2 \} + \lambda(t+1) [x(t) - g \cdot u(t) + w]$$

$$(8\text{-}39)$$

则最优解必须满足式(8-40)～式(8-43)四个必要条件:

$$\lambda(t) = \frac{\partial H(t)}{\partial x(t)} = a [x(t) - \theta(t)] + \lambda(t+1) \qquad (8\text{-}40)$$

$$x(t+1) = \frac{\partial H(t)}{\partial \lambda(t+1)} = x(t) - g \cdot u(t) + w \qquad (8\text{-}41)$$

$$\frac{\partial H(t)}{\partial u(t)} = b \cdot \gamma(t) \cdot u(t) - g \cdot \lambda(t+1) = 0 \qquad (8\text{-}42)$$

$$\lambda(N) = 0 \qquad (8\text{-}43)$$

由式(8-42)得:

$$u(t) = \frac{g \cdot \lambda(t+1)}{b \cdot \gamma(t)} \qquad (8\text{-}44)$$

将式(8-44)代入状态方程式(8-41)得:

$$x(t+1) = x(t) - \frac{g^2 \cdot \lambda(t+1)}{b \cdot \gamma(t)} + w \qquad (8\text{-}45)$$

由式(8-40)和式(8-45)构成差分方程组:

$$\left. \begin{array}{l} \lambda(t+1) - \lambda(t) + a [x(t) - \theta(t)] = 0 \\[2mm] x(t+1) - x(t) + \dfrac{g^2 \cdot \lambda(t+1)}{b \cdot \gamma(t)} - w = 0 \end{array} \right\} \qquad (8\text{-}46)$$

由 $x(0) = x_0$ 和 $\lambda(N) = 0$，以及数列 $\{\theta(t)\}_{t=0,\cdots,N-1}$ 和 $\{\gamma(t)\}_{t=0,\cdots,N-1}$，通过递推法可求解得到：$\{x^*(1), x^*(2), \cdots, x^*(N)\}$ 和 $\{\lambda^*(0), \lambda^*(1), \cdots, \lambda^*(N-1)\}$。其中，数列 $\{\theta(t)\}_{t=0,\cdots,N-1}$ 为控制期各年度的事故率（死亡率）目标值，可通过预测或相关部门的要求事先确定；$\{\gamma(t)\}_{t=0,\cdots,N-1}$ 为控制期各年度的安全资源成本率，可由以下公式确定：

$$\gamma(t) = \frac{1}{(1+r)^{t+1}} \tag{8-47}$$

将求解得到的 $\{\lambda^*(0), \lambda^*(1), \cdots, \lambda^*(N-1)\}$ 代入式（8-44）可解得：$\{u^*(0), u^*(0), \cdots, u^*(N-1)\}$。数列 $\{u^*(0), u^*(1), \cdots, u^*(N-1)\}$ 即为计划期最优的安全资源投入策略。

### 8.4.3 算例

水上交通安全投入资源的完整数据难以取得，所以，难以进行长江干线水上交通安全最优控制的实证研究。本书仅以一算例说明模型式（8-35）～式（8-38）的应用过程。

某水域近年船舶交通流死亡率为 20 人 $/10^5$ 艘，现有 1200 万元资金计划投入海巡艇、VTS、CCTV、AIS 等安全装备系统的建设和改造，以期望提高水上交通安全保障、降低事故死亡人数。试构建最优资源投入策略的安全控制模型，为确定最优化的资源投入提供辅助决策。

为简化计算过程，不考虑资金的动态特性，设 $\gamma(t) = 1$、$r = 0$；假设目前每增加 100 万元的安全整备能平均减少 1.87 人死亡；假设目前由于自然环境等不可控因素导致系统危险程度为年均 5 人死亡，即 $w = 5$；且 $a = 1$、$b = 1$；控制期各年度的事故死亡人数目标值 $\{\theta(t)\}_{t=0,1,2} = \{18,16,14\}$，见表 8.9。

**表 8.9　安全控制模型算例数据表**

| $N$（年） | $a$ | $b$ | $g$ [（人$/10^5$ 艘次）$/10^2$ 万元] | $w$（人$/10^5$ 艘次） | $r$ | $\gamma(t)$ | $M$（$10^2$ 万元） | $x_0$（人$/10^5$ 艘次） | $\{\theta(t)\}_{t=0,1,2}$（人$/10^5$ 艘次） |
|---|---|---|---|---|---|---|---|---|---|
| 3 | 1 | 1 | 1.87 | 5 | 0 | 1 | 12 | 20 | 18,16,14 |

则最优化控制模型为：

$$\min J_N = \sum_{t=0}^{N-1} \frac{1}{2} \{ [x(t) - \theta(t)]^2 + [u(t)]^2 \} \tag{8-48}$$

$$x(t+1) = x(t) - g \cdot u(t) + w \qquad (8\text{-}49)$$

$$\text{s. t.} \quad \sum_{t=0}^{N-1} u(t) \leqslant M \qquad (8\text{-}50)$$

$$x(0) = x_0 \qquad (8\text{-}51)$$

由式(8-48)~式(8-51)可得差分方程组：

$$\left.\begin{aligned}\lambda(t+1) - \lambda(t) + x(t) - \theta(t) = 0 \\ x(t+1) - x(t) + g^2 \cdot \lambda(t+1) - h = 0\end{aligned}\right\} \qquad (8\text{-}52)$$

将表 8.9 中的数据代入差分方程组式(8-52)，经递推计算得到模型运行结果，见表 8.10。

表 8.10　安全调控模型算例结果表

| $t$（年） | 0 | 1 | 2 | 3 |
|---|---|---|---|---|
| $u^*(t)$（万元） | 347.754 | 388.824 | 386.417 | — |
| $x^*(t)$（人/$10^5$ 艘） | — | 18.497 | 16.226 | 14.000 |

表 8.10 显示，未来 3 年共计须投入 1122.995 万元（第 1 年投入 347.754 万元、第 2 年投入 388.824 万元、第 3 年投入 386.417 万元）的资金进行水上交通安全装备的建设和改造，使其安全状态改善，船舶交通流死亡率指标降低，趋于期望值。

# 9　结论与展望

为适应不断发展的水路交通安全保障需求,急需建立更科学、可操作的实时动态的风险评估与预警预控管理体系,以进一步提升长江水路交通主管部门安全监管与保障能力,满足国家相关法律法规、规划及社会对加快推进长江航运支持保障系统的需要,本书应用现代统计学、应用数学、信息论、安全系统工程、系统优化决策等理论和方法,采用现代信息采集、通信工程和计算机技术,从水上交通系统整体出发,开展了长江干线水上交通风险评估与安全预警管理研究;通过查阅国内外相关文献,通过实地调研、交流考察、技术攻关、专家咨询、意见征询等形式,采用理论与实证相结合、定量与定性分析相结合等方法进行课题研究。

## 9.1　主要研究结论

1)长江干线水上交通运输发展现状与特点

近年来,随着长江经济带社会经济的不断增长,水上交通运输呈现复杂多变的特点。

(1)随着长江经济带社会经济的不断增长,长江干线货物运输量呈现快速增长态势。2005—2014 年,长江干线完成货物通过量年均增长率达11.1%;规模以上港口吞吐量年均增长率达 13.2%。船舶交通流总体呈现增长态势,下游航段的船舶交通流远大于中游航段和上游航段;安徽芜湖大桥以下航段,船舶日均交通流超过 1500 艘次。

(2)从船舶运力结构来看,常规干散货运输船舶仍起主导作用;从船舶类型来看,驳船与机动普通货船占据主导;从运力分布来看,上游地区占比较小,中下游比较大;从船龄来看,平均船龄约 10 年,其中普通客船、涉外旅游船的老旧船舶艘数占比均超过 50%;从船舶净载重和平均吨位的变化情况来看,船舶大型化趋势明显,运力结构进一步得到优化。

(3)统计数据显示,长江干线水上交通安全状况不断转好,安全形势实现了持续改善。等级事故数、沉船艘数和直接经济损失呈下降趋势并保持低位运行;死亡失踪人数有所波动,总体可控。

从事故的类别看,碰撞事故发生率最高且造成人员伤亡与经济损失均较大,碰撞与搁浅是险情高发的特征;从事故发生水域分布看,碰撞事故易发生在下游航段,中游航段呈现"搁浅"转向"碰撞＋搁浅"并发的特征,上游及库区则易发触礁、触损等事故;从事故发生时间来看,后半夜0:00—6:00时段是事故险情高发期;从发生事故船舶种类分布看,普通货船或者船队发生事故的概率偏高。

2)长江干线水上交通风险分析与评估方法

水上交通运输系统是一个由"人、船舶、环境和管理"组成的多因素的、复杂的和动态的系统,各因素之间必然存在各种或然性、差异性和不确定性,成为风险形成的原因。

(1)水上交通风险分析与评估是在水上交通安全事故险情统计分析的基础上,分析并确定各种类型的水上交通风险因素,判定风险发生的可能性和可能的后果,评估其危险程度,确定风险因素的等级尤其是重大风险源,有针对性地进行风险控制。参照《中华人民共和国突发事件应对法》和中华人民共和国交通运输部颁布实施的《水路交通突发事件应急预案》(交水发[2009]3号)中相关规定,将水上交通风险划分为特大、重大、较大、一般四个等级。

水上交通风险分析与评估的步骤主要包括:资料收集和现场调研等准备阶段;确定风险评估的方法;风险因素辨识与分析;风险定性和定量评估;提出风险控制对策和措施;形成风险分析与评估结论和报告。

(2)根据水上交通安全系统"人、船舶、环境和管理"四要素,对风险因素进行分类分析。"人"主要指船员,包括船员的技术素质、职业道德、生理及心理条件等因素;"船舶"分为危险品船、客(渡)船、"五小船舶"(小危险品船、小快艇、小货船、小自用船、小渔船)、集装箱船、干散货船、件杂货船、驳船船队、滚装船、公务船等,其风险主要体现在船龄、船舶结构、船舶吨位、技术状态、装载状况、货载属性等方面;"环境"分为自然环境和航道环境风险因素,其中,自然环境因素包括气象类、水文类、地质类等因素,航道环境包括航道类、通航秩序类等因素;"管理"主要体现在安全管理机制、安全管理法规、应急预案、安全监管和应急设施装备等方面。

(3)常用风险评估方法和模型包括专家经验法、安全检查表(SCA)、预先危险性分析(PHA)、事件树分析(ETA)、故障树分析(FTA)、危险和可操作性分析(HAZOP)、失效模式和后果分析(FMEA)、人的可靠性分析、道化法(DOW)、蒙德法(MOMD)、六阶段法、单元危险性快速排序法、作业条件危险性分析(LEC)、MES评价法、MLS评价法等。

现代风险评估方法及模型包括统计分析方法中的回归分析模型、判别分析模型和时间序列分析模型等；现代数学解析方法中的层次分析法（AHP）、模糊综合评价法（FCE）、灰色关联分析法（GRA）、数据包络分析法（DEA）、人工神经网络方法（ANN）、随机模拟方法等。

航运风险评估常用的方法有航运安全综合安全评价方法（FSA）、事件树分析（ETA）、故障树分析（FTA）、模糊数学、灰色理论、人工神经网络、模拟仿真等理论和方法。

（4）从事故成因机理看，风险因素可分为两大类——单因素突变风险和多因素耦合风险。

单因素突变是指在人、船、环境等多种因素中，由一个以上因素达到了风险临界值而导致事故发生。这里，导致事故险情发生的因素可以是达到了风险临界值的单个风险因素，也可以是达到了风险临界值的多个风险因素，即"至少有一个"的概念。基于单因素突变而构建的风险评估模型，是指在所构建的风险评估指标体系中，逐一判断每个指标对应的风险等级，选择最高风险等级作为风险评估结果。

（5）多因素耦合是指在人、船、环境等多种风险因素中，有两个以上因素相互作用使得风险叠加或跃进，其耦合效应达到或超过风险临界值而导致事故的发生。目前，水上交通运输系统多因素耦合风险评估模型的研究及实践均比较薄弱，针对长江干线水上交通安全特征，选取具有多因素耦合机理的结构方程模型、人工神经网络模型和动态贝叶斯网络模型等三种方法进行长江水上交通多因素耦合风险评估模型的构建。

（6）本书构建了基于动态贝叶斯网络的多因素耦合综合风险评估模型，算例验证显示，该模型基于概率推算的特性更适应于描述风险发生的规律性，但实证工作需要大量统计数据，有待进一步研究。

3）长江干线水上交通风险评估实证研究

（1）采用危险性预先分析法（PHA）及作业条件危险性评价法（LEC）对气况复杂水域——三峡库区通航环境进行风险分析与评估。结果显示，三峡库区通航环境风险源有 20 个，其中二级以上重大风险源有 4 个：突发性大风浪，突发性大雾，泥石流，渔船、渡船横渡主航道；三级较大风险源有 8 个：库岸崩塌、滑坡，驾驶员操作不当或不可抗力使船舶撞桥、擦挂管线，暗礁，蓄水造成的搬迁遗址形成新的碍航，航标位移或损坏，航标灭失，船舶流密度过大，航行秩序混乱；四级一般风险源有 8 个：桥涵灯熄灭导致船舶撞桥，架空管线断裂掉落，蓄水使水位新形成交汇水域，停泊条件不达标，码头管理不规范，停泊秩序混乱,船舶超宽靠泊,船舶碰撞系船墩。

(2)针对长江干线水上交通安全的特征,提出基于事故发生率—环境因素—事故后果的综合风险评估方法(简称 ARERAC),以长江干线繁忙水域——芜湖航段为例,构建了基于 ARERAC 的芜湖航段通航环境综合风险评估模型,选取 8 个主要的通航环境风险因子作为评估指标,研究了指标阈值及权值的确定方法。综合评估的结果显示,2011—2013 年芜湖航段水上交通安全综合风险 ARERAC 评估值分别为 38.30、55.37 和 77.72,综合风险指数为 1.0、1.45 和 2.03,说明芜湖航段水上交通安全状况 2011 年最好,2012 年次之,2013 年最差。其中,2011 年事故发生率(A)最低,2012 年次之,2013 年最高;2012 年环境风险综合值(E)最低,2011 年次之,2013 年最高;2011 年事故后果综合值(C)最低,2012 年次之,2013 年最高。

(3)针对长江干线浅险航段水上交通安全特征,选取 8 个主要的通航环境风险因子作为评估指标,以 2001—2012 年长江干线浅险航段水上交通安全事故险情数据为基础,构建基于结构方程的加权多因素耦合及 BP 人工神经网络多因素耦合的风险评估模型,分别对浅险航段通航环境进行风险评估,前者以显态的指标权重进行综合风险值的测算,后者以非显态指标权重进行综合风险值的预测。结果显示,两种模型综合风险评估的结论一致,可相互验证。两种模型方法相辅相成,可提高水上交通风险评估与安全预警的准确性和可靠性。

(4)针对长江干线船舶航行安全特征,选取影响船舶航行安全的 7 个主要风险因子作为评估指标,以 2001—2012 年长江干线船舶航行安全事故险情数据为基础,构建基于结构方程的加权多因素耦合及 BP 人工神经网络多因素耦合的风险评估模型,从单船(队)航行环境风险分析角度,对船舶航行风险进行综合评估。结果显示,两种模型综合风险评估的结论一致,可相互验证,可以为船舶航行风险评估及船舶航行过程中的安全监管提供依据。

4)长江干线水上交通安全预警管理模式

(1)水上交通安全预警管理指水上交通安全管理机构通过对水上交通系统的日常监测,根据系统外部环境及内部条件的变化,运用逻辑推理和科学分析方法对系统未来可能发生的安全风险进行预测,发出确切的警示信息,并研究防范对策,采用既定的组织方法干涉和调控系统运行过程,以减少或防止交通险情发生和扩散,降低事故损失。主要包括安全状态监测、预警分析与诊断、警情信号发布、险情预控、预警效果反馈等环节。

(2)针对长江干线水上交通安全监管现状,研究并建立了"四级预警、三级发布"预警管理机制。其中,根据影响水上交通安全和水域环境安全的紧迫程度、危险程度和影响范围,将水上交通安全预警等级由高到低分为四个级别,即一级(红色)预警、二级(橙色)预警、三级(黄色)预警、四级(蓝色)预警;预警信息分别由长江海事系统三级机构,即长江海事局、分支海事局、海事处根据权限分别发布。

(3)构建长江干线水上交通安全预警管理组织体系,应以现有长江干线水上交通安全监管组织体系为基础,增加其安全预警管理职能,即以现有水上交通安全监管机构——长江海事管理系统作为长江干线水上交通安全预警管理运作组织体系的主体。

(4)针对长江干线水上交通安全预警管理的主要风险类别、四个等级风险,以长江海事部门长期水上交通监管的经验积累、已有的应急预案等为基础,提出了针对气象类、地质灾害类、水文类、航道秩序类、船舶事故类不同风险等级的 24 个基本风险预控对策。

(5)根据事故险情发生和处理流程,水上交通安全应急管理主要包括(事故前)预警管理、(事故)救援和处置管理、预案管理、组织及绩效评价等具体环节,并通过应急管理体系的建立和运行得以实施。预警管理是应急管理的组成部分,预警管理阶段的风险预控对策失效、险情扩展或者由于事故的偶然性而引发了事故时,预警管理进入对该事故的救援和处置阶段。

(6)长江干线水上交通安全预警管理绩效评价是对安全预警管理机制的执行过程和结果进行衡量和综合评判。长江干线水上交通安全预警管理综合绩效评价由预警机制运行绩效、预警机制社会满意绩效和预警管理安全效果绩效三大类共计 11 个指标组成;预警机制运行绩效指标直接评价预警机制运行效率,包括 4 项指标;预警机制社会满意绩效指标主要评价预警管理机制服务成效,包括 3 项指标;预警管理安全效果绩效指标主要评价预警管理对改善安全状况的成效,包括 4 项指标;实际操作中,一般以年度为评价周期,根据不同部门和对象,三类指标可以选择性使用,也可以综合运用。可采用层次分析法(AHP)结合模糊综合评价方法(FCE)进行预警管理绩效评价。

5)长江干线水上交通安全预警管理关键技术

(1)通过问卷调查与专家评估相结合的方式分析长江干线水上交通安全风险因子,确定并构建了四大类 16 个指标的预警指标体系,见表 6.3,并采用规范法、德尔斐法结合专家评估,确定各预警指标的等级阈值。

(2)以单因素突变与多因素耦合风险评估模型为核心,以安全预警管理模式为依据,进行预警管理系统的设计与开发,包括预警管理系统结构设计,预警管理信息采集、传输与发布模式的确定,预警管理系统的开发,以及预警管理系统在长江干线航段的应用示范。

预警管理系统功能结构主要包括:接处警管理子系统、警情分析子系统、预警发布子系统、预控对策库管理子系统、预警信息查询分析子系统;逻辑结构主要包括:信息监控采集层、数据资源整合层、应用软件层、表现层和用户层。

利用软件开发工具 Visual C++ 和数据库管理系统 Structured Query Language ( SQL) Server 2005,开发长江重点航段水上交通安全预警管理系统 V1.0。该系统基于 web 电子江图平台,是一种集船舶动态监控、重点航段预警与发布等多种功能于一体的管理系统。该系统能够在电子江图上实现图形缩放、报警响应、自动审批发布等功能,在长江黄金水道数据采集应用支撑平台基础上,实现集实时警情分析、预警处置、预警网络发布、预警网络解除、预控对策管理到预警处置分析于一体的全流程航段监测管理,并实现了长江重点航段单因素突变与多因素耦合共同决策的综合预警管理。

长江重点航段水上交通安全预警管理系统 V1.0 在长江海事系统进行了示范应用。应用单位认为,该系统"有力提升了长江干线水上交通安全预警预控能力",对"进一步提升长江海事的水上安全监管与保障能力具有重要意义与实用价值"。

6)三峡库区雾航安全预警管理研究

(1)三峡库区雾情的特点是:小于 1000m 的低能见度多出现于冬半年和上午 08—10 时;低能见度现象持续时间大部分在 2h 以下;低能见度现象主要出现在万州以上航段;连续 3~9 天出现低能见度现象主要在重庆航段。雾的类型主要为阵发雾。

(2)雾对库区航运的影响主要表现在:雾情导致能见度降低,影响船舶航行安全;雾情导致运输时间延误,降低航运服务质量;雾情导致经济损失,降低航运经济效益。

(3)三峡库区雾航安全管理存在的问题:不能及时、较准确地掌握雾情动态;雾情信息采集系统不够完善;不少船舶缺乏雾航安全装备及必要的通信设备;雾情应急管理联动机制不够完善。

(4)三峡库区应建立"四级预警、三级发布"的雾航预警管理机制,将雾航安全预警分为四个等级,以长江海事局作为雾航安全预警管理主体,预警信号由长江海事三级机构,即长江海事局,重庆、三峡、宜昌分支海事局,海事处根据权限分别发布,并针对不同等级雾航安全预警采用不同的预控对策。

（5）加强三峡雾航安全预警管理对策主要有：海事部门协助气象部门尽快提高雾情预报的能力；建立雾航安全应急联动机制；加强三峡库区水上交通从业人员雾航安全意识；提高三峡库区船舶适应雾航的能力；尽快完善气象监测系统建设。

7）基于状态方程的水上交通安全管理评价与控制

（1）离散动态系统的最优控制理论与方法用于水上交通安全控制是可行和有效的，使得水上交通安全目标控制和最优化投入资源管理得以定量化。

（2）建立状态方程是进行水上交通安全系统分析、评价和控制的关键。运用离散动态系统分析方法，以表征水上交通事故率、死亡率的指标为状态转移变量，引入"危险程度（$w$）"和"控制力度（$c$）"参数，建立反映水上交通安全系统"危险"与"控制"矛盾运动关系的线性时变安全状态方程，以反映系统危险程度及危险控制的相互制约、矛盾运动关系。

（3）选用能反映事故发生与船舶密度和通航里程关系的"综合事故率"和"综合死亡率"为状态方程变量；针对水上交通安全统计样本少、"噪声大"的特点，采用最小二乘法—卡尔曼滤波—最小二乘法（LKL）参数估计计算法，进行长江干线水上交通安全状态方程参数估计。以 2006—2011 长江干线不同航段水上交通安全统计数据为样本，采用 LKL 参数估算法，测算长江干线不同航段安全状态方程，进行危险度和安全度评价。据此，可以为未来安全管理目标的制定提供方向和依据。

（4）长江干线水上交通安全状态方程测算结果显示，2006—2011 年间：

上游航段，事故率安全状态方程中安全控制力度 $c=0.2209$，死亡率安全状态方程中安全控制力度 $c=0.3323$，表明安全监管使事故率年均降低 22.09%，使死亡率年均降低 33.23%；事故率安全状态方程中系统危险程度 $w=2.0293$，死亡率安全状态方程中系统危险程度 $w=2.8113$，表明由于通航条件、设施装备、人员技能等隐患和缺陷，造成年均 $10^5$ 艘次船舶交通流约有 2.0 起等级事故，约有 3 人会不幸遇难。

中游航段，事故率安全状态方程中安全控制力度 $c=0.2102$，死亡率安全状态方程中安全控制力度 $c=0.3155$，表明安全监管使事故率年均降低 21.02%，使死亡率年均降低 31.55%；事故率安全状态方程中系统危险程度 $w=1.3690$，死亡率安全状态方程中系统危险程度 $w=2.1984$，表明由于通航条件、设施装备、人员技能等隐患和缺陷，造成年均 $10^5$ 艘次船舶交通流约有 1.4 起等级事故，约有 2 人会不幸遇难。

下游航段,事故率安全状态方程中安全控制力度 $c=0.2554$,死亡率安全状态方程中安全控制力度 $c=0.3568$,表明安全监管使事故率年均降低 $25.54\%$,使死亡率年均降低 $35.68\%$;事故率安全状态方程中系统危险程度 $w=2.2390$,死亡率安全状态方程中系统危险程度 $w=3.5501$,表明由于通航条件、设施装备、人员技能等隐患和缺陷,造成年均 $10^5$ 艘次船舶交通流约有 2.2 起等级事故,约有 4 人会不幸遇难。

从系统危险程度看,水上交通安全风险大小依次为:下游航段、上游航段、中游航段。

(5)运用离散动态系统最优控制的理论和方法,构建基于最优资源投入策略的安全目标控制模型。在调控期 $[0,N-1]$ 内,在投入资源总量不超过规定的范围内,求最优的安全资源投放策略 $u^*(t)$,使系统安全状态 $x^*(t)$ 达到(或接近)安全目标值 $\theta(t)$,并使所须支付的总控制成本即安全投入总成本最小。

## 9.2　研究展望

关于长江干线水上交通风险评估与预警管理研究取得了阶段性研究成果,但是,由于长江干线水上交通系统的复杂性与不确定性,以及研究的时间阶段性,后续研究需要关注和深入拓展的问题包括:

(1)所构建的风险评估模型需随时间推移不断修正和完善。本书所构建的结构方程加权多因素耦合及 BP 人工神经网络风险评估模型,是基于现阶段的事故统计数据。随着时间的推移,事故影响因素的变化可能导致评估模型中的参数发生变化,需不断更新事故统计数据进行模型修正。

(2)动态贝叶斯网络风险评估模型的实证应用。动态贝叶斯网络的构建需要大量的历史数据资料,现阶段还无法实现该方法与长江干线水上交通安全风险评估与预警的应用实证,随着统计工作的完善,必将汇集大量风险评估与预警信息统计数据。在此基础上,构建基于动态贝叶斯网络的水上交通风险评估与预警模型是可能的,也将是进一步研究的方向。

(3)基于最优资源投入策略的安全目标控制模型的实证问题。本书虽然构建了基于最优资源投入策略的安全目标控制模型,但由于能取得的数据有限,模型的运用只给出了算例,无法实证。今后需加强基础数据的收集、处理与分析,在丰富、有效的数据支持下,对水上交通安全最优化控制的实际问题进行更为深入、细致的研究。

（4）本书所形成的水上交通安全风险分析与评估、安全预警决策模型及成套的软件，需结合长江干线的示范工程运行情况进一步的修订；同时，还需要结合其他水上交通系统特点，进行推广应用和拓展，以便形成更加完备的水上交通安全风险评估与预警管理成套技术。

# 附录一 浅险航段 BP 人工神经网络风险评估模型值与实际值对比表

附表 1 浅险航段 BP 人工神经网络风险评估模型值与实际值对比表

| 事故 | 1 | 2 | 3 | 4 | 5 | 6 | 7 | 8 | 9 | 10 | 11 | 12 | 13 | 14 | 15 | 16 | 17 |
|---|---|---|---|---|---|---|---|---|---|---|---|---|---|---|---|---|---|
| 实际值 | 2 | 1 | 1 | 3 | 1 | 3 | 3 | 1 | 2 | 3 | 4 | 2 | 1 | 1 | 2 | 1 | 2 |
| 仿真值 | 1.9991 | 1.0145 | 1.0125 | 2.9977 | 1.0661 | 2.9981 | 3.0001 | 0.9778 | 1.9843 | 2.9961 | 4.0036 | 1.9964 | 0.9866 | 1.0491 | 2.0248 | 1.0585 | 1.9499 |
| 绝对误差 | 0.0009 | 0.0145 | 0.0125 | 0.0023 | 0.0661 | 0.0019 | 0.0001 | 0.0222 | 0.0157 | 0.0039 | 0.0036 | 0.0036 | 0.0134 | 0.0491 | 0.0248 | 0.0585 | 0.0501 |
| 相对误差（%） | 0.045 | 1.45 | 1.25 | 0.0767 | 6.61 | 0.063 | 0.003 | 2.22 | 0.785 | 0.13 | 0.09 | 0.18 | 1.34 | 4.91 | 1.24 | 5.85 | 2.505 |
| 事故 | 18 | 19 | 20 | 21 | 22 | 23 | 24 | 25 | 26 | 27 | 28 | 29 | 30 | 31 | 32 | 33 | 34 |
| 实际值 | 2 | 2 | 2 | 1 | 1 | 2 | 1 | 2 | 1 | 1 | 3 | 1 | 2 | 1 | 2 | 2 | 1 |
| 仿真值 | 2.0525 | 1.9910 | 2.0068 | 1.0203 | 1.0178 | 1.9913 | 1.0350 | 2.0221 | 1.0083 | 0.9810 | 3.0105 | 0.9968 | 1.9879 | 0.9414 | 1.9986 | 1.9884 | 0.9805 |
| 绝对误差 | 0.0525 | 0.009 | 0.0068 | 0.0203 | 0.0178 | 0.0087 | 0.035 | 0.0221 | 0.0083 | 0.019 | 0.0105 | 0.0032 | 0.0121 | 0.0586 | 0.0014 | 0.0116 | 0.0195 |
| 相对误差（%） | 2.625 | 0.45 | 0.34 | 2.03 | 1.78 | 0.435 | 3.5 | 1.105 | 0.83 | 1.9 | 0.35 | 0.32 | 0.605 | 5.86 | 0.07 | 0.58 | 1.95 |
| 事故 | 35 | 36 | 37 | 38 | 39 | 40 | 41 | 42 | 43 | 44 | 45 | 46 | 47 | 48 | 49 | 50 | 51 |
| 实际值 | 4 | 4 | 1 | 2 | 4 | 1 | 2 | 2 | 1 | 2 | 3 | 3 | 1 | 4 | 1 | 2 | 2 |
| 仿真值 | 3.9962 | 4.0036 | 1.0630 | 1.9744 | 3.9964 | 0.9957 | 1.9771 | 1.9831 | 1.0046 | 1.9993 | 2.9947 | 3.0118 | 1.0072 | 3.9995 | 0.9853 | 2.0556 | 2.0023 |
| 绝对误差 | 0.0038 | 0.0036 | 0.063 | 0.0256 | 0.0036 | 0.0043 | 0.0229 | 0.0169 | 0.0046 | 0.0007 | 0.0053 | 0.0118 | 0.0072 | 0.0005 | 0.0147 | 0.0556 | 0.0023 |
| 相对误差（%） | 0.095 | 0.09 | 6.3 | 1.28 | 0.09 | 0.43 | 1.145 | 0.845 | 0.46 | 0.035 | 0.177 | 0.393 | 0.72 | 0.0125 | 1.47 | 2.78 | 0.115 |

续附表 1

| 事故 | 52 | 53 | 54 | 55 | 56 | 57 | 58 | 59 | 60 | 61 | 62 | 63 | 64 | 65 | 66 | 67 | 68 |
|---|---|---|---|---|---|---|---|---|---|---|---|---|---|---|---|---|---|
| 实际值 | 3 | 3 | 4 | 4 | 2 | 4 | 1 | 2 | 1 | 2 | 1 | 1 | 2 | 1 | 2 | 1 | 4 |
| 仿真值 | 2.9997 | 3.0137 | 3.9941 | 3.9961 | 2.0309 | 3.9999 | 1.0085 | 1.9965 | 0.9594 | 2.0126 | 0.9885 | 1.0408 | 2.0026 | 0.9879 | 2.0109 | 0.9638 | 4.0035 |
| 绝对误差 | 0.0003 | 0.0137 | 0.0059 | 0.0039 | 0.0309 | 0.0001 | 0.0085 | 0.0035 | 0.0406 | 0.0126 | 0.0115 | 0.0408 | 0.0026 | 0.0121 | 0.0109 | 0.0362 | 0.0035 |
| 相对误差（%） | 0.01 | 0.457 | 0.1475 | 0.0975 | 1.545 | 0.0025 | 0.85 | 0.175 | 4.06 | 0.63 | 1.15 | 4.08 | 0.13 | 1.21 | 0.545 | 3.62 | 0.0875 |

| 事故 | 69 | 70 | 71 | 72 | 73 | 74 | 75 | 76 | 77 | 78 | 79 | 80 | 81 | 82 | 83 | 84 | 85 |
|---|---|---|---|---|---|---|---|---|---|---|---|---|---|---|---|---|---|
| 实际值 | 3 | 1 | 1 | 1 | 1 | 1 | 3 | 2 | 3 | 2 | 2 | 2 | 1 | 1 | 3 | 1 | 1 |
| 仿真值 | 2.9966 | 0.9726 | 1.0264 | 1.0374 | 1.0043 | 0.9602 | 3.0067 | 2.0139 | 2.9867 | 1.9548 | 0.9874 | 2.0051 | 0.9661 | 0.9988 | 3.0111 | 1.0719 | 0.9761 |
| 绝对误差 | 0.0034 | 0.0274 | 0.0264 | 0.0374 | 0.0043 | 0.0398 | 0.0067 | 0.0139 | 0.0133 | 0.0452 | 0.0126 | 0.0051 | 0.0339 | 0.0012 | 0.0111 | 0.0719 | 0.0239 |
| 相对误差（%） | 0.113 | 2.74 | 2.64 | 3.74 | 0.43 | 3.98 | 0.2233 | 0.695 | 0.443 | 2.26 | 1.26 | 0.255 | 3.39 | 0.12 | 0.37 | 7.19 | 2.39 |

| 事故 | 86 | 87 | 88 | 89 | 90 | 91 | 92 | 93 | 94 | 95 | 96 | 97 | 98 | 99 | 100 |
|---|---|---|---|---|---|---|---|---|---|---|---|---|---|---|---|
| 实际值 | 1 | 2 | 1 | 4 | 1 | 2 | 1 | 2 | 3 | 2 | 1 | 1 | 1 | 1 | 2 |
| 仿真值 | 0.9866 | 2.0092 | 0.9973 | 3.9907 | 0.9881 | 1.9911 | 0.9955 | 1.9821 | 2.9914 | 2.0120 | 1.0104 | 0.9592 | 1.0220 | 0.9731 | 1.9193 |
| 绝对误差 | 0.0134 | 0.0092 | 0.0027 | 0.0093 | 0.0119 | 0.0089 | 0.0045 | 0.0179 | 0.0086 | 0.012 | 0.0104 | 0.0408 | 0.022 | 0.0269 | 0.0807 |
| 相对误差（%） | 1.34 | 0.46 | 0.27 | 0.2325 | 1.19 | 0.445 | 0.45 | 0.895 | 0.287 | 0.6 | 1.04 | 4.08 | 2.2 | 2.69 | 4.035 |

# 附录二　长江水上交通安全预警管理预控对策库

## 附表 1　气象类风险预警的预控对策

| 级别类别 | 一级（红色） | 二级（橙色） | 三级（黄色） | 四级（蓝色） |
|---|---|---|---|---|
| 现场监管 | ①组织船舶选择安全水域锚泊；②预警范围内全部实施禁航，上、下游设置拦截线；③海事处领导带队到重点渡口到重点渡船禁航导带队到重点渡口重点渡船实施渡船禁航制度；④执法车船保持高度戒备，随时出发实施应急处置。港区指定至少1艘拖轮待令；⑤利用 GPS，VTS，CCTV 监控系统，加强对预警水域现场监控；⑥通过多种方式通知水域内的人员，船舶，码头设施采取必要的安全措施，防范恶劣气况 | ①对辖区渡船等重点船舶，桥区等重点水域实施禁航，海巡艇现场驻守；②海事处领导带队到重点渡口重点渡船落实渡船禁航制度；③执法车船保持高度戒备，港区指定至少1艘拖轮待令；④利用 GPS，VTS，CCTV 监控系统，加强对预警水域现场监控；⑤通过多种方式通知水域内的人员，船舶，码头设施采取必要的安全措施，防范恶劣气况 | ①对辖区渡船等重点船舶，桥区等重点水域实施禁航，海巡艇现场驻守；②海事处领导带队到重点渡口重点渡船落实渡船禁航制度；③在确保航行安全的前提下，预警期间每小时巡航1次，协助水域内航行的船舶选择安全地点停泊；④利用 GPS，VTS，CCTV 监控系统，加强对预警水域现场监控；⑤通过多种方式通知水域内的人员，船舶，码头设施采取必要的安全措施，防范恶劣气况 | ①对辖区渡船等重点船舶实施禁航，海巡艇现场驻守；②海事处领导带队到重点渡船禁航落实渡船禁航制度；③在确保航行安全的前提下，预警期间每小时巡航1次，协助水域内航行的船舶选择安全地点停泊；④利用 GPS，VTS，CCTV 监控系统，加强对预警水域现场监控；⑤通过多种方式通知水域内的人员，船舶，码头设施采取必要的安全措施，防范恶劣气况 |
| 值班 | ①长江局，分支局两级海事机构实行领导带班，中层干部轮流值班，业务骨干应急待班；②海事处领导24h轮流值班，海事处执法人员取消休假 | ①长江局中层干部应急值班，分支局领导带班，中层干部轮流值班，业务骨干应急待班；②海事处领导24h轮流值班，海事处执法人员取消休假 | ①分支局中层干部应急值班，海事处领导24h轮流值班 | ①分支局中层干部应急值班，海事处领导24h轮流值班 |

**续附表 1**

| 级别 / 类别 | 一级（红色） | 二级（橙色） | 三级（黄色） | 四级（蓝色） |
|---|---|---|---|---|
| 信息发布 | ①信息发布机关：分支局组织发布安全预警信息，长江局负责指导监督；②信息发布渠道：分支局主要通过长江局及分支局海事内外网、水上安全信息联播、长江水上交通GPS监控系统、政务大厅信息公告等渠道发布预警信息，海事处及政务大厅信息公告，长江局利用短信息等渠道发布；③信息发布频度：水上安全信息联播、海巡艇VHF广播每小时播发1次，预警期同各政务大厅信息公告滚动播发；④其他：海事处每2h收集1次当地最新气象信息并向船方公告，加强对现场天气实况的观测和收集，上报到"长江海事气象"栏目，并通过VHF电话或海事处政务大厅信息公告栏对外公告 | ①信息发布机关：分支局组织发布安全预警信息，长江局负责指导监督；②信息发布渠道：分支局主要通过长江局及分支局海事内外网、长江水上安全信息联播、长江水上交通GPS监控系统、政务大厅信息公告等渠道发布预警信息，海事处及政务大厅信息公告，长江局利用短信息等渠道发布；③信息发布频度：水上安全信息联播、海巡艇VHF广播每小时播发1次，预警期同各政务大厅信息公告滚动播发；④其他：海事处每2h收集1次当地最新气象信息并向船方公告，加强对现场天气实况的观测和收集，上报到"长江海事气象"栏目，并通过VHF电话或海事处政务大厅信息公告栏对外公告 | ①信息发布机关：海事处组织发布安全预警信息，分支局负责指导监督；②信息发布渠道：主要通过长江局及分支局海事内外网、水上安全信息联播、长江水上交通GPS监控系统、政务大厅信息公告、海巡艇VHF广播等渠道发布；③信息发布频度：水上安全信息联播、海巡艇VHF广播每小时播发1次，预警期同各政务大厅信息公告滚动播发；④其他：海事处每2h收集1次当地最新气象信息并向船方公告，加强对现场天气实况的观测和收集，上报到"长江海事气象"栏目，并通过VHF电话或海事处政务大厅信息公告栏对外公告 | ①信息发布机关：海事处组织发布安全预警信息，分支局负责指导监督；②信息发布渠道：主要通过长江局及分支局海事内外网、水上安全信息联播、长江水上交通GPS监控系统、政务大厅信息公告、海巡艇VHF广播等渠道发布；③信息发布频度：水上安全信息联播、海巡艇VHF广播每小时播发1次，预警期同各政务大厅信息公告滚动播发；④其他：海事处现场实况信息的观测和收集，上报到"长江海事气象"栏目，并通过VHF电话或海事处政务大厅信息公告栏对外公告 |

续附表 1

| 级别 类别 | 一级（红色） | 二级（橙色） | 三级（黄色） | 四级（蓝色） |
|---|---|---|---|---|
| 船舶防范措施建议 | ①服从海事机构指挥，就近选择安全地点锚泊，做好停泊期间安全管理；②保持收听气象信息和海事部门发布的安全信息；③气象灾害发生水域内的水上、水下施工立即停止作业，码头设施等做好各项安全措施，防范气象灾害 | ①气象灾害发生水域内的船舶注意收集海事部门预警信息，密切关注气象变化，加强值班，谨慎操纵驾驶，随时准备停止航行，就近选择安全地点锚泊；②气象灾害发生水域内的水上、水下施工随时准备停止作业，码头设施等做好各项安全措施，防范气象灾害 | ①气象灾害发生水域内的船舶注意收集海事部门预警信息，密切关注气象变化，加强值班，谨慎操纵驾驶，随时准备停止航行，就近选择安全地点锚泊；②气象灾害发生水域内的水上、水下施工随时准备停止作业，码头设施等做好各项安全措施，防范气象灾害 | ①气象灾害发生水域内的船舶注意收集海事部门预警信息，密切关注气象变化，加强值班，谨慎操纵驾驶，随时准备停止航行，就近选择安全地点锚泊，做好各项安全措施，防范气象灾害；②气象灾害发生水域内的水上、水下施工设施等做好各项安全措施，防范气象灾害 |

附表 2　地质类风险预警预控对策

| 级别\类别 | 一级（红色） | 二级（橙色） | 三级（黄色） | 四级（蓝色） |
|---|---|---|---|---|
| 现场监管 | ①地质灾害体发生地所属分支局在当地政府的领导下立即组织地质灾害体影响水域内人员、船舶及水上设施做好撤离疏散；②海事处通过VHF广播通知人员、船舶疏散撤离；③对地质灾害体上下1km水域实施禁航，分别在地质灾害体上下1km、1.5km处设置两道拦截线，禁止船舶通行；④在禁航水域外适当水域设置临时锚泊区，供船舶安全锚泊；⑤船舶、人员疏散撤离基本完成后，海巡艇撤离；⑥长江局分管领导带队到现场组织指挥 | ①地质灾害体发生地所属分支局在当地政府的领导下立即组织地质灾害体影响水域内人员、船舶及水上设施做好撤离疏散准备；②海巡艇通过VHF广播通知人员、船舶疏散撤离；③对地质灾害体上下1km水域实施禁航，分别在地质灾害体上下1km、1.5km处设置两道拦截线，禁止船舶通行；④在禁航水域外适当水域设置临时锚泊区，供船舶安全锚泊 | ①海事处加强对辖区码头船舶宣传，发放地质灾险情宣传单，做好组织地质灾害应急撤离、禁航的各项准备；②加大地质灾害体水域的巡航监管力度，间隔2h巡航1次，其中夜间巡航不少于1次；③海事处对地质灾害体水域实施交通管制，设置安全警示标志，标示地质灾害体危险水域，提醒过往船舶远离地质灾害体水域航行；④在禁航水域外适当水域划定临时锚泊区，供船舶安全锚泊 | ①海事处加强对辖区码头船舶宣传，发放地质灾险情宣传单，做好组织地质灾害应急撤离、禁航的各项准备；②加强地质灾害体水域的巡航监管，间隔4h巡航1次，其中夜间巡航不少于1次；③对地质灾害体水域实施交通管制，设置安全警示标志，标示地质灾害体危险水域，提醒过往船舶远离地质灾害体水域航行 |
| 值班 | ①长江局、分支局两级海事机构实行两级海事领导带班、中层干部应急值班、业务骨干应急待班；②海事处执法人员24h轮流值班，海事处执法人员取消休假 | ①长江局、分支局两级海事机构实行两级海事领导带班、中层干部应急值班、业务骨干应急待班；②海事处执法人员24h轮流值班，海事处执法人员取消休假 | ①长江局中层干部应急值班，分支局实行领导带班、中层干部轮流值班；②海事处领导24h轮流值班，海事处执法人员取消休假 | ①分支局实行中层干部应急值班，海事处领导24h轮流值班 |

续附表 2

| 级别<br>类别 | 一级（红色） | 二级（橙色） | 三级（黄色） | 四级（蓝色） |
|---|---|---|---|---|
| 信息发布 | ①信息发布机关：分支局组织发布安全预警信息，长江局负责指导监督；②信息发布渠道：分支局主要通过长江局及分支局海事内外网、水上安全信息联播、长江水上交通 GPS 监控系统、政务大厅信息公告等渠道发布预警信息，海事处通过海巡艇VHF广播及政务大厅信息公告等渠道发布，长江局利用短信群发系统予以发布；③信息发布频度：水上安全信息联播、海巡艇 VHF 广播每小时播发 1 次，海巡艇 VHF 广播每 4h 播发 1 次，预警期间各政务大厅信息公告每天滚动播发；④其他：分支局加强与地质灾害监控部门和地方政府的联系，每 4h 联系 1 次，随时掌握地质灾害发展趋势相关信息，并通过海巡艇 VHF 电话或各政务大厅信息公告栏等及时对外公告 | ①信息发布机关：分支局组织发布安全预警信息，长江局负责指导监督；②信息发布渠道：分支局主要通过长江局及分支局海事内外网、水上安全信息联播、长江水上交通 GPS 监控系统、政务大厅信息公告等渠道发布预警信息，海事处通过海巡艇VHF广播以及政务大厅信息公告等渠道发布；③信息发布频度：水上安全信息联播、海巡艇 VHF 广播每 4h 播发 1 次，预警期间各政务大厅信息公告每天滚动播发；④其他：分支局加强与地质灾害监控部门和地方政府的联系，随时掌握地质灾害发展趋势信息，并通过各政务大厅VHF 电话或各政务大厅信息公告栏等及时对外公告 | ①信息发布机关：海事处组织发布安全预警信息，分支局负责指导监督；②信息发布渠道：主要通过长江局及分支局海事内外网、水上安全信息联播、长江水上交通 GPS 监控系统、政务大厅信息公告、海巡艇 VHF 广播等渠道发布；③信息发布频度：水上安全信息联播、海巡艇 VHF 广播每 2h 播发 1 次，预警期间各政务大厅信息公告滚动播发；④其他：加强与地质灾害监控部门和地方政府的联系，每天联系至少 2 次，随时掌握地质灾害发展趋势相关信息，并通过海巡艇 VHF 电话或各政务大厅信息公告栏等及时对外公告 | ①信息发布机关：海事处组织发布安全预警信息，分支局负责指导监督；②信息发布渠道：主要通过长江局及分支局海事内外网、水上安全信息联播、长江水上交通 GPS 监控系统、政务大厅信息公告、海巡艇 VHF 广播等渠道发布；③信息发布频度：水上安全信息联播、海巡艇 VHF 广播每 2h 播发 1 次，预警期间各政务大厅信息公告滚动播发；④其他：加强与地质灾害监控部门和地方政府的联系，每天联系至少 1 次，随时掌握地质灾害发展趋势相关信息，并通过海巡艇 VHF 电话或各政务大厅信息公告栏等及时对外公告 |

**续附表 2**

| 级别　类别 | 一级（红色） | 二级（橙色） | 三级（黄色） | 四级（蓝色） |
|---|---|---|---|---|
| 船舶防范措施建议 | ①地质灾害体上下一定水域范围内的所有人员、船舶及水上设施立即疏散撤离至安全位置；②准备通过地质灾害水域的船舶按照海事管理机构的禁行指令，在指定水域安全锚泊，待交通管制解除、水域重新恢复通航后，在海事管理机构的指挥和维护下通过地质灾害体水域 | ①地质灾害体上下一定范围内的人员、船舶、码头设施加强值班，注意收听海事管理部门发布的预警信息和相关安全信息，随时准备疏散撤离；②准备通过地质灾害体水域的船舶按照海事管理机构的禁行指令，在指定水域安全锚泊，待交通管制解除，水域重新恢复通航后，在海事管理机构的指挥和维护下通过地质灾害体水域 | ①地质灾害体上下一定水域范围内的人员、船舶、码头设施注意收听海事管理部门发布的预警信息和相关安全信息，随时准备疏散撤离；②过往船舶注意，远离地质灾害体安全警示标志，远离地质灾害体水域航行 | ①地质灾害体上下一定水域范围内的人员、船舶、码头设施注意收听海事管理部门发布的预警信息和相关安全信息，随时准备疏散撤离；②过往船舶注意，远离地质灾害体安全警示标志，远离地质灾害体水域航行 |

## 附表 3　水文类洪水及大流量风险预警预控对策

| 级别<br>类别 | 一级（红色） | 二级（橙色） | 三级（黄色） | 四级（蓝色） |
|---|---|---|---|---|
| 现场监管 | ①加强水情信息收集与发布：长江局、分支局与长江各级水利部门的定期沟通机制，每天至少4次收集、更新水情信息，并通过海事内外网、VHF广播、各政务大厅信息公告等多种方式对外重点水域实施禁航；②对渡船、桥区、近坝区等重点水域实施禁航；③对辖区的重点部位、重点航段，防汛险段进行24h驻守巡查。预警期间，白天每隔4h巡航一次、夜间每隔2h全次，海事处每周至少2次全管段巡航。各执法车船随时处于高度戒备状态；④开展辖区船、锚地、停泊船安全检查，重点检查船舶系缆、锚等系固情况及船舶停泊期间值班情况；⑤分支领导带队走访辖区船舶、码头单位，督促其落实汛期安全管理；⑥长江局分管领导带队走访期深入现场督查指导 | ①加强水情信息收集与发布：长江局，分支局与长江各级水利部门的定期沟通机制，每天至少2次收集、更新水情信息，并通过海事内外网、VHF广播，各政务大厅信息公告等多种方式对外公布；②对部分渡船实施禁航，流态复杂的非一跨过江桥梁桥区水域、近坝区等重点水域实施交通管制；③对辖区的重点部位、重点航段，防汛险段进行24h驻守巡查。预警期间，白天每隔4h巡航一次、夜间每隔2h全次，海事处每周至少1次全管段巡航；各执法船处于应急待命状态；④开展辖区船、锚地、停泊船安全检查，重点检查船舶系缆、锚等系固情况及船舶停泊期间值班情况；⑤分支领导带队走访辖区船舶、码头单位，督促其落实汛期安全管理；⑥长江局职能部门人现场督查指导 | ①加强水情信息收集与发布：长江局，分支局与长江各级水利部门的定期沟通机制，每天更新水情信息，并通过海事内外网、VHF广播，各政务大厅信息公告等多种方式对外公布；②对日均流量超过30人的渡船实施重点监控；③对辖区重点部位，重点航段，防汛险段每日巡查至少2次。预警期间，白天每隔4h巡航1次、夜间巡航不少于1次全管段巡航；④开展辖区船安全检查，锚地、停泊船舶系缆、锚等系固情况；⑤分支局召开一次汛期安全单位会议，督促其落实汛讯期安全管理 | ①加强水情信息收集与发布：长江局，分支局与长江各级水利部门的定期沟通机制，每天收集、更新水情信息，并通过海事内外网、VHF广播，各政务大厅信息公告等多种方式对外公布；②对预警范围内重点渡船实施重点维护；③对辖区重点部位、重点航段，防汛险段每日巡查不少于1次、海事处每月至少进行2次全管段巡航；④开展辖区安全检查、重点船、锚地、停泊船舶系缆、锚等系固情况及船舶停泊期间值班情况检查 |

续附表 3

| 类别 \ 级别 | 一级（红色） | 二级（橙色） | 三级（黄色） | 四级（蓝色） |
|---|---|---|---|---|
| 值班 | ①长江局、预警范围内分支局两级机关实行局领导带班，中层干部轮流值班；业务骨干应急值班；②预警范围内海事处领导24h轮流值班；海事处执法人员取消休假 | ①长江局、预警范围内分支局两级机关实行局领导带班，中层干部轮流值班；业务骨干应急值班；②预警范围内海事处领导24h轮流值班；海事处执法人员取消休假 | ①长江局、预警范围内分支局两级机关实行局领导带班，中层干部轮流值班；业务骨干应急值班；②预警范围内海事处领导24h轮流值班 | ①长江局、预警范围内分支局两级机关实行局领导带班，中层干部轮流值班；业务骨干应急值班；②预警范围内海事处领导24h轮流值班 |
| 信息发布 | ①信息发布机关：长江海事局负责制定安全预警信息文稿并组织发布，三级机构同时通过有效渠道发布；②信息发布：长江局主要通过海事内外网、水上安全信息联播、短信息群发系统安全预警信息，政务大厅在电视周报刊上发布；③信息发布渠道：海事主要通过长江水上交通GPS监控系统、政务大厅等渠道发布VHF广播及政务大厅信息。预警频度：水上交通GPS监控系统每天滚动播发，VHF广播白天每1h播发、夜间每3h播发1次；预警范围内海事巡艇2h播发1次；海事信息群发VHF广播白天每天滚动播发一周，海事内外网、长江水上交通GPS监控系统应间隔一周重新播发1次；预警时间超过一周，短信息群发、各政务大厅每天滚动播发1次；④其他：通过多种方式主动向船舶提供水文流态变化情况等安全信息 | ①信息发布机关：分支局组织发布安全预警信息，长江局负责指导监督；②信息发布渠道：分支局主要通过长江局及分支局海事内外网、水上安全信息联播、长江水上交通GPS监控系统、政务大厅信息公告等渠道发布VHF广播及政务大厅信息。利用海巡艇预警信息；海事及政务大厅信息公告；③信息发布渠道：海巡艇预警频度：预警期间内分支局海巡艇每次巡航时至少播发每日1次，水上安全信息每日播发3次，预警期间相关政务大厅每天滚动播发；预警时间超过一周的，短信息群发、政务大厅每天滚动发一周，海事内外网、长江水上交通GPS监控系统应间隔一周重新播发1次 | ①信息发布机关：分支局组织发布安全预警信息，长江局负责指导监督；②信息发布及分支局海事内外网、水上安全信息联播、长江水上交通GPS监控系统、政务大厅信息公告等渠道发布VHF广播及政务大厅信息。利用海巡艇情况利用③信息发布频度：海巡艇航时予以发布；海事预警期间各短信息群发时航以发布VHF广播发，水上安全信息联播每日播发2次，预警期间各政务大厅每天滚动播发一周的，海事内外网、短信息群发、长江水上交通GPS监控系统应间隔一周重新播发1次 | ①信息安全监督发布机关：分支局负责；主要发布渠道：主要通过长江局及分支局海事内外网、水上安全信息联播、长江水上交通GPS监控系统、政务大厅信息公告，海事移动通信短信息等渠道发布；③信息发布频度：水上安全信息利用VHF广播及政务大厅信息公告发布，各政务大厅信息每日播发1次，预警期间每天滚动播发；海事外网、预警时间超过一周的，海事内外网、长江水上交通GPS监控系统应间隔一周重新播发1次 |

续附表 3

| 级别<br>类别 | 一级（红色） | 二级（橙色） | 三级（黄色） | 四级（蓝色） |
|---|---|---|---|---|
| 船舶防范措施建议 | ①及时收集水情信息，合理调度船舶，采取预防措施，确保安全；②及时收听所有关航行通告及安全信息，按要求做好船舶禁航；③船舶停泊期间留足值班人员，严格遵守船舶值班安全制度；④开展锚泊系固设备安全检查，严防船舶走锚；⑤各码头要控制船舶靠泊数量，确保码头自身及靠泊船安全 | ①及时收集水情信息，合理调度船舶，采取预防措施，确保安全；②及时收听所有关航行通告及安全信息，按要求做好船舶禁航；③船舶停泊期间留足值班人员，严格遵守船舶值班安全制度；④开展锚泊系固设备安全检查，严防船舶走锚 | ①及时收集水情信息，合理调度船舶，采取预防措施，确保安全；②及时收听所有关航行通告及安全信息，必要时，提前选择安全水域锚泊；③船舶停泊期间留足值班人员，严格遵守船舶值班安全制度；④开展锚泊系固设备检查，严防船舶走锚 | ①及时收集水情信息，合理调度船舶，采取预防措施，确保安全；②及时收听所有关航行通告及安全信息，必要时提前选择安全水域锚泊；③船舶停泊期间留足值班人员，严格遵守船舶值班安全制度；④开展锚泊系固设备检查，严防船舶走锚 |

**附表 4　水文类枯水风险预警预控对策**

| 级别<br>类别 | 一级（红色） | 二级（橙色） | 三级（黄色） | 四级（蓝色） |
|---|---|---|---|---|
| 现场监管 | ①加强水情信息收集与发布，长江局、分支局与长江各级水利部门的定期沟通机制，每天至少4次收集、更新水情信息，并通过海事内外网、VHF广播、各政务大厅信息公告等多种方式及时对外公布；对易发生搁浅和触礁的浅险航段，②加大现场巡航频度，对易发生搁浅和触礁的浅险航段，事故多发水域实施24h班守巡查、白天巡航不少于2次、夜间巡航不少于1次；海事处每月全管段巡航不少于1次；③启动应急减载机制，在预警水域上下游适当水域设置拦截线，发现船舶实际吃水超过通航道实际水深的，责令减载直至符合通航吃水要求；④实施船舶水控制；加强船舶分段签证，分支局领导带队走访辖区船舶、码头单位，督促其落实枯水期安全管理；⑥长江局分管领导带队深入现场督查指导 | ①加强水情信息收集与发布，长江局、分支局与长江各级水利部门的定期沟通机制，每天至少2次收集、更新水情信息，并通过海事内外网、VHF广播、各政务大厅信息公告等多种方式及时对外公布；②加大现场巡航频度，对易发生搁浅和触礁的浅险航段实施24h班守巡查、白天巡航不少于2次、夜间巡航不少于1次；海事处每月全管段巡航不少于2次；③启动应急减载机制，在预警水域上下游适当水域设置拦截线，发现船舶实际吃水超过通航道实际水深的，责令减载直至符合通航吃水要求；④实施船舶水控制；加强船舶分段签证；⑤分支局职能部门走访辖区船舶、码头单位，督促其落实枯水期安全管理；⑥长江局职能部门给予督查督导 | ①加强水情信息收集与发布，长江局、分支局与长江各级水利部门的定期沟通机制，每天至少2次收集、更新水情信息，并通过海事内外网、VHF广播、各政务大厅信息公告等多种方式及时对外公布；②加大巡航频度，对易发生搁浅和触礁的浅险航段每天巡查不少于2次；③启动应急减载机制，在预警水域上下游适当水域设置拦截线，发现船舶实际吃水超过通航道实际水深的，责令减载；④实施船舶水控制；加强船舶分段签证；⑤分支局职能部门给予督查督导 | ①加强水情信息收集与发布，长江局、分支局建立与长江各级水利部门的定期沟通机制，每天至少2次收集、更新水情信息，并通过海事内外网、VHF广播、各政务大厅信息公告等多种方式及时对外公布；②加大巡航频度，对易发生搁浅和触礁的浅险航段每天巡查不少于1次；③启动应急减载机制，在预警水域上下游设置拦截线，发现船舶实际吃水超过通航道实际水深的，责令减载；④实施船舶水控制；加强船舶分段签证 |
| 值班 | ①长江局、预警范围内分支局两级机关实行局领导带班，中层干部轮流值班；业务骨干应急值班；②预警范围内海事处领导24h轮流值班，海事处执法人员取消休假 | ①长江局、预警范围内分支局两级机关实行局领导带班，中层干部轮流值班；业务骨干应急值班；②预警范围内海事处领导24h轮流值班，海事处执法人员取消休假 | ①长江局、预警范围内分支局两级机关实行局领导带班，中层干部轮流值班；业务骨干应急值班；②预警范围内海事处领导24h轮流值班 | ①长江局、预警范围内分支局两级机关实行局领导带班，中层干部轮流值班；业务骨干应急值班；②预警范围内海事处领导24h轮流值班 |

| 级别<br>类别 | 一级（红色） | 二级（橙色） | 三级（黄色） | 四级（蓝色） |
|---|---|---|---|---|
| 信息发布 | ①信息发布机关：长江海事局负责制定安全预警信息文稿并组织发布，三级机构同时通过有效渠道发布；②信息发布主要渠道：长江水上交通内外网，水上交通信息群发系统，短信息群发系统，海事安全预警信息，视情况在电视播刊上发布；分支局主要通过长江水上交通GPS监控系统，政务大厅信息公告等渠道发布信息；海事以及政务大厅主要通过海巡艇VHF广播等渠道发布信息公告；③信息发布频度：水上安全信息公告白天每1h播发1次，夜间每2h播发1次；各政务大厅信息公告每天滚动播发；VHF广播白天每3h播发1次，海巡艇VHF广播范围内海巡艇每天滚动播发1次；预警时间超过一周，海事内外网，长江水上交通GPS监控系统应间隔一周重新播发1次；④其他：通过多种方式主动向船舶提供水文流态变化情况等安全信息 | ①信息发布机关：分支局组织发布安全预警信息，长江局负责指导监督；②信息发布渠道：分支局主要通过长江局及分支局海事内外网，水上交通信息联播，长江水上交通GPS监控系统，政务大厅信息公告等渠道发布预警信息；海事处及政务大厅通过海巡艇VHF广播及政务大厅信息公告等渠道发布；③信息发布频度：预警范围内分支局海巡艇每次巡航时至少播发1次，水上安全信息联播每日播发3次，预警期间相关政务大厅每天滚动播发；预警时间超过一周的，海事内外网，长江水上交通GPS监控系统应间隔一周重新播发1次 | ①信息发布机关：分支局组织发布安全预警信息，长江局负责指导监督；②信息发布渠道：分支局主要通过长江局及分支局海事内外网，水上交通信息联播，长江水上交通GPS监控系统，政务大厅信息公告等渠道发布预警信息；海事处及政务大厅通过海巡艇VHF广播以及政务大厅信息公告等渠道发布；长江局视情况利用短信息群发系统予以发布；③信息发布频度：海巡艇巡航时用VHF广播每日播发2次，预警期间各政务大厅信息公告每天滚动播发；预警时间超过一周的，海事内外网，长江水上交通GPS监控系统应间隔一周重新播发1次 | ①信息发布机关：海事处组织发布安全预警信息，分支局负责指导监督；②信息发布渠道：主要通过长江局及分支局海事内外网，水上交通信息联播，长江水上交通GPS监控系统，政务大厅信息公告，海事巡艇、移动通信短信息等渠道发布；③信息发布频度：海巡艇发布，水上安全信息联播每日播发1次，预警期间各政务大厅信息公告每天滚动播发；预警时间超过一周，长江水上交通GPS监控系统应间隔一周重新播发1次 |

续附表 4

| 级别<br>类别 | 一级（红色） | 二级（橙色） | 三级（黄色） | 四级（蓝色） |
|---|---|---|---|---|
| 船舶防范措施建议 | ①及时收集水情信息，合理配载船舶，确保安全；②及时收听有关航行通告及安全信息，按要求做好船舶禁航；③严禁超载、超吃水，航经狭窄水道、弯曲水道、应保持瞭望，加强联系，不得追越，争先抢会让措施，明确安全航或齐头并进；⑤航经浅水航道时，应测深减速通过，防止吸浅；⑥船舶航行时应在航标标示的航道范围内行驶，注意保持必要横距，防止搁浅、触礁事故险情的发生 | ①及时收集水情信息，合理配载船舶，确保安全；②严禁超载、超吃水，航经狭窄水道、弯曲水道、应保持瞭望，加强联系，不得追越，争先抢会让措施，明确安全航或齐头并进；④航经浅水航道时，应测深减速通过，防止吸浅；⑤船舶航行时应在航标标示的航道范围内行驶，注意保持必要横距，防止搁浅、触礁事故险情的发生 | ①及时收集水情信息，合理配载船舶，确保安全；②严禁超载、超吃水，航经狭窄水道、弯曲水道、应保持瞭望，加强联系，不得追越，争先抢会让措施，明确安全航或齐头并进；④航经浅水航道时，应测深减速通过，防止吸浅；⑤船舶航行时应在航标标示的航道范围内行驶，注意保持必要横距，防止搁浅、触礁事故险情的发生 | ①及时收集水情信息，合理配载船舶，确保安全；②严格控制船舶吃水，严禁超载、超吃水，航经狭窄水道、弯曲水道、应保持瞭望，加强联系，不得追越，争先抢会让措施，明确安全航或齐头并进；④航经浅水航道时，应测深减速通过，防止吸浅；⑤船舶航行时应在航标标示的航道范围内行驶，注意保持必要横距，防止搁浅、触礁事故险情的发生 |

**附表 5　航道秩序类风险预警预控对策**

| 级别＼类别 | 一级（红色） | 二级（橙色） | 三级（黄色） | 四级（蓝色） |
|---|---|---|---|---|
| 现场监管 | ①长江海事局启动《船舶阻航应急预案》，分管局领导带领相关职能部门负责人到阻航水域；②在阻航水域组织指挥疏导应急处置；②在阻航水域上、下界分别设置24h现场值守；海巡艇实行24h现场值守；③在阻航水域上、下游适当水域，设置船舶等待停泊区，组织船舶有序等候；④在阻航适当水域上、下游设置船舶减载区，组织超过阻航水域可通过的船舶进行减载；⑤启动船舶分段签证机制，所在地分支局暂停办理通过阻航水域船舶签证手续；等候船舶超过100艘次或停量时，相邻分支局暂停办理通过阻航水域船舶签证手续 | ①分支海事局启动《船舶阻航应急预案》，分管领导带领相关职能部门到阻航水域和相关职能部门门负责人到阻航水域；②长江局相关职能部门门给予指导监督；②在阻航水域上、下界分别设置导截线，海巡艇实行24h现场值守；③在阻航水域上、下游设置船舶等待停泊适当水域，组织船舶有序等候；④在阻航水域上、下游适当水域设置船舶减载区，组织超过阻航水域可通过的船舶进行减载；⑤启动船舶分段签证机制，所在地分支局暂停办理通过阻航水域船舶签证手续 | ①分支海事局启动《船舶阻航应急预案》，职能部门到阻航水域负责组织指挥疏导应急处置；长江局相关职能部门门给予指导监督；②在阻航相关水域上、下界分别设置导截线，海巡艇实行24h现场值守；③在阻航水域上、下游适当水域，设置船舶等待停泊区，组织船舶有序等候；④在阻航水域上、下游适当水域，设置船舶减载区，组织超过阻航水域可通过的船舶进行减载；⑤启动船舶分段签证机制，必要时所在分支局暂停办理通过阻航水域船舶签证手续 | ①海事处启动《船舶阻航应急预案》，负责组织职能部门给予指导监督处置；②在阻航相关水域上、下界分别设置拦截线，海巡艇现场驻守；③在阻航水域上、下游适当水域，设置船舶等待停泊区，组织船舶有序等候 |
| 值班 | ①长江局，预警范围内分支两级机关实行局领导带班，中层干部轮流值班、业务骨干应急值班；②阻航水域分支海事处领导24h轮流值班；阻航水域分支海事处和相邻海事处执法人员取消休假 | ①长江局中层干部轮流值班；阻航水域分支海事局实行局领导带班，中层干部轮流值班，业务骨干应急值班；中层干部应急值班；②阻航水域；相邻分支海事处领导24h轮流值班 | ①长江局中层干部应急值班；阻航水域分支局实行中层干部轮流值班；②海事处领导24h轮流值班 | ①阻航水域分支局中层干部应急值班；②海事处领导24h轮流值班 |

**续附表 5**

| 级别 / 类别 | 一级（红色） | 二级（橙色） | 三级（黄色） | 四级（蓝色） |
|---|---|---|---|---|
| 信息发布 | ①信息发布机关：长江海事局负责制定安全预警信息文稿并组织发布、三级机构同时通过有效渠道发布安全预警信息；②信息发布渠道：长江局主要通过海事内外网、水上安全信息联播、短信息群发系统发布安全预警信息，视情况在电视报刊上发布；分支局主要通过长江水上交通GPS监控系统、政务大厅信息公告等渠道发布信息；海事处主要通过海巡艇等渠道发布信息，VHF广播通过海巡艇各渠道发布；③信息发布频度：船舶高峰时段、预警期间内海巡艇VHF广播应每2h播发，政务大厅信息公告应预警时间超过一周天滚动播发；预警期间海事内外网、短信息群发系统、长江水上交通GPS监控系统应间隔一周重新播发1次 | ①信息发布机关：分支局组织发布安全预警信息，长江局负责指导监督；②信息发布渠道：分支局主要通过长江局及分支局海事内外网、水上安全信息联播、长江水上交通GPS监控系统、政务大厅信息公告等渠道发布预警信息；海事处通过海巡艇VHF广播及政务大厅信息公告等渠道发布；短信息群发系统予以发布；③信息发布频度：阻航水域分支局海巡艇VHF广播每4h至少播发每1次，水上安全信息联播每日播发3次，预警期间相关政务大厅信息滚动播发公告每天滚动播发；预警时间超过一周的，海事内外网、短信息群发系统、长江水上交通GPS监控系统应间隔一周重新播发1次 | ①信息发布机关：分支局组织发布安全预警信息，长江局负责指导监督；②信息发布渠道：分支局主要通过长江局及分支局海事内外网、水上安全信息联播、长江水上交通GPS监控系统、政务大厅信息公告等渠道发布信息；海事处通过海巡艇VHF广播及政务大厅信息公告等渠道发布；视情况利用长江局短信息群发系统予以发布；③信息发布频度：海巡艇巡航时利用VHF广播，水上安全信息联播每日播发2次，预警期间各政务大厅信息公告每天滚动播发；预警时间超过一周的，海事内外网、短信息群发系统、长江水上交通GPS监控系统应间隔一周重新播发1次 | ①信息发布机关：海事处组织发布安全预警信息，分支局负责指导监督；②信息发布渠道：主要通过长江局及分支局海事内外网、水上安全信息联播、长江水上交通GPS监控系统、政务大厅信息公告、移动通信短信息等渠道发布；海巡艇渠道顺利播发；③信息发布频度：海巡艇利用VHF广播播发，信息公告每周1次，预警期间信息公告超过一周的，长江水上交通GPS监控系统应间隔一周重新播发1次 |

续附表 5

| 级别 类别 | 一级（红色） | 二级（橙色） | 三级（黄色） | 四级（蓝色） |
|---|---|---|---|---|
| 船舶防范措施建议 | ①服从海事管理机构指挥，在指定水域待泊；②可以通过或恢复通航时，按海事管理机构指挥顺序通过；③超过吃水限制的，按要求进行减载；④拟通过阻航水域的船舶应及时收听相关安全信息和海事部门监管措施，合理配载或调整航行计划 | ①服从海事管理机构指挥，在指定水域待泊；②可以通过或恢复通航时，按海事管理机构指挥顺序通过；③超过吃水限制的，按要求进行减载；④拟通过阻航水域的船舶应及时收听相关安全信息和海事部门监管措施，合理配载或调整航行计划 | ①服从海事管理机构指挥，在指定水域待泊；②可以通过或恢复通航时，按海事管理机构指挥顺序通过；③超过吃水限制的，按要求进行减载；④拟通过阻航水域的船舶及时收听相关安全信息和海事部门监管措施，合理配载或调整航行计划 | ①服从海事管理机构指挥，在指定水域待泊；②可以通过或恢复通航时，按海事管理机构指挥顺序通过；③拟通过阻航水域的船舶及时收听相关安全信息和海事部门监管措施，合理配载或调整航行计划 |

附表6 船舶事故类风险预警预控对策

| 级别\类别 | 一级（红色） | 二级（橙色） | 三级（黄色） | 四级（蓝色） |
|---|---|---|---|---|
| 现场监管 | ①预警范围内的一类监管区、引发安全预警交通事故的同类水域等重点水域实行海巡艇现场驻守；②加大预警范围内天巡航频度、重点水域白天巡航间隔2h一次、夜间巡航不小于2次；预警期间，预警开始时海事处组织一次全管段巡航，之后每周一次全管段巡航；③加大现场检查船舶力度，海事处辖区日均现场检查签证船舶数不得低于每日均船舶数的50%或25艘次（取大者），对到港的重点船舶实施每船必查制；④长江局组织一次安全隐患大排查活动、重点排查引发本次安全预警交通事故的同类型船舶安全隐患，预警范围内的分支局领导具体实施、长江局分管领导带队到相关分支局职能部门进行指导 | ①预警范围内的一类监管区、引发安全预警交通事故的同类水域等重点水域实行海巡艇现场驻守；②加大预警范围内天巡航频度、重点水域白天巡航间隔4h一次、夜间巡航不小于1次；预警期间，预警开始时海事处组织一次全管段巡航，之后每周一次全管段巡航；③加大现场检查船舶力度，海事处辖区日均现场检查签证船舶数不得低于辖区日均船舶数的30%或20艘次（取大者），对到港的重点船舶实施每船必查制；④预警范围内分支局组织一次安全隐患大排查活动、重点排查引发本次安全预警交通事故的同类型船舶安全隐患，预警领导带队、长江局管能部门到相关分支局职能部门进行指导 | ①加大预警范围内巡航频度、一类监管区，引发安全预警交通事故的同类水域白天巡航间隔4h一次、夜间巡航时，预警期间、预警开始时海事处全管段巡航，之后每周一次全管段巡航；②加大现场检查船舶力度，海事处不得低于辖区日现场检查签证船舶数的20%或15艘次（取大者），对到港的重点船舶实施每船必查制；③预警范围内分支局组织一次安全隐患大排查活动、重点排查引发本次安全预警交通事故的同类船舶安全隐患，分管职能部门组织具体实施 | ①加大预警范围内巡航频度、一类监管区，引发安全预警交通事故的同类水域等重点水域白天巡航间隔4h一次、夜间巡航时，预警期间、预警开始时海事处组织一次全管段巡航，之后每周一次全管段巡航；②加大现场检查船舶数不得低于辖区日均现场检查签证船舶数的15%或10艘次（取大者），对到港的重点船舶必查；③分支局组织一次安全隐患大排查活动、重点排查引发的同类事故的同类型船舶安全隐患，分支局职能部门进行指导监督 |
| 值班 | ①长江局、分支局两级海事机构实行领导带班、中层干部轮流值班、业务骨干应急待班；②海事处领导24h轮流值班、重点区域海事执法人员取消休假 | ①分支局领导带班、中层干部轮流值班、业务骨干应急待班，长江局中层干部应急待班；②海事处领导24h轮流值班 | ①分支局实行中层干部带班、海事处领导24h轮流值班 | ①海事处领导24h轮流值班 |

续附表6

| 级别 类别 | 一级（红色） | 二级（橙色） | 三级（黄色） | 四级（蓝色） |
|---|---|---|---|---|
| 信息发布 | ①信息发布机关:长江海事局负责制定安全预警信息文稿,三级机构同时通过有效渠道发布预警信息;②信息发布渠道:长江局主要通过海事内外网、水上安全信息群发播、短信息播、视情况在电视报刊上发布;分支局主要通过长江水上交通GPS监控系统,政务大厅信息公告等渠道发布信息;海事处主要通过海巡艇VHF广播及政务大厅信息公告等渠道发布信息;③信息发布频度:船舶高峰时段、海巡艇和海巡艇VHF广播应每2h播发1次,预警期间各的,海事内外网、短信息群发系统,长江水上交通GPS监控系统应同隔一周重新播发1次 | ①信息发布机关:分支局组织发布安全预警信息、长江局负责指导监督;②信息发布渠道:分支局主要通过长江局及分支局海事内外网、水上安全信息联播,长江水上交通GPS监控系统,政务大厅信息公告等渠道发布预警信息;海事处通过海巡艇VHF广播及政务大厅信息公告等渠道发布信息;③信息发布频度:海巡艇VHF广播每4h至少播发1次,水上安全信息联播每日播发3次,预警期间各的,海事内外网、短信息群发系统,长江水上交通GPS监控系统应同隔一周重新播发1次 | ①信息发布机关:分支局组织发布安全预警信息、长江局负责指导监督;②信息发布渠道:分支局主要通过长江局及分支局海事内外网、水上安全信息联播,长江水上交通GPS监控系统,政务大厅信息公告等渠道发布预警信息;海事处通过海巡艇VHF广播及政务大厅信息公告等渠道发布信息,长江局视情况予以发布;③信息群发系统予以发布;③信息发布频度:海巡艇VHF广播每日播发2次,预警期间各的,海事内外网、短信息群发系统,长江水上交通GPS监控系统应一周重新播发1次 | ①信息发布机关:海事处组织发布安全预警信息、分支局负责指导监督;②信息发布渠道:主要通过长江局及分支局海事内外网、水上安全信息联播,长江水上交通GPS监控系统,政务大厅信息公告、海巡艇VHF广播等渠道发布;③信息发布频度:海巡艇巡航时利用VHF广播播发,水上安全信息每日播发1次,信息公告每天滚动播发;预警期间超过一周的,海事内外网、长江水上交通GPS监控系统应同隔一周重新播发1次 |

**续附表 6**

| 级别 / 类别 | 一级（红色） | 二级（橙色） | 三级（黄色） | 四级（蓝色） |
|---|---|---|---|---|
| 船舶防范措施建议 | ①船舶谨慎航行，严格遵守各项航行规定，及时收集水文、气象信息，对航经水域紊乱水流采取好防范措施，加强与海事部门的联系，加强船舶安全和防事故预防；②立即开展船舶自查，重点加强船舶的操作性检查，严禁违法航行、违法作业；③船公司合理安排船舶调度；④事故同类型船舶公司开展内部安全管理自查 | ①船舶谨慎航行，严格遵守各项航行规定，及时收集水文、气象信息，对航经水域紊乱水流采取好防范措施，加强与海事部门的联系，加强船舶安全和防事故预防；②立即开展船舶自查，重点加强船舶的操作性检查，严禁违法航行、违法作业；③船公司合理安排船舶调度；④事故同类型船舶公司开展内部安全管理自查 | ①船舶谨慎航行，严格遵守各项航行规定，及时收集水文、气象信息，对航经水域紊乱水流采取好防范措施，加强与海事部门的联系，加强船舶安全和防事故预防；②立即开展船舶自查，重点加强船舶的操作性检查，严禁违法航行、违法作业；③事故同类型船舶公司开展内部安全管理自查 | ①船舶谨慎航行，严格遵守各项航行规定，及时收集水文、气象信息，对航经水域紊乱水流采取好防范措施，加强与海事部门的联系，加强船舶安全和防事故预防；②事故同类型船舶立即开展船舶安全和防污染管理自查，重点加强船舶操作性检查，严禁违法航行、违法指挥、违法作业 |

# 附录三 长江水上交通安全预警指标及阈值划分调查问卷

**尊敬的各位领导、专家：**

您好！

为了进一步发展与完善长江干线水上交通安全系统，使之能够在以后的工作中更好地服务于各海事机构及船公司，望各位领导和专家积极配合填写此表，占用您宝贵的时间，望谅解，衷心感谢您的支持与参与！

**(一)基本信息**

1.您的工作是(请在□内打√)

1)管理机关:□机关领导 □机关中层干部 □机关工作人员 □一线执法人员

2)船公司:□公司领导 □中层领导 □船长 □船员

2.你判断的主要依据是

□实践经验 □理论分析 □同行了解 □直觉

**(二)预警指标**

1.您对长江干线水上交通安全预警体系的熟悉程度

□很熟悉 □熟悉 □比较熟悉 □不太熟悉 □不熟悉

2.请各位领导、专家对表1中所列指标及指标值的合理性作出判断，请在相应空格处打√。若有增补内容，请填入各表最后的空白行。

**表 1 预警指标体系合理性判断**

| 指标类别 | 一级指标 | 编号 | 二级指标 | 指标值 | 合理 | 不合理 |
|---|---|---|---|---|---|---|
| 自然环境类 | 气象 | 1 | 大风 | 风级 | | |
| | | 2 | 大雾(霾、雪) | 能见度(距离) | | |
| | | 3 | (雷)暴雨 | 降雨量 | | |
| | | 4 | 高温 | 最高气温 | | |
| | 地质灾害 | 5 | 山体滑坡 | 是否出现滑坡 | | |
| | | 6 | 河堤崩陷 | 是否出现崩陷 | | |
| | 水文 | 7 | 陡涨(落)水位 | 水位变幅值 | | |
| | | 8 | 洪水 | 水位值 | | |
| | | 9 | 枯水 | 水位值 | | |
| | | 10 | 大流量 | 单位时间流量 | | |
| | | 11 | 水流速度 | 单位时间流速 | | |

续表 1

| 指标类别 | 一级指标 | 编号 | 二级指标 | 指标值 | 合理 | 不合理 |
|---|---|---|---|---|---|---|
| 航道类 | 航道条件 | 12 | 航道宽度 | 航道宽度/船舶最大宽度 | | |
| | | 13 | 航道水深 | 航道水深/船舶设计吃水 | | |
| | | 14 | 航道弯曲度 | 航道弯曲转(舵)度 | | |
| | | 15 | 航标完备情况 | 航标完备率 | | |
| | | 16 | 干支交汇水域 | 是否干支交汇水域 | | |
| | | 17 | 分叉河段 | 是否分叉河段 | | |
| | | 18 | 与桥墩、岸边固定设施等碍航物间距 | 安全距离 | | |
| | | 19 | 与桥梁、线缆等跨河建筑物间距 | 安全高度 | | |
| | 航道秩序 | 20 | 是否由于事故导致航道单向流控制 | 是/否 | | |
| | | 21 | 是否由于闸坝维修进行交通流控制 | 是/否 | | |
| | | 22 | 附近是否有渔业、水工等作业区域 | 是/否 | | |
| | | 23 | 交通流量 | 单位时间断面交通流量 | | |
| | | 24 | 危险品船舶比率 | 危险品船舶数/船舶总数 | | |
| | | 25 | 小型船舶比率 | 小型船舶数/船舶总数 | | |
| | | 26 | 客渡船比率 | 客渡船数/船舶总数 | | |
| | | 27 | 锚地占用率 | 锚地泊船数/设计容量 | | |
| 船舶类 | 船舶运行 | 28 | 安全水深 | 安全富余水深 | | |
| | | 29 | 船船航行安全间距 | 船船间距/船长 | | |
| | | 30 | 船物安全间距 | 船物间距/船宽 | | |
| | 船载状态 | 31 | 船舶超载情况 | 是否超载 | | |
| | | 32 | 船舶几何稳定性 | 横倾角度 | | |
| | | 33 | 装载货物属性 | 是否装载危险品(或旅客) | | |
| 海事管理类 | 船员管理 | 34 | 船员违规记录 | 违规率 | | |
| | 船舶管理 | 35 | 船舶违章记录 | 违规率 | | |
| | 监管设备管理 | 36 | VTS、AIS 等监控设施设备完备情况 | 监控设施设备完备率 | | |
| 补充指标 | | | | | | |

**(三)预警指标阈值划分**

请您在以下表格中为各预警指标预计一级、二级、三级、四级阈值。部分阈值的确定是基于《内河通航标准》(GB 50139—2004)对天然和渠化河流航道最小尺度的相关规定，但存在较大的不确定性，请各位专家给出宝贵的意见。

**表 2　水文类指标阈值**

| 指标 | 指标值 | 一级红色 | 二级橙色 | 三级黄色 | 四级蓝色 |
|---|---|---|---|---|---|
| 陡涨(落)水位 | 水位变幅值 | ≥8m | ≥6m | ≥4m | ≥3m |
| 洪水 | 水位值 | 当地水位值大于或等于当地防汛保证水位 | 当地水位值大于或等于当地防汛警戒水位与保证水位之间的中间水位 | 当地水位值大于或等于当地防汛警戒水位 | 当地水位值大于或等于当地防汛设防水位与警戒水位之间的中间水位 |
| 枯水 | 水位值 | 当地水位值小于或等于当地枯水位线(重庆水位−0.5m;宜昌水位−1m;沙市水位−2m;监利水位0m;城陵矶水位−0.8m;汉口水位−1m;九江水位−0.6m) | 当地水位值小于或等于当地通航保证水位(重庆水位0m;宜昌水位0m;沙市水位−0.5m;监利水位1m;城陵矶水位0m;汉口水位0m;九江水位0.5m) | 当地水位值小于或等于当地通航保证水位(重庆水位1m;宜昌水位1m;沙市水位0.5m;监利水位1.5m;城陵矶水位1m;汉口水位1m;九江水位1.5m) | 当地水位值小于或等于当地通航保证水位(重庆水位2m;宜昌水位2m;沙市水位1.5m;监利水位2.5m;城陵矶水位2.5m;汉口水位3m;九江水位2.5m) |
| 大流量 | 单位时间流量(m³/s) | | | | |
| 水流速度 | 流速(m/s) | ≥5 | ≥4 | ≥3 | ≥2 |

**表 3　航道条件类指标阈值**

| 指标 | 指标值 | 一级红色 | 二级橙色 | 三级黄色 | 四级蓝色 |
|---|---|---|---|---|---|
| 航道宽度 | 航道宽度/船舶最大宽度 | ≤2.0 | 2.0～2.5 | 2.5～3.0 | 3.0～3.5 |
| 航道水深 | 航道水深/船舶设计吃水 | ≤1.15 | 1.15～1.25 | 1.25～1.35 | 1.35～1.5 |
| 航道弯曲度 | 航道弯曲转(舵)度(°) | ≥50 | 35～50 | 20～35 | 10～20 |
| 航标完备情况 | 航标完备率(%) | ≤70 | 70～80 | 80～90 | 90～95 |
| 干支交汇水域 | 是否干支交汇水域 | — | — | — | 是 |

续表3

| 指标 | 指标值 | 一级红色 | 二级橙色 | 三级黄色 | 四级蓝色 |
|---|---|---|---|---|---|
| 分叉河段 | 是否分叉河段 | — | — | — | 是 |
| 与桥墩、岸边固定设施等碍航物间距 | 安全距离(船舶与碍航物间距/船宽) | ≤1.0 | 1.0～1.2 | 1.2～1.4 | 1.4～1.7 |
| 与桥梁、线缆等跨河建筑物间距 | 安全高度(m) | — | — | 0.5～0.8 | 0.8～1.0 |

表4　航道秩序类指标阈值

| 指标 | 指标值 | 一级红色 | 二级橙色 | 三级黄色 | 四级蓝色 |
|---|---|---|---|---|---|
| 是否由于事故导致航道单向流控制 | 是/否 | — | — | — | 是 |
| 是否由于闸坝维修进行交通流控制 | 是/否 | — | — | — | 是 |
| 附近是否有渔业、水工等作业区域 | 是/否 | — | — | — | 是 |
| 交通流量 | 日断面交通流量(艘次/天) | ≥2500 | ≥2250 | ≥2000 | ≥1750 |
| 危险品船舶比率 | 危险品船舶数/船舶总数 | — | >30% | 25%～30% | 10%～25% |
| 小型船舶比率 | 小型船舶数/船舶总数 | — | >50% | 45%～50% | 30%～45% |
| 客渡船比率 | 客渡船数/船舶总数 | — | >35% | 28%～35% | 20%～28% |
| 锚地占用率 | 日锚地停泊船数/设计容量(%) | — | — | >100% | 90%～100% |

注:危险品船舶主要包括单壳油船、载运有害物质的化学品船、散化船及液化气船等。

表5　船舶类指标阈值

| 指标 | 指标值 | 一级红色 | 二级橙色 | 三级黄色 | 四级蓝色 |
|---|---|---|---|---|---|
| 安全水深 | 安全富余水深(m) | ≤0.2 | 0.2～0.4 | 0.4～0.6 | 0.6～0.8 |
| 船船航行安全间距 | 船船间距/船长 | ≤2.0 | 2.0～2.2 | 2.2～2.4 | 2.4～2.7 |
| 船物安全间距 | 船物间距/船宽 | ≤1.0 | 1.0～1.2 | 1.2～1.4 | 1.4～1.7 |

续表 5

| 指标 | 指标值 | 一级红色 | 二级橙色 | 三级黄色 | 四级蓝色 |
|---|---|---|---|---|---|
| 船舶超载情况 | 是否超载 | — | 是 | — | — |
| 船舶几何稳定性 | 横倾角度(°) | >10 | 8~10 | 6~8 | 3~6 |
| 装载货物属性 | 是否装载危险品(或旅客) | — | — | 装载旅客 | 装载危化品 |

注:船舶偏离距离差指船首偏离定制航道边界的距离;船舶几何稳定性的指标值横倾角指在横剖面上船舶甲板平面与水平面的夹角。

### 表 6　管理类指标阈值

| 管理预警指标 | 指标值 | 一级红色 | 二级橙色 | 三级黄色 | 四级蓝色 |
|---|---|---|---|---|---|
| 船员违规记录 | 季度违规率(%) | >40 | 30~40 | 20~30 | <20 |
| 船舶违章记录 | 季度违规率(%) | — | — | >30 | <30 |
| VTS、AIS 等监控设施设备完备情况 | 监控设施设备完备率(%) | — | <70 | 70~80 | 80~90 |

**感谢您的支持!**

# 附录四 长江水上交通安全预警管理绩效评价调查问卷

**尊敬的专家:**

您好!

为了深入开展长江干线水上交通安全预警管理研究,提高长江干线水上交通安全管理水平,长江海事局联合武汉理工大学开展《长江干线水上交通安全预警管理机制》研究工作,在此恳请您提供有价值的意见。本调查不记名,数据由课题组专业人员进行统计分析处理,并对您提供的有关信息严格保守秘密。

能倾听您的宝贵意见,我们感到十分荣幸。衷心感谢您的支持与参与!

项目研究课题组

## 一、背景介绍

长江海事局已建立并运行"六大类别、四级预警、三级发布"的水上安全预警长效机制。

"六大类别"将安全预警分为"安全状况、通航秩序、枯水、洪水、气象灾害、地质灾害"六个类别。"四级预警"将预警等级由高到低分为四个级别,即一级(红色)预警、二级(橙色)、三级(黄色)预警、四级(蓝色)预警。"三级发布"指长江海事局、分支海事局、海事处根据权限分别发布。

上述预警机制已运行一年多。为了评价该预警机制效果,我们初步构建了评价指标体系,由三大类 13 个二级指标组成,详见表 1。

**表 1 长江干线水上交通安全预警管理效果综合评价指标体系**

| A 长江干线水上交通安全预警管理绩效综合评价指标体系 | $B_1$ 预警机制运行绩效<br>(注:该指标主要评价预警机制本身运行情况,含 5 项次级指标) | $C_1$ 预警风险类别发布准确率 |
| --- | --- | --- |
| | | $C_2$ 预警等级发布准确率 |
| | | $C_3$ 预控对策发布准确率 |
| | | $C_4$ 预警信息发布及时率 |
| | | $C_5$ 预警管理操作便捷性 |
| | $B_2$ 预警机制社会满意绩效<br>(注:该指标衡量预警服务对象对该预警机制的满意程度,含 3 项次级指标) | $C_6$ 船员满意度 |
| | | $C_7$ 船东满意度 |
| | | $C_8$ 公众满意度 |
| | $B_3$ 预警管理安全效果绩效<br>(注:该指标评价预警管理对事故的降低是否有效,含 5 项次级指标) | $C_9$ 险情数下降率 |
| | | $C_{10}$ 死亡人数下降率 |
| | | $C_{11}$ 沉船数下降率 |
| | | $C_{12}$ 经济损失下降率 |
| | | $C_{13}$ 碰撞事故数下降率 |

**二、主体问卷**

请您配合完成以下三方面工作:

(一)评价指标筛选调查

请您回答以下问题:

(1)长江干线水上交通安全预警管理效果主要由三大类指标组成,分别是预警机制运行绩效、预警机制社会满意绩效、预警管理安全效果绩效。您认为这三类指标是否合适。如果您认为该指标合适请在对应框里打√,如果您认为该指标不合适请在对应框里打×,如果您认为还需要增加其他指标请在后面括号内填写。

①预警机制运行绩效□　　　　②预警机制社会满意绩效□

③预警管理安全效果绩效□　　④需要增加的指标:(　　　　　　　　　)

(2)"预警机制运行绩效"指标下有 5 个二级指标,分别是预警风险类别发布准确率、预警等级发布准确率、预控对策发布准确率、预警信息发布及时率、预警管理操作便捷性。您认为这 5 个指标是否合适,如果你认为该指标合适请在对应框里打√,如果你认为该指标不合适请在对应框里打×,如果您认为还需要增补其他指标请在后面括号内填写。

①预警风险类别发布准确率□　　②预警等级发布准确率□

③预控对策发布准确率□　　　　④预警信息发布及时率□

⑤预警管理操作便捷性□　　　　⑥需要增加的指标:(　　　　　　　　　)

(3)"预警机制社会满意绩效"指标下有 3 个二级指标,分别是船员满意度、船东满意度、公众满意度。您认为这 3 个指标是否合适,如果你认为该指标合适请在对应框里打√,如果你认为该指标不合适请在对应框里打×,如果您认为还需要增补其他指标请在后面括号内填写。

①船员满意度□　　　　　　　　②船东满意度□

③公众满意度□　　　　　　　　④需要增加的指标:(　　　　　　　　　)

(4)"预警管理安全效果绩效"指标下有 5 个二级指标,分别是险情数下降率、死亡人数下降率、沉船数下降率、经济损失下降率、碰撞事故数下降率。您认为这 5 个指标是否合适,如果你认为该指标合适请在对应框里打√,如果你认为该指标不合适请在对应框里打×,如果您认为还需要增补其他指标请在后面括号内填写。

①险情数下降率□　　　　　　　②死亡人数下降率□

③沉船数下降率□　　　　　　　④经济损失下降率□

⑤碰撞事故数下降率□　　　　　⑥需要增加的指标:(　　　　　　　　　)

(二)各评价指标重要程度调查

请您比较各指标之间的重要程度,填写表 3～表 6。

填表说明:(1)进行指标两两间的比较,并将比较结果填写在表中相应的空白格处。只需填写"＋(表示一指标比另一指标重要度高)""＝(表示两个指标同等重要)""－(表示一指标比另一指标重要度低)"。

例如表 3,若你认为 a3(对应指标"预警机制社会满意绩效")比 b1(对应指标"预警机制运行绩效")重要度低,就在 b3 对应的空白格填"－";若你认为 a4(对应指标"预警管理安全效果绩效")比 c1(对应指标"预警机制社会满意绩效")重要程度高,就在 c4 对应的空白格填"＋",见填写示例表 2 所示。

### 表 2　填写示例表

| 序号 | a | b | c | d | e |
|------|---|---|---|---|---|
| 1 | / | 预警机制运行绩效 | 预警机制社会满意绩效 | 预警管理安全效果绩效 | |
| 2 | 预警机制运行绩效 | ＝ | / | / | / |
| 3 | 预警机制社会满意绩效 | － | ＝ | / | / |
| 4 | 预警管理安全效果绩效 | | ＋ | ＝ | |
| | | | | | ＝ |

(2)若有增补指标,请在空白行、列增补,并在相应的空白格填写增补指标与其他指标比较的结果。

(3)请注意指标比较时,是"行"指标对比"列"指标。

### 表 3　第一层三大指标

| 序号 | a | b | c | d | e |
|------|---|---|---|---|---|
| 1 | / | 预警机制运行绩效 | 预警机制社会满意绩效 | 预警管理安全效果绩效 | |
| 2 | 预警机制运行绩效 | ＝ | / | / | / |
| 3 | 预警机制社会满意绩效 | | ＝ | / | / |
| 4 | 预警管理安全效果绩效 | | | ＝ | / |
| 5 | | | | | ＝ |

### 表 4　第二层指标：$B_1$ 预警运行机制绩效

| 序号 | a | b | c | d | e | f | g |
|------|---|---|---|---|---|---|---|
| 1 | / | 预警风险类别发布准确率 | 预警等级发布准确率 | 预控对策发布准确率 | 预警信息发布及时率 | 预警管理操作便捷性 | |
| 2 | 预警风险类别发布准确率 | ＝ | / | / | / | / | / |

**续表 4**

| 序号 | a | b | c | d | e | f | g |
|---|---|---|---|---|---|---|---|
| 3 | 预警等级<br>发布准确率 |  | = | / | / | / | / |
| 4 | 预控对策<br>发布准确率 |  | = | / | / | / | / |
| 5 | 预警信息<br>发布及时率 |  |  |  | = | / | / |
| 6 | 预警管理<br>操作便捷性 |  |  |  |  | = | / |
| 7 |  |  |  |  |  |  | = |

**表 5  第二层指标：$B_2$ 预警机制社会满意绩效**

| 序号 | a | b | c | d | e |
|---|---|---|---|---|---|
| 1 | / | 船员满意度 | 船东满意度 | 公众满意度 |  |
| 2 | 船员满意度 | = | / | / |  |
| 3 | 船东满意度 |  | = | / |  |
| 4 | 公众满意度 |  |  | = |  |
| 5 |  |  |  |  | = |

**表 6  第二层指标：$B_3$ 预警管理安全效果绩效**

| 序号 | a | b | c | d | e | f | g |
|---|---|---|---|---|---|---|---|
| 1 | / | 险情数<br>下降率 | 死亡人数<br>下降率 | 沉船数<br>下降率 | 经济损失<br>下降率 | 碰撞事故<br>数下降率 |  |
| 2 | 险情数下降率 | = | / | / | / | / | / |
| 3 | 死亡人数下降率 |  | = | / | / | / | / |
| 4 | 沉船数下降率 |  |  | = | / | / | / |
| 5 | 经济损失下降率 |  |  |  | = | / | / |
| 6 | 碰撞事故数下降率 |  |  |  |  | = | / |
| 7 |  |  |  |  |  |  | = |

（三）预警管理综合绩效评估

2007 年，长江干线水上交通共发生事故及险情 441 件，其中一般及以上等级事故 43

件,死亡失踪 62 人,沉船 30 艘,直接经济损失 1710.3 万元,安全状况综合评估指数为 86.5。与历年事故发生情况相比,2007 年一般及以上等级事故件数创 20 年最低。2007 年与 2006 年相比,险情数上升 10.8%,死亡人数上升 37.8%,经济损失下降 14.5%,沉船数上升 20%。

请您针对预警机制运行一年(截至 2007 年底共发布了 171 次预警)的情况以 4 个等级(效果很好、效果较好、效果一般、效果差),对表 7～表 10 中的指标进行评估(若有增补指标,请加到每张表最后的空行里),在相应等级的空格里打√。

**表 7 第一层指标:从三方面综合评估 2007 年预警管理综合绩效**

| 等级 | 很好 | 较好 | 一般 | 差 |
|---|---|---|---|---|
| 预警机制运行绩效 | | | | |
| 预警机制社会满意绩效 | | | | |
| 预警管理安全效果绩效 | | | | |
| | | | | |

**表 8 第二层指标 $B_1$:预警机制运行绩效**

| 等级 | 很好 | 较好 | 一般 | 差 |
|---|---|---|---|---|
| 预警风险类别发布准确率 | | | | |
| 预警等级发布准确率 | | | | |
| 预警对策发布准确率 | | | | |
| 预警信息发布及时率 | | | | |
| 预警管理操作便捷性 | | | | |
| | | | | |

**表 9 第二层指标 $B_2$:预警机制社会满意绩效**

| 等级 | 很好 | 较好 | 一般 | 差 |
|---|---|---|---|---|
| 船员满意度 | | | | |
| 船东满意度 | | | | |
| 公众满意度 | | | | |
| | | | | |

**表 10　第二层指标 $B_3$: 预警管理安全效果绩效**

| 等级 | 很好 | 较好 | 一般 | 差 |
|---|---|---|---|---|
| 险情数下降率 | | | | |
| 死亡人数下降率 | | | | |
| 沉船数下降率 | | | | |
| 经济损失下降率 | | | | |
| 碰撞事故数下降率 | | | | |
| | | | | |

您认为长江干线水上交通安全预警管理还存在哪些问题？应如何改进？

_____

_____

_____

**感谢您的支持！**

# 参 考 文 献

［1］罗云,樊运晓,马晓春. 风险分析与安全评价[M]. 北京:化学工业出版社,2004

［2］Roland H E,Moriarty B. System safety engineering and management［M］. USA：J. Wiley Co. ,1990

［3］齐传新. 内河船舶运输安全学[M]. 大连:大连海事大学院出版社,1991

［4］范济秋. 航海风险识别、评估和控制[J]. 中国航海,2007,73(4)：29-32

［5］Okushima, Takahiro Hashimoto, Akihiro. Evaluating marine traffic safety at channels［M］. 2005

［6］IMO. Interim guidelines for the application of formal safety assessment（FSA）to the IMO rule-making process［M］. MSC/Circ. 829，MEPC/Circ. 335，17 November 1997

［7］Tan Z R，Wang W L，Huang M. Formal safety assessment and its application to maritime［C］. The Proceedings of Progress of Safety Science and Technology, ShangHai，2004：2252-2257

［8］秦庭荣,陈伟炯,郝育国. 综合安全评价（FSA）方法[J]. 中国安全科学学报,2005,15(4)：88-92

［9］佘廉. 企业预警管理论[M]. 石家庄:河北科学技术出版社,1999

［10］佘丛国,席酉民. 我国企业预警研究理论综述[J]. 预测,2003（2)：23-29

［11］Koyuncugil, Ali Serhan, Ozgulbas, Nermin. Financia early warning system model and data mining application for risk detection［J］. Expert Systems with Applications，2012,39(06)：6238-6253

［12］Lade, Steven J. ,Gross, Thilo. Early warning signals for critical transitions：a Generalized modeling approach［J］. Plos Computational Biology，2012,8(02)

［13］Boettiger, Carl；Hastings, Alan. Quantifying limits to detection of early warning for critical transitions［M］. Journal of the Royal Society Interface,2012,9（75）：2527-2539

［14］Jeppe BrGnsted, Klaus Marius Hansen, Lars Michael kristensen. An Infrastructure for a traffic warning system［C］. IEEE Spectrum, 2005

［15］Xia DY, Kang QC, Xin J. Early warning method of vehicle fires based on artificial neural Network［C］. Progress in Safety Science and Technology, vol Ⅴ，PTS A AND B,2005,5：321-326

[16] Adams，John A，McCarty，David，Crousore，Kristina．A real-time early warning system for pathogens in water-art. no. 62180F ，Conference on Chemical and Biological Sensing Ⅷ，2006，F2180-F2180

[17] 王超．交通灾害中的载运工具致灾机理及其预警管理系统研究[D]．武汉：武汉理工大学博士论文，2002

[18] 刘清．高速公路交通灾害预警管理系统研究[D]．武汉：武汉理工大学博士论文，2004

[19] 罗帆．航空灾害成因机理与预警系统研究[D]．武汉：武汉理工大学博士论文，2004

[20] 杨晋．高速公路预警管理系统若干关键技术研究[D]．武汉：武汉理工大学.2007

[21] 王宁．城市道路交通安全预警系统理论研究[D]．武汉：华中科技大学，2007

[22] 熊兵．三峡库区水上交通安全控制与应急管理研究[D]．武汉：武汉理工大学，2011

[23] 交通运输部长江航务管理局.2014 长江航运发展报告[M]．北京：人民交通出版社，2015

[24] 罗云，樊运晓，马晓春．风险分析与安全评价[M]．北京：化学工业出版社，2004

[25] 别凤喜，柴建设，刘志敏．安全评价技术、方法、实例[M]．北京：化学工业出版社，2008

[26] 邱皓政，林碧芳．结构方程模型的原理与应用[M]．北京：中国轻工业出版社，2009

[27] 李中才．煤矿安全分析结构方程模型的研究[J]．煤矿安全，2006(2)：64-66

[28] 欧阳轶翔．基于贝叶斯网络的 R&D 项目阶段评价研究[D]．长春：吉林大学博士学位论文，2011

[29] 肖秦琨，高嵩，高晓光．动态贝叶斯网路推理学习理论及应用[M]．北京：国防工业出版社，2007

[30] 长江航务管理局，武汉理工大学．长江黄金水道重点航段通航安全保障关键技术研究[R]．研究报告，2014

[31] 长江航务管理局，武汉理工大学．长江航运重大危险源监控策略研究[R]．研究报告，2013

[32] 长江航务管理局，武汉理工大学．长江干线航运危险源辨识与评价研究[R]．研究报告，2011

[33] 长江海事局，武汉理工大学．长江干线水上交通安全预警管理机制研究[R]．研究报告，2009

[34] 中华人民共和国芜湖海事局．http://www.wuhumsa.gov.cn/

[35] 刘卫东．浅窄航段船舶操纵浅谈[J]．交通信息与安全，2010 年增刊：60-61

[36] 杨录波．浅析浅窄航段的船舶操纵[C]．中国航海学会内河船舶驾驶专业委员会桥区船舶航行安全与管理学术会议论文集(2)，2010

[37] 中华人民共和国长江海事局．长江水上交通事故典型案例(2001—2005)[M]．武汉：武汉理工大学出版社，2012

［38］中华人民共和国长江海事局.长江水上交通事故典型案例（2006—2010）［M］.武汉:武汉理工大学出版社,2012

［39］王效俐.运输组织学［M］.上海:立信会计出版社,2006

［40］王中,陈艳英.三峡库区航运气象条件分析［J］.长江流域资源与环境,2008(1)

［41］郝丽萍,周莉蓉,刘泽全.低能见度新等级划分标准的确定［J］.四川气象,2004(2)

［42］吴沧浦.最优控制的理论与方法［M］.2版.北京:国防工业出版社,2000

［43］蒋中一.动态最优化基础［M］.北京:商务印书馆,1999

［44］张翼鹏.安全控制论的理论基础和应用（一）［J］.工业安全与防尘,1998(1)

［45］张翼鹏.安全控制论的理论基础和应用（二）［J］.工业安全与防尘,1998(2)

［46］张翼鹏.安全控制论的理论基础和应用（三）［J］.工业安全与防尘,1998(3)

［47］王先华.安全控制论原理和应用［J］.工业安全与防尘,2000(1)

［48］杨宏刚.基于控制论的系统安全评价理论研究［D］.西安:西安建筑科技大学,2007

［49］秦吉,张翼鹏.现代统计信息分析在安全工程方面的应用——卡尔曼滤波器基本知识［J］.工业安全与环保,1999(4):45-48

［50］彭丁聪.卡尔曼滤波的基本原理及应用［J］.软件导刊,2009(11):32-34